CB059291

wmf martinsfontes   ubu

TRADUÇÃO
PAULO CESAR SANDLER

ORGANIZAÇÃO
CLARE WINNICOTT
RAY SHEPHERD
MADELEINE DAVIS

TUDO COMEÇA EM CASA

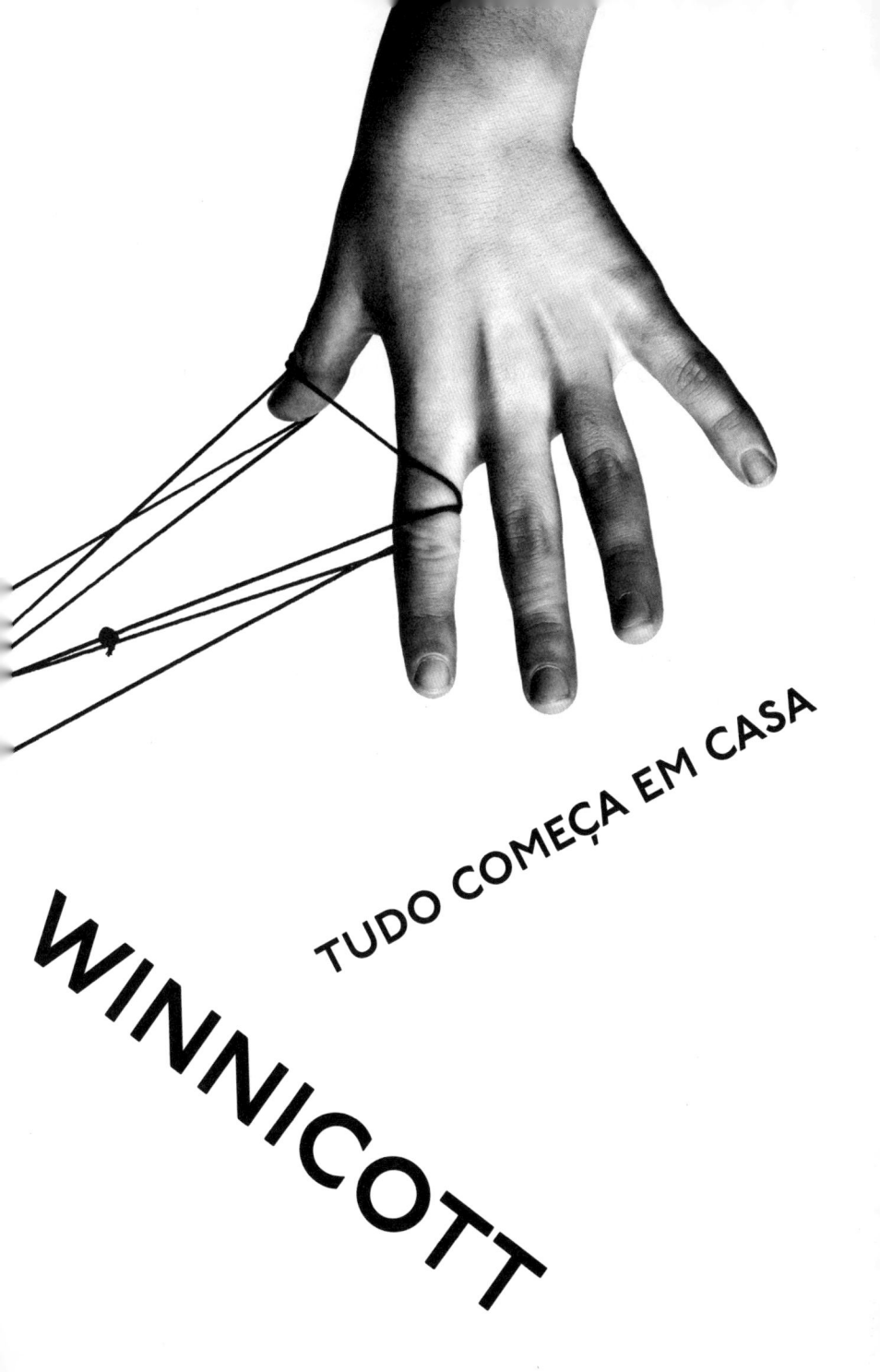

WINNICOTT

9 Nota dos organizadores
11 Psicanálise e ciência: amigas ou parentes?

PARTE I SAÚDE E DOENÇA

21 1. O conceito de indivíduo saudável
43 2. Vivendo criativamente
62 3. *Sum*: eu sou
75 4. O conceito de falso self
82 5. O valor da depressão
93 6. Agressividade, culpa e reparação
105 7. A delinquência como sinal de esperança
118 8. Tipos de psicoterapia
131 9. Cura: uma conversa com médicos

PARTE II A FAMÍLIA

145 1. A contribuição da mãe para a sociedade
151 2. A criança no grupo familiar
167 3. O aprendizado infantil
177 4. A imaturidade do adolescente

PARTE III **REFLEXÕES SOBRE A SOCIEDADE**

- 201   1. O pensar e o inconsciente
- 204   2. O preço de desconsiderar a pesquisa psicanalítica
- 217   3. Este feminismo
- 231   4. A pílula e a Lua
- 250   5. Discussão dos objetivos da guerra
- 264   6. Os muros de Berlim
- 272   7. Liberdade
- 284   8. Algumas reflexões sobre o significado da palavra "democracia"
- 309   9. O lugar da monarquia

- 321   Índice remissivo
- 329   Sobre o autor

Casa é onde tudo começa. À medida que envelhecemos
O mundo se torna mais estranho, mais intricada essa questão
De distinguir mortos e vivos. Não o intenso momento
Isolado, sem antes e depois,
Mas toda uma vida ardendo a cada instante.

T. S. ELIOT, "East Coker", *Quatro Quartetos*, 1943.

NOTA DOS ORGANIZADORES

Quando Donald Woods Winnicott morreu, em 1971, deixou mais ou menos oitenta artigos inéditos. Além desses, havia outros, publicados em livros e revistas que já se tornaram difíceis de encontrar. Desses dois grupos extraiu-se a maior parte do presente volume, mas, à medida que as seções tomavam forma, alguns artigos dos livros de Winnicott foram acrescentados, como um fechamento.

O próprio autor planejava fazer novas coletâneas de seus trabalhos; se pudesse fazê-lo, é improvável que a seleção e o arranjo do material fossem iguais aos desta compilação. A seleção, portanto, é de nossa responsabilidade, e somos gratos a Robert Tod pela ajuda nas etapas iniciais. A edição dos trabalhos inéditos foi, propositalmente, mínima – mesmo porque imaginamos que Winnicott provavelmente os teria melhorado antes de apresentá-los ao público.

O princípio a que obedecemos na seleção dos artigos foi a amplitude de interesses e preocupações. Quase todos eram palestras e conferências, pois Winnicott gostava de atender a pedidos para falar a plateias amplas e variadas. O resultado é um livro no qual as ideias e os temas às vezes se repetem; esperamos que, apesar disso, eles demonstrem a profundidade de sua convicção de que a estrutura da sociedade reflete a natureza do indivíduo e da família, e também o agudo senso de responsabilidade de seu autor pela sociedade específica na qual viveu. Esperamos ainda que o livro agrade ao leitor – algo que Winnicott teria desejado de modo especial.

Clare Winnicott, Ray Shepherd e Madeleine Davis
Londres, fevereiro de 1983.

PSICANÁLISE E CIÊNCIA: AMIGAS OU PARENTES?
[1961]

A psicanálise é um método para tratar psicologicamente pessoas psiquiatricamente doentes, ou seja, sem o uso de aparelhos, drogas ou hipnose.[1] Foi desenvolvida por Sigmund Freud na virada do século XX, época em que a hipnose era empregada para eliminar sintomas. Insatisfeito com os resultados que ele e seus colegas obtinham com essa técnica – mais do que isso, ele descobriu que sua compreensão do paciente era prejudicada quando removia um sintoma pela hipnose –, Freud adaptou o *setting* da hipnose a um contexto em que trabalhava com o paciente, em pé de igualdade, deixando o tempo trazer aquilo que fosse possível. O paciente vinha todos os dias, na hora combinada, e não havia pressa em eliminar sintomas, já que uma tarefa mais importante emergiu: permitir que o paciente se revelasse a si próprio. Dessa forma, Freud também obtinha dados e podia usá-los tanto para deles fazer uma interpretação como para gradualmente construir uma nova ciência: a ciência a que hoje chamamos psicanálise e que também poderíamos chamar de psicologia dinâmica.

1 Palestra proferida na Oxford University Scientific Society, em 19 de maio de 1961.

A *psicanálise*, portanto, é um termo que se refere especificamente a um método e a um corpo teórico em crescimento, uma teoria que diz respeito ao desenvolvimento emocional do indivíduo humano. É uma ciência aplicada que se baseia em uma ciência. Veja que usei a palavra "ciência", o que mostra que, do meu ponto de vista, Freud de fato iniciou uma nova ciência, uma extensão da fisiologia, uma ciência que se preocupa com a personalidade humana, com o caráter, a emoção e o esforço. Essa é minha tese.

Mas o que "ciência" quer dizer? Eis aí uma questão que foi muitas vezes formulada – e respondida.

Eu diria, a respeito dos cientistas, que, quando surge uma lacuna no conhecimento, o cientista não se protege com uma explicação sobrenatural. Isso poderia sugerir pânico, medo do desconhecido, uma atitude não científica. Para o cientista, toda lacuna no entendimento oferece um desafio excitante. Assume-se a ignorância e um programa de pesquisa é delineado. O que estimula o trabalho é a existência da lacuna. O cientista pode se permitir esperar e pode se permitir ignorar. Isso significa que ele tem algum tipo de fé – não uma fé nisto ou naquilo, mas uma fé, ou uma capacidade para a fé. "Eu não sei. Mas tudo bem! Talvez um dia eu saiba. Ou talvez não. Talvez então um dia alguém venha a saber."

Para o cientista, quase tudo se resume a formular questões. As respostas, quando aparecem, apenas conduzem a outras questões. A ideia do conhecimento total é o pesadelo do cientista. Ele estremece só de pensar numa coisa dessas. Basta comparar isso com a certeza da religião para entender a diferença. A religião substitui a dúvida pela certeza. A ciência suporta uma infinidade de dúvidas e implica fé. Fé em quê? Talvez em nada, somente uma capacidade de ter fé ou, se é preciso ter fé em algo, que seja a fé nas leis inexoráveis que governam os fenômenos. A psicanálise avança onde a fisiologia se detém. Amplia o território científico para incluir os fenômenos da personalidade, do sentimento e do conflito humano. Afirma, por conseguinte, que é possível examinar a natureza humana e, quando o desconhecimento se manifesta, a psicanálise pode se permitir esperar sem apelar e fugir para formulações supersticiosas. Uma das principais contribuições da ciência é a parada súbita que provoca na pressa e no incômodo; dá tempo para fazer uma pausa. Podemos jogar boliche e ganhar dos espanhóis.[2] Convido-o a manter separadas, em sua mente, a ciência e a ciência aplicada. Dia a dia, como praticantes da ciência aplicada, conhecemos as necessidades de nossos pacientes ou de pessoas normais que nos procuram para análise; frequentemente atendemos a essas necessidades, frequentemente fracassamos. O fracasso não pode ser evitado, assim como não se pode evitar que parte de um avião desenvolva certo tipo de cristalização e se desintegre num momento de esforço inesperado. Ciência aplicada não é ciência. Quando faço uma análise, isso não é ciência. Mas eu dependo da ciência quando trabalho naquilo que não poderia ter sido feito antes de Freud.

---

2   No original, "*We may play our game of bowls and beat the Spaniards too*". Winnicott evoca aqui as palavras de Sir Francis Drake, navegador inglês que liderou a vitória das tropas inglesas sobre a Invencível Armada espanhola na Guerra anglo-espanhola (1585-1604). Segundo a lenda, Drake teria proferido essa frase quando informado, durante um jogo de boliche na costa de Plymouth, da chegada da esquadra espanhola. [N.E.]

Freud foi capaz de desenvolver a teoria em que se baseia a psicanálise – e desenvolveu-a largamente ao longo de sua vida. Essa teoria em geral é chamada de metapsicologia (em referência à metafísica). Ele estudou as psiconeuroses, mas aos poucos estendeu suas investigações aos pacientes mais perturbados, os esquizofrênicos e os maníaco-depressivos. Muito do que hoje se sabe a respeito de psicologia das psicoses esquizofrênicas e maníaco-depressivas é resultado do trabalho feito por Freud e por aqueles que continuaram usando o método de investigação e tratamento inventado por ele.

Estou em desvantagem aqui, pois não conheço você e não sei o que você sabe; não sei sequer se concorda com o que eu disse ou se tem ideias muito diversas e acredita que as negligenciei. É provável que você queira que eu descreva a psicanálise, e vou tentar fazer isso. Existe, é claro, muito a ser dito – se é que, no fim das contas, alguma coisa é dita.

Primeiro, você precisa ter uma ideia do esquema geral do desenvolvimento emocional do ser humano. Depois, precisa conhecer as tensões inerentes à vida e as formas de lidar com essas tensões. E aí precisa conhecer o colapso das defesas normais e a instalação da segunda e da terceira linha de defesa, isto é, a organização da doença como um modo de dar continuidade à vida após o colapso das defesas comuns. Os instintos subjazem às defesas, e são funções corporais que operam orgiasticamente.

É claro que parte da defesa que o indivíduo utiliza contra a ansiedade intolerável é sempre fornecida pelo ambiente. Em condições normais, o ambiente para a vida evolui com o indivíduo, de tal modo que a dependência do bebê[3] gradualmente

---

3 Infant, no original. A palavra infant, em inglês, é usada na linguagem corrente como sinônimo de bebê, ou criança menor de dois anos

evolui para a independência das crianças mais velhas e por fim para a autonomia do adulto. Tudo isso é muito complexo e tem sido elaborado em detalhe.

É possível classificar as doenças em termos de colapso ambiental. É mais interessante, no entanto, estudá-las em termos da organização das defesas no indivíduo. Cada abordagem nos fornece algum ensinamento a respeito da vida das pessoas comuns: uma nos ensina sobre a sociedade; outra, sobre as tensões humanas pessoais, que são preocupação de filósofos, de artistas e da religião. Em outras palavras, a psicanálise influenciou profundamente nosso modo de considerar a vida, e muito mais ainda virá dela em relação ao estudo da sociedade e das pessoas comuns. Enquanto isso, continua a ser um método de investigação que não tem paralelo nem rival. Muitas pessoas, contudo, não gostam da psicanálise, nem da ideia da psicanálise, e assim há relativamente poucos analistas praticantes, quase todos radicados em Londres.

O que a psicanálise nos diz de mais importante a respeito das pessoas? Ela nos fala sobre o inconsciente, a vida profunda e oculta de cada indivíduo humano que tem raízes na vida real e imaginária da infância mais precoce. No início, o real e o imaginário são uma única coisa, pois o bebê não apreende o mundo de modo objetivo, mas vive num estado subjetivo, em que é criador de todas as coisas. Gradualmente, o bebê saudável torna-se capaz de perceber o mundo do não eu; para alcançar esse estado, precisa ser cuidado bem o suficiente durante a época de dependência absoluta.

---

de idade, antes de falar e andar. Nesta tradução mantivemos a distinção que o autor faz entre *newborn* (recém-nascido), *infant/baby* (bebê) e *toddler* (criança pequena ou de colo). [N.E.]

Por intermédio do sonho e do sonhar, as pessoas conhecem o próprio inconsciente, pois os sonhos representam uma ponte entre a vida consciente e os fenômenos inconscientes. *A interpretação dos sonhos* (1900) se mantém como um marco fundamental da contribuição de Freud.

É claro que, com frequência, os sonhos só aparecem como resultado de circunstâncias especiais da consulta. A psicanálise provê circunstâncias especialíssimas e os sonhos mais importantes nessa seara se referem direta ou indiretamente ao analista. Na "transferência", o material para interpretação aparece na forma de uma série extensa de amostras do inconsciente reprimido, que revela defesas contra a ansiedade.

A psicanálise mantém relação especial com a ciência, na medida em que começa a revelar a natureza da ciência nos seguintes aspectos:

1. A origem de um cientista.
2. A maneira como a pesquisa científica lida com a ansiedade relativa à fantasia e à realidade (subjetiva-objetiva).
3. O método científico do *impulso criativo* aparecendo como uma *nova questão*, ou seja, dependente do conhecimento sobre o conhecimento já existente.

   A nova questão aparece em virtude de uma ideia a respeito de sua solução. A sequência do método científico pode ser vista como: a) instituição de expectativas; b) aceitação de provas ou de provas relativas; c) novas questões que emergem de um fracasso parcial.

E a estatística? Estatística é ciência? Pode ser usada para provar que certa resposta a uma pergunta é correta, mas quem fez a pergunta, e quem deu a resposta?

Às vezes se argumenta que o psicanalista é um psiquiatra tendencioso em favor de seu método, por causa de sua própria análise. Se isso é verdade em alguns casos, não há nada que se possa fazer. Isso não prova que a teoria psicanalítica esteja errada. A menos que o psicanalista tenha o talento de Freud, ele precisa vivenciar a psicanálise para poder praticá-la. Como na hipnose, coisas surpreendentes acontecem na psicanálise; mas não de modo surpreendente. Elas acontecem passo a passo e, quando ocorrem, é porque são aceitáveis para o paciente. Não posso fornecer material psicanalítico espetacular. Seria mais fácil dar exemplos de mudanças espetaculares em psiquiatria infantil; mas na psicanálise propriamente dita, o paciente e o analista labutam o tempo todo, dia após dia, até o término do tratamento.

Por exemplo, um homem vem para a análise por não conseguir se casar. Gradualmente ele vai se revelando e descobre que: 1) tendências heterossexuais saudáveis sofriam a interferência de 2) identificação feminina como fuga à homossexualidade e 3) tabu do incesto aceito de modo excessivamente cuidadoso; então, ele ficava livre para ter qualquer mulher porque nenhuma representava a mãe do complexo de Édipo. Aos poucos, isso vai se solucionando e ele se casa, mas agora tem de constituir uma família. O problema seguinte é se resolver com o irmão, cuja existência ele negava. Nesse processo, ele descobre a profundidade do amor que, quando menino, nutria pelo pai.

Ele passa, então, a administrar melhor seu ódio pela figura paterna e torna-se uma pessoa que se relaciona com maior facilidade no trabalho. Desenvolve-se outro objetivo: explorar aspectos mais profundos ou mais precoces do amor a sua mãe, inclusive as raízes do self no impulso [impulse] primitivo. Resultado: não apenas a cura dos sintomas, como uma personalidade de base mais larga, mais rica em sentimentos e mais tolerante em relação aos outros, pois mais segura de si mesma. Isso já se reflete na forma como manuseia seu bebê e na sua capacidade de apreciar o valor de sua bem escolhida esposa. Ao mesmo tempo, seu trabalho se desenvolve com mais impulso [*drive*] e originalidade.[4] A estatística não poderia mostrar essas mudanças.

---

4   Winnicott usa ao longo do livro os termos *drive*, *impulse* e *instinct* como equivalentes. Na obra de Freud, há distinção entre *Trieb* e *Instinkt*, ambos traduzidos por James Strachey para a Standard Edition das obras completas de Freud em inglês por *"instinct"*. As traduções francesas de Freud mantiveram a diferenciação, optando por traduzir *Trieb* por *"pulsion"*, ou pulsão, tradução também adotada no Brasil. No entanto, há uma distinção conceitual importante entre esses termos usados por ele e os usados por Freud. Nesta edição, *instinct* foi traduzido por "instinto", *impulse* por "impulso" e *drive* varia entre "impulso", "pressão instintual" e "instinto", evitando adotar o termo "pulsão", que está no campo semântico do erotismo, diferente do campo a que se refere Winnicott. [N.E., elaborada por Leopoldo Fulgencio, do conselho técnico, para *O brincar e a realidade*, trad. Breno Longhi. São Paulo: Ubu Editora, 2019.]

PARTE I

SAÚDE E DOENÇA

1

O CONCEITO DE
INDIVÍDUO SAUDÁVEL
[1967]

PRELIMINARES

Usamos as palavras "normal" e "saudável" quando nos referimos a pessoas, e provavelmente sabemos o que queremos dizer.[1] De tempos em tempos pode ser proveitoso tentar explicitar o que queremos dizer – sob o risco de afirmar o óbvio ou descobrir que não conhecemos a resposta. Seja lá como for, nosso ponto de vista se modifica no decorrer das décadas, de modo que uma afirmação que servia para os anos 1940 pode ser quase inútil nos anos 1960.

Não vou começar citando outros autores que abordaram o assunto. Permita-me dizer de saída que a maioria de meus conceitos deriva dos de Freud.

Espero não incidir no erro de pensar que se pode avaliar um homem ou uma mulher sem levar em conta seu lugar na sociedade. A maturidade individual implica movimento em direção

---

1 Palestra proferida na Psychotherapy and Social Psychiatry Section da Royal Medico-Psychological Association, em 8 de março de 1967.

I. O CONCEITO DE INDIVÍDUO SAUDÁVEL

à independência, mas não existe essa coisa chamada "independência". Seria nocivo para a saúde o fato de um indivíduo ficar isolado a ponto de se sentir independente e invulnerável. Se essa pessoa está viva, sem dúvida há dependência! Dependência da enfermeira de uma clínica psiquiátrica ou da família.

No entanto, vou estudar o conceito da saúde do *indivíduo*, porque a saúde social depende da saúde individual; a sociedade não passa de uma duplicação maciça de indivíduos. A sociedade não pode ir além do denominador comum da saúde individual nem pode avançar mais porque as necessidades dela devem envolver seus membros enfermos.

A MATURIDADE ASSOCIADA À IDADE

Em termos de desenvolvimento, pode-se dizer que a saúde significa uma maturidade relacionada à idade do indivíduo. O desenvolvimento prematuro do ego ou a consciência prematura do self não são mais saudáveis do que a consciência retardada. A tendência para amadurecer é, em parte, herdada. De uma maneira complexa (que tem sido muito estudada), o desenvolvimento, especialmente no início, depende de um suprimento ambiental suficientemente bom. Pode-se dizer que um ambiente suficientemente bom é aquele que facilita as várias tendências individuais herdadas, de tal forma que o desenvolvimento ocorra de acordo com elas. Tanto herança como ambiente são fatores externos, se falarmos em termos do desenvolvimento emocional de cada pessoa, ou seja, da psicomorfologia. (Tenho pensado se o termo "psicomorfologia" não poderia substituir o uso grosseiro da palavra "psicologia" seguida de "dinâmica".) Pode ser muito útil postular que o ambiente suficientemente bom começa com um alto grau de adaptação às necessidades individuais do bebê. Geralmente a mãe é capaz de provê-lo, por causa do estado especial em que se encontra, o qual denominei "preocupação materna primária". Apesar de existirem outros nomes para identificar esse estado, descrevo-o em meus próprios termos. A adaptação vai diminuindo de acordo com a necessidade crescente que o bebê tem de experimentar reações à frustração. A mãe saudável pode retardar sua função de não conseguir se adaptar até que o bebê tenha se tornado capaz de reagir com raiva, em vez de ficar traumatizado pelas incapacidades da mãe. Trauma significa quebra de continuidade na existência de um indivíduo. É somente sobre uma continuidade no existir que o sentido do self, de se sentir real, de ser, pode finalmente se estabelecer como uma característica da personalidade do indivíduo.

AS INTER-RELAÇÕES MÃE-BEBÊ

Desde o início, mesmo quando o bebê está vivendo num mundo subjetivo, a saúde não pode ser descrita em termos apenas individuais. Posteriormente torna-se possível pensar numa criança saudável num ambiente não saudável; essas palavras, no entanto, não fazem sentido no começo, até que o bebê consiga fazer uma avaliação objetiva da realidade, tornando-se capaz de distinguir claramente entre o eu e o não eu, entre o *real* compartilhado e os fenômenos da realidade psíquica pessoal, e tenha algo de ambiente interno.

Refiro-me ao processo bidirecional em que a criança vive num mundo subjetivo e a mãe se adapta, com o intuito de dar a cada criança um suprimento básico da *experiência de onipotência*. Isso envolve essencialmente uma relação viva.

I. O CONCEITO DE INDIVÍDUO SAUDÁVEL

O AMBIENTE FACILITADOR

O ambiente facilitador e seus ajustes progressivos, adaptáveis às necessidades individuais, poderiam ser isolados, para estudo, como uma parte do campo da saúde. Seriam incluídas as funções paternas, complementando as funções da mãe e a função da família, com sua maneira cada vez mais complexa (à medida que a criança fica mais velha) de introduzir o princípio de realidade, ao mesmo tempo que devolve a criança à criança. Meu objetivo aqui, entretanto, não é estudar a evolução do ambiente.

AS ZONAS ERÓGENAS

Na primeira metade do século de Freud, toda declaração de saúde precisava ser feita com base no estágio em que se encontrava o id, de acordo com as predominâncias sucessivas das zonas erógenas. Isso continua sendo válido. A hierarquia é bem conhecida – inicia-se com a predominância oral, seguida das predominâncias anal e uretral; na sequência, tem-se o estágio fálico ou "exibicionista" (tão difícil para as menininhas que começam a andar), e finalmente a fase genital (de três a seis anos), na qual a *fantasia* inclui tudo aquilo que pertence ao sexo adulto. Ficamos felizes quando uma criança se ajusta a esse modelo de crescimento.

A criança saudável alcança, então, o período de latência, no qual não há avanço nas posições do id mas apenas um apoio esparso ao impulso do id [*id-impulse*] por parte do sistema endócrino. O conceito de saúde se associa aqui à existência de um período em que se pode ensinar algo à criança, um período no qual os sexos tendem a se segregar de maneira bastante natural. É necessário mencionar essas questões, pois é saudável ter seis anos aos seis anos de idade, e dez aos dez.

Depois vem a puberdade, geralmente anunciada por uma fase pré-púbere na qual uma tendência homossexual talvez se manifeste. Lá pelos catorze anos, os jovens que não pularam a fase da puberdade podem, de modo inexorável e *saudável*, ser lançados num estado de confusão e dúvida. A palavra "marasmo" tem sido aplicada aqui – e ela é de fato útil. Permita-me enfatizar que, quando um rapaz ou uma moça agem de modo desajeitado ou confuso, quando estão passando pela puberdade, isso não é doença.

A puberdade é tanto um alívio como um fenômeno extremamente perturbador, o qual estamos apenas começando a compreender. Hoje em dia, jovens na puberdade conseguem experimentar a adolescência como um período de crescimento em companhia de outros no mesmo estado, e a tarefa difícil de separar o que é saudável do que é doentio, nessa fase, diz respeito à era do pós-guerra. É claro que os problemas não são novos.

Àqueles que estão envolvidos nessa tarefa, só se pode solicitar que se dediquem mais à solução dos problemas teóricos do que à solução dos problemas reais dos adolescentes, os quais são capazes, a despeito da inconveniência de sua sintomatologia, de encontrar com efetividade sua própria salvação. A passagem do tempo é significativa. Um adolescente não deve ser curado como se fosse um doente. Acho que essa é uma parte importante da avaliação de saúde. Isso não implica negar que possa haver doença durante o período da adolescência.

Alguns adolescentes sofrem muito, e não oferecer ajuda pode ser crueldade. É comum que sejam suicidas aos catorze anos, e é deles a tarefa de tolerar a interação de muitos fenômenos disparatados – a própria imaturidade, as próprias mudan-

I. O CONCEITO DE INDIVÍDUO SAUDÁVEL

ças relativas à puberdade, as próprias ideias do que é vida e os próprios ideais e aspirações; acrescente-se a isso uma desilusão pessoal com o mundo dos adultos, que lhes parece essencialmente um mundo de compromissos, de falsos valores e de digressões infinitas em relação ao tema central. À medida que deixam esse estágio, os adolescentes começam a se sentir reais, e adquirem um senso de self e um senso de ser. Isso é saúde. Do ser, vem o fazer, mas não pode haver *fazer* antes do *ser* – eis a mensagem que eles nos enviam.

Não é necessário encorajar os adolescentes que têm dificuldades pessoais e que tendem a ser rebeldes enquanto ainda são dependentes; eles realmente não precisam de encorajamento. Lembramos que as fases finais da adolescência constituem uma idade de aquisições excitantes, em termos de aventuras; por isso é algo bom assistir ao surgimento de um jovem ou de uma jovem da adolescência para os primórdios de uma identificação com a paternidade ou a maternidade e com a sociedade responsável. Ninguém poderia dizer que a palavra "saúde" é sinônimo de "fácil". Isso é especialmente verdadeiro na área de conflito entre a sociedade e seu contingente adolescente.

Se prosseguirmos, começaremos a utilizar uma linguagem diferente. Esta seção se iniciou com uma abordagem sobre os impulsos do id e termina fazendo referência à psicologia do ego. É de grande auxílio para o indivíduo quando a puberdade fornece um potencial para a potência masculina e para o equivalente feminino, ou seja, quando a genitalidade plena já é uma característica, tendo sido alcançada na realidade do brincar durante a idade que precedeu o período de latência. No entanto, adolescentes na puberdade não se enganam com a ideia de que as pressões instintuais sejam tudo e de fato estão essencialmente preocupados com ser, com estar em algum lugar, com o desejo de se sentirem reais e de adquirirem algum grau de constância objetal. Eles precisam ser capazes de cavalgar os instintos, em vez de serem esmigalhados por eles.

Quanto à aquisição da genitalidade plena, a maturidade, ou a saúde, assume uma forma especial quando o adolescente se transforma em um adulto que pode se tornar pai. É conveniente que um jovem que gostaria de ser igual ao pai sonhe heterossexualmente e desempenhe de forma plena sua capacidade genital; e também que uma jovem que deseja ser igual à mãe seja capaz de sonhar heterossexualmente e experimentar o orgasmo genital na relação sexual. O teste é: será que a experiência sexual pode ser acompanhada do afeto e dos sentidos mais amplos da palavra "amor"?

Nesse sentido, a doença é um incômodo, e as inibições podem ser destrutivas e cruéis em sua ação. A impotência pode machucar mais do que o estupro. Hoje em dia, porém, não nos sentimos satisfeitos com uma avaliação de saúde baseada nas posições do id. É mais fácil descrever os processos de desenvolvimento como pautados na função do id do que no ego e em sua complexa evolução, mas mesmo assim o segundo método não pode ser evitado. Temos que tentar fazê-lo.

Quando há imaturidade na vida instintiva, existe o risco de doença na personalidade, no caráter ou no comportamento do indivíduo. Deve-se ter o cuidado de entender aqui, entretanto, que o sexo pode operar como uma função parcial, de modo que, ainda que o sexo possa *parecer* estar funcionando bem, a potência e seu equivalente feminino podem acabar empobrecendo o indivíduo, ao invés de enriquecê-lo. Mas não nos deixamos levar com facilidade por essas coisas, já que não estamos olhando para o indivíduo tendo em vista seu comportamento e os fenômenos de superfície. Estamos preparados para exami-

I. O CONCEITO DE INDIVÍDUO SAUDÁVEL

nar a estrutura da personalidade e a relação do indivíduo com a sociedade e com os ideais.

Pode ser que em determinada época os psicanalistas tendessem *a pensar na saúde como ausência de distúrbios psiconeuróticos*, mas esse não é mais o caso. Precisamos de critérios mais sutis. Não temos de jogar fora o que usamos antes, agora que pensamos em termos de liberdade dentro da personalidade, de capacidade para ter confiança e fé, de questões de constância e confiabilidade objetal, de liberdade em relação à autoilusão, e também de algo que tem mais a ver com a riqueza do que com a pobreza no que se refere à qualidade da realidade psíquica pessoal.

O INDIVÍDUO E A SOCIEDADE

Se partirmos do princípio de que foi alcançado um grau razoável em termos da capacidade instintiva, veremos então novas tarefas para a pessoa relativamente saudável. Existe, por exemplo, a relação que ele ou ela mantém com a sociedade – uma extensão da família. Digamos que um homem ou uma mulher saudável sejam capazes de *alcançar certa identificação com a sociedade sem perder muito de seu impulso individual ou pessoal*. É claro que deve existir alguma perda, relativa ao controle do impulso, mas não é nada normal uma identificação extrema com a sociedade acompanhada de perda total do senso de self, e da autovalorização [*self-importance*].

Se está claro que não nos satisfazemos com a ideia da saúde como simples ausência de doença psiconeurótica – ou seja, de distúrbios relativos à progressão das posições do id em direção à genitalidade plena e à organização de defesas associadas à ansiedade e a relações interpessoais –, então podemos dizer que, nesse contexto, a saúde não é fácil. A vida de um indivíduo saudável é caracterizada tanto por medos, sentimentos conflituosos, dúvidas e frustrações como por características positivas. O principal é que o homem ou a mulher sintam que *estão vivendo a própria vida*, assumindo responsabilidade pela ação ou pela inatividade, e sejam capazes de assumir o crédito pelo sucesso e a culpa pelas falhas. Em outras palavras, pode-se dizer que o indivíduo passou da dependência para a independência, ou para a autonomia.

A avaliação de saúde com relação às posições do id mostra-se insatisfatória pela ausência da psicologia do ego. Um exame do ego nos leva direto aos estágios pré-genitais e pré-verbais do desenvolvimento individual e à provisão ambiental: a adaptação voltada para as necessidades primitivas que são características da primeira infância.

Neste ponto, minha tendência é pensar em termos de "segurar" [*holding*]. Esse conceito vale para o "segurar" físico na vida intrauterina, e gradualmente seu alcance se amplia até abarcar todo o cuidado adaptativo em relação ao bebê, incluindo a forma de manuseio. Por fim, esse conceito pode se ampliar a ponto de incluir a função da família, o que conduz à ideia de trabalho social [*casework*], que está na raiz da assistência social. O "segurar" pode ser feito com sucesso por alguém que não tenha o menor conhecimento intelectual daquilo que está acontecendo com o indivíduo; o que se exige é a capacidade de se identificar, de perceber como o bebê está se sentindo.

Num ambiente que propicia um "segurar" bom o suficiente, o bebê é capaz de realizar o *desenvolvimento pessoal de acordo com suas tendências herdadas*. O resultado é uma continuidade da existência, que se transforma num senso de existir, num senso de self e, finalmente, em autonomia.

I. O CONCEITO DE INDIVÍDUO SAUDÁVEL

O DESENVOLVIMENTO NOS PRIMEIROS ESTÁGIOS

Gostaria de examinar o que ocorre nos primeiros estágios do desenvolvimento da personalidade. A palavra-chave aqui é *integração*, que abrange quase todas as tarefas do desenvolvimento. A integração leva o bebê a uma categoria unitária, ao pronome pessoal "eu", ao número um; isso torna possível o EU SOU, que dá sentido ao EU FAÇO.

Pode-se perceber que estou olhando em três direções ao mesmo tempo. Estou observando o cuidado dispensado aos bebês. Também estou olhando para a doença esquizoide. Além disso, estou à procura de um meio de avaliar o que a vida pode representar para crianças e adultos saudáveis. Entre parênteses, eu diria que o fato de o adulto não parar de se desenvolver emocionalmente é um indício de saúde.

Vou dar três exemplos. No caso de um bebê, a *integração* é um processo que tem ritmo próprio e complexidade crescente. Na doença esquizoide, o fenômeno da *desintegração* é uma característica, em especial o medo da desintegração e a organização patológica de defesas no indivíduo projetada para alertar sobre a desintegração. (A insanidade geralmente não é uma regressão, pois esta última contém um elemento de confiança; consiste, antes, num arranjo sofisticado de defesas, cujo objetivo é evitar que a desintegração se repita.) A integração como um processo do tipo que caracteriza a vida do bebê reaparece na psicanálise de casos *borderline*.

Na vida adulta, a integração é desfrutada num sentido do termo que vai se ampliando até alcançar a integridade. A desintegração – durante o repouso, o relaxamento e o sonho – pode ser admitida pela pessoa saudável, e a dor a ela associada pode ser aceita, sobretudo porque o relaxamento está associado à criatividade, de forma que é a partir do estado *não integrado* que o impulso criativo aparece e reaparece. As defesas organizadas contra a desintegração roubam uma precondição para o impulso criativo e impedem, portanto, uma vida criativa.[2]

A PARCERIA PSICOSSOMÁTICA

Uma tarefa subsidiária no desenvolvimento infantil é o abrigo psicossomático (deixando de lado, por enquanto, o intelecto). Grande parte do cuidado físico do bebê – segurá-lo, manuseá-lo, banhá-lo, alimentá-lo e assim por diante – destina-se a ajudá-lo a obter um psique-soma que viva e trabalhe em harmonia consigo mesmo.

Retornando à psiquiatria: é característica da esquizofrenia uma conexão muito frouxa entre a psique (ou qualquer que seja o termo pelo qual é chamada) e o corpo e suas funções. Pode ser até que a psique se ausente do soma por um período de tempo considerável, ou que esteja projetada.

---

2 Há pessoas que pensam – como no estudo de [Michael] Balint, ao discutir [M. Masud] Khan (em *Problems of Human Pleasure and Behaviour*, 1957) – que muito do prazer na experiência da arte, sob qualquer forma, advém da proximidade da não integração para a qual a criação do artista pode seguramente conduzir o público ou o espectador. Portanto, onde a realização do artista é potencialmente grandiosa, o fracasso perto do ponto de realização pode causar grande dor ao público por trazê-lo próximo da desintegração, ou da memória da desintegração, e ali deixá-lo. Assim, a apreciação da arte mantém as pessoas no fio da navalha, pois a realização está muito próxima do fracasso doloroso. Essa experiência precisa ser reconhecida como parte da saúde.

I. O CONCEITO DE INDIVÍDUO SAUDÁVEL

Pessoas saudáveis desfrutam do uso do corpo e de suas funções, e isso se aplica especialmente às crianças e aos adolescentes. Aqui aparece outra vez uma relação entre o transtorno esquizoide e a saúde. É uma pena que pessoas saudáveis tenham que viver em corpos deformados ou doentes ou velhos, ou passem fome ou permaneçam em sofrimento.[3]

Relação de objeto

Podemos encarar a relação de objeto do mesmo modo que a coexistência psicossomática e a questão mais geral da integração. O processo de amadurecimento impulsiona o bebê a relacionar-se com objetos, mas isso só pode ocorrer com segurança quando o mundo lhe é suficientemente bem apresentado. A mãe adaptável apresenta o mundo de forma que o bebê já esteja munido com um suprimento da *experiência de onipotência*, que constitui o alicerce apropriado para que ele mais tarde entre em acordo com o princípio de realidade. Aqui há um paradoxo, na medida em que, nessa fase inicial, o bebê cria o objeto, embora o objeto já esteja lá, senão ele não o teria criado. O paradoxo deve ser aceito, e não resolvido.

Vamos agora trazer essa discussão para os campos da doença mental e da saúde mental do adulto. Na doença esqui-

---

3 Aqui temos outra complicação: o intelecto, ou a parte da mente que pode se tornar cindida e ser explorada às custas de uma vida saudável. Um bom intelecto é, sem dúvida, algo maravilhoso, tão especial para os seres humanos, mas não há necessidade de o intelecto estar fortemente associado em nossa mente com a ideia de saúde. O estudo do lugar do intelecto relativo à área em discussão é um tema importante, e seria inapropriado considerá-lo neste momento.

zoide, o estabelecimento de relações de objeto é malsucedido: o paciente se relaciona com um mundo subjetivo ou fracassa na tentativa de se relacionar com qualquer objeto fora do self. A onipotência é assegurada por meio de delírios. O paciente se retrai, fica fora de contato, perplexo, isolado, irreal, surdo, inacessível, invulnerável e assim por diante.

Grande parte da vida saudável está associada a várias modalidades de relação de objeto e a um processo de "vaivém" entre a relação com objetos externos e internos. Trata-se de uma questão de fruição plena dos relacionamentos interpessoais, mas os resíduos da relação criativa não se perdem, o que faz com que cada aspecto da relação de objeto seja excitante.

A saúde aqui inclui a ideia de um formigamento da vida e da magia da intimidade. Tudo isso se encaminha junto para um senso da própria realidade e do próprio ser, e da experiência que realimenta a realidade psíquica interna, enriquecendo-a, ampliando-a. Como consequência, o mundo interno da pessoa saudável se relaciona com o mundo real ou externo, e ainda assim é pessoal e dotado de uma vivacidade própria. Identificações projetivas e introjetivas acontecem a todo instante. Segue-se que a perda e a má sorte (e, como eu disse, a doença) podem ser mais terríveis para o indivíduo saudável do que para aquele que é psicologicamente imaturo ou deformado. Deve-se permitir que a saúde arque com os próprios riscos.

RECAPITULAÇÃO

Neste momento da discussão precisamos definir nossos termos de referência. Temos de decidir se vamos restringir o significado da palavra "saúde" àqueles que são saudáveis desde o iní-

I. O CONCEITO DE INDIVÍDUO SAUDÁVEL

cio, ou estendê-lo àqueles que carregam a semente da doença e mesmo assim conseguem "vencer", isto é, alcançar, no final, um estado de saúde que não vem com facilidade ou naturalmente. Sinto que é necessário incluir esta última categoria. Vou explicar rapidamente o que estou querendo dizer.

Dois tipos de pessoa

Acho útil dividir o universo de pessoas em duas classes. Há aquelas que jamais foram desapontadas quando bebês e, nessa medida, são candidatas a desfrutar da vida e do viver. E há aquelas que sofreram experiências traumáticas, resultantes de decepções com o ambiente, que necessitam carregar consigo perpetuamente as lembranças (ou o material para as lembranças) do estado em que se encontravam no momento do desastre. São candidatas a levar vidas turbulentas e tensas e talvez marcadas pela doença. Reconhecemos a existência daqueles que se desgarraram da tendência ao desenvolvimento saudável, e cujas defesas são rigidamente organizadas, sendo que a própria rigidez é utilizada como garantia contra movimentos posteriores. Não podemos estender a conotação que demos à palavra "saúde" a esse estado de coisas.

Existe, no entanto, um grupo intermediário. Numa exposição mais completa da psicomorfologia da saúde, poderíamos incluir aqueles que trazem consigo experiências de uma ansiedade impensável ou arcaica, e que se defendem relativamente bem contra a recordação de tal ansiedade, mas que, não obstante, aproveitam qualquer oportunidade que se apresenta para adoecer ou ter um colapso, a fim de se aproximar daquilo que é impensavelmente terrível. O colapso raramente leva a um resultado terapêutico, embora se deva reconhecer um elemento positivo nele, pois por vezes conduz a uma espécie de cura, e então a palavra "saúde" aparece de novo.

Até nesse caso parece persistir uma tendência ao desenvolvimento sadio, e se as pessoas dessa segunda categoria conseguirem se agarrar, ainda que tardiamente, a essa tendência em direção ao desenvolvimento, elas poderão ser bem-sucedidas. Podemos então incluí-las entre os saudáveis. Saudáveis por bem ou por mal.

Fuga para a sanidade

Precisamos lembrar agora que a fuga em direção à sanidade não é sinônimo de saúde. A saúde é tolerante com a doença; na verdade, a saúde tem muito a ganhar quando se mantém em contato com a doença em todos os seus aspectos, em particular com a doença denominada esquizoide e com a dependência.

Entre os dois extremos, ou seja, entre o primeiro grupo, dos afortunados, e o segundo, dos desafortunados (no que tange à provisão ambiental), grande parte das pessoas consegue esconder, com sucesso, certa necessidade de se encaminhar para o colapso, mas sem de fato colapsar, a não ser que fatores ambientais desencadeiem a situação. Esta pode tomar a forma de uma nova versão do trauma, ou pode ser que um ser humano confiável tenha aumentado as esperanças.

Portanto, nós nos perguntamos: entre essas pessoas que conseguem vencer, apesar daquilo que carregam consigo (genes, desapontamentos precoces e experiências infelizes), quais devem ser incluídas entre os saudáveis? Temos que levar em conta o fato de que nesse grupo há muitas pessoas cujo desconforto e cuja ansiedade os impelem a realizações excepcionais. Pode ser que o convívio com elas se revele muito difícil, mas elas impulsionam o mundo em alguma área da ciência, da arte, da filosofia, da religião ou da política. Não sou obrigado a responder, porém tenho que estar preparado para a pergunta legítima: e os gênios?

Verdadeiro e falso

Há um caso especial nessa categoria complicada em que o colapso potencial domina a cena, que talvez não nos dê muito problema. (Mas nada é muito claro quando se trata de assuntos humanos, e quem poderia dizer onde a saúde acaba e a doença começa?) Refiro-me às pessoas que tiveram que organizar inconscientemente uma fachada, um falso self para lidar com o mundo, uma defesa projetada para proteger o verdadeiro self. (O verdadeiro self foi traumatizado e não pode mais ser encontrado e corre o risco de ser ferido de novo.) A sociedade aceita com facilidade a organização de um falso self – e paga um preço alto por isso. Do nosso ponto de vista, embora o falso self seja uma defesa eficaz, não é um componente da saúde. Funde-se ao conceito kleiniano de defesa maníaca: onde uma depressão é negada – por processos inconscientes, é claro –, os sintomas da depressão aparecem nas formas opostas (euforia em vez de depressão, luminosidade em vez de escuridão, vivacidade em vez de desânimo, excitação em vez de indiferença, e assim por diante).

Isso não é saúde, mas tem um lado saudável, em termos de descanso, além de um vínculo alegre com a saúde, na medida em que, para as pessoas idosas, a vivacidade e a animação dos jovens é uma compensação incessante e seguramente legítima para a depressão. Nas pessoas saudáveis, a seriedade está ligada às pesadas responsabilidades que vêm com a idade, das quais o jovem geralmente não quer saber.

Preciso mencionar o assunto *depressão* – um preço que se paga pela integração. Não será possível repetir aqui o que tenho escrito sobre o valor da depressão, ou melhor, sobre a saúde que é inerente à capacidade de se sentir deprimido, uma vez que o humor depressivo está próximo, de um lado, da capacidade de se sentir responsável, de se sentir culpado, de sentir dor; e, de outro, de se sentir plenamente feliz quando as coisas correm bem. Contudo, é verdade que a depressão, por mais terrível que seja, tem que ser respeitada como evidência de integração pessoal.

Há forças destrutivas complicadoras na doença que, quando dentro do indivíduo, favorecem o suicídio e, quando fora, deixam-no suscetível a delírios persecutórios. Não estou sugerindo que tais elementos façam parte da saúde. É necessário, porém, incluir, num estudo sobre a saúde, a seriedade semelhante à depressão, relativa a indivíduos que cresceram, no sentido de terem se tornado íntegros. É na personalidade dessas pessoas que podemos encontrar riqueza e potencial.

Omissões

Terei de omitir o assunto específico da tendência antissocial. Isso está relacionado à deprivação [*deprivation*], ou seja, a um bom período da vida da criança que chegou ao fim numa fase de seu crescimento em que ela era capaz de saber os resultados, mas não de lidar com eles.

Aqui não é o melhor lugar para escrever sobre agressividade. Permita-me dizer, entretanto, que são justamente os membros

I. O CONCEITO DE INDIVÍDUO SAUDÁVEL

doentes de uma comunidade que são compelidos, por motivações inconscientes, a ir para a guerra executar atos de ataque como modo de defesa contra delírios persecutórios, ou então a destruir o mundo, um mundo que os aniquilou, a cada um individualmente, na infância.

O OBJETIVO DA VIDA

Finalmente, gostaria de refletir agora sobre a vida que uma pessoa saudável é capaz de viver. O que é a vida? Não preciso saber a resposta, mas podemos chegar a um acordo: ela está mais próxima do SER do que do sexo. Disse Lorelei:[4] "Beijar é muito bom, mas uma pulseira de diamantes dura para sempre". Ser e sentir-se real dizem respeito essencialmente à saúde, e só se garantirmos o ser é que poderemos partir para coisas mais objetivas. Afirmo que isso não é apenas um julgamento de valor, mas que há aí um vínculo entre a saúde emocional individual e o sentimento de se sentir real. Não há dúvida de que a grande maioria das pessoas dá como certo que se sente real, porém a que preço? Em que medida elas estão negando um fato, especificamente o fato de que poderia haver o perigo de se sentirem irreais, de se sentirem possuídas, de sentirem que não são elas mesmas, de "caírem para sempre", de perderem a orientação, de serem descoladas do próprio corpo, de serem aniquiladas, de não serem nada e não estarem em lugar nenhum? A saúde não está associada à *negação* de coisa alguma.

---

4   Anita Loos, *Os homens preferem as loiras* [1935], trad. Beatriz Horta. Rio de Janeiro: Record, 2000.

As três vidas

Vou terminar falando sobre as três vidas que as pessoas saudáveis experimentam.

1 A vida no mundo, em que as relações interpessoais constituem a chave até mesmo para o uso do ambiente não humano.
2 A vida da realidade psíquica pessoal (às vezes chamada interna). É aqui que uma pessoa é mais rica do que outra, e mais profunda, e mais interessante quando criativa. Inclui sonhos (ou o que emerge do material dos sonhos).

Todos vocês estão familiarizados com essas duas vidas, e é bem sabido que ambas podem ser aproveitadas como defesa: o extrovertido precisa encontrar fantasia no ato de viver; e o introvertido pode tornar-se autossuficiente, invulnerável, isolado e socialmente inútil. Mas há outra área para desfrutar da saúde, não muito fácil de abordar em termos da teoria psicanalítica:
3 A área da experiência cultural.

A experiência cultural começa como uma brincadeira e conduz ao domínio da herança humana, incluindo as artes, os mitos da história, a lenta marcha do pensamento filosófico e os mistérios da matemática, do manejo de grupos e da religião.

Onde situar essa terceira vida, a experiência cultural? Não acho que ela possa ser situada na realidade psíquica interna, pois não é um sonho – é parte da realidade compartilhada. Mas tampouco se pode dizer que seja parte dos relacionamentos externos, pois é dominada pelo sonho. É a mais variável das três vidas; em certas pessoas ansiosas e inquietas, ela praticamente não tem representação, enquanto em outras é a parte importante da existência humana, a parte que os animais não desenvolveram. Porque essa área admite não só a brincadeira e o senso de humor, mas também toda a cultura acumulada nos últimos cinco ou dez mil anos. O intelecto bem-dotado pode operar nessa área. Ela é um subproduto da saúde.

Tentei desvendar a localização da experiência cultural e cheguei a essa formulação provisória: ela se inicia *no espaço potencial entre uma criança e a mãe, quando a experiência produziu na criança um alto grau de confiança na mãe*, no fato de que ela vai estar lá quando a criança de repente precisar dela.

Neste ponto, eu me alinho com Fred Plaut,[5] que usou a palavra "confiança" como chave para o estabelecimento dessa área da experiência saudável.

Cultura e separação

Nesse sentido, é possível demonstrar que a saúde tem relação com o viver, com a saúde interior e, de modo diverso, com a capacidade de vivenciar experiências culturais.

Em outras palavras, havendo saúde, não há separação, pois, na área de espaço-tempo entre a criança e a mãe, a criança (e, portanto, o adulto) vive criativamente, fazendo uso do material disponível – seja ele um pedaço de madeira ou um dos últimos quartetos de Beethoven.

---

5 F. Plaut, "Reflections about not Being Able to Imagine". *Journal of Analytical Psychology*, v. II, 1966.

Isso representa um desenvolvimento do conceito de fenômenos transicionais.

Pode-se dizer muito mais a respeito da saúde, mas espero ter conseguido transmitir a ideia de que, para mim, o ser humano é único. A etologia não é tudo. Os seres humanos têm instintos e funções animais, e muitas vezes se parecem com estes. Talvez os leões sejam mais nobres; os macacos, mais ágeis; as gazelas, mais graciosas; as cobras, mais sinuosas; os peixes, mais prolíficos; e os pássaros, mais sortudos, por serem capazes de voar. Os seres humanos, no entanto, são mesmo algo à parte e, quando são suficientemente saudáveis, têm experiências culturais superiores às de qualquer animal (com exceção talvez das baleias e seus parentes).

Os seres humanos provavelmente serão os responsáveis pela destruição do mundo. Se for assim, talvez possamos morrer na próxima explosão atômica sabendo que isso não é saúde, mas medo; é parte do fracasso das pessoas e da sociedade saudáveis em dar suporte a seus membros doentes.

RESUMO

Espero ter conseguido:

1 Usar o conceito de saúde como ausência de doença psiconeurótica.
2 Vincular saúde e amadurecimento, do qual resulta a maturidade.
3 Assinalar a importância dos processos de amadurecimento que se referem ao ego, mais do que daqueles relacionados à consideração das posições do id na hierarquia das zonas erotogênicas.

I. O CONCEITO DE INDIVÍDUO SAUDÁVEL

4 Vincular esses processos aos cuidados do bebê, da doença esquizoide e da saúde do adulto, usando, de passagem, os conceitos de:
   a) integração,
   b) parceria psicossomática e
   c) relações de objeto
   como exemplos do que se obtém no cenário como um todo.
5 Ressaltar que temos de decidir até que ponto incluir, e quando, os que conseguem alcançar a saúde apesar de desvantagens iniciais.
6 Nomear as três áreas nas quais o ser humano vive e sugerir que é uma questão de saúde o fato de algumas vidas serem notáveis e de algumas personalidades serem ricas e criativas, e que o bônus mais importante propiciado pela saúde são algumas experiências na área cultural.
7 Finalmente indicar que não é somente a sociedade que depende da saúde de seus membros para ser saudável; também seus padrões são uma duplicação dos padrões daqueles que a compõem. Dessa forma, a democracia (em um dos significados da palavra) é uma indicação de saúde, porque se origina, naturalmente, da família, que é em si mesma um construto pelo qual os indivíduos saudáveis são responsáveis.

2

VIVENDO CRIATIVAMENTE
[1966]

DEFINIÇÃO DE CRIATIVIDADE

Seja qual for a definição a que cheguemos, ela deve incluir a ideia de que a vida vale a pena – ou não – ser vivida, a ponto de a criatividade ser – ou não – parte da experiência de vida de cada um.[1] Para ser criativa, uma pessoa tem que existir, e ter um sentimento de existência, não na forma de uma percepção consciente, e sim como uma posição básica a partir da qual operar. Em consequência, a criatividade é o fazer que, gerado com base no ser, indica que aquele que *é, está vivo*. Pode ser que o impulso esteja em repouso; contudo, quando a palavra "fazer" pode ser usada com propriedade, já existe criatividade.

É possível demonstrar que, em certas pessoas e em determinadas épocas, as atividades que indicam que uma pessoa está viva não passam de reações a estímulos. Retire os estímulos e o indivíduo não tem vida. Mas, em caso tão extremo, a palavra "ser" não tem relevância. Para que uma pessoa *seja*, e

---

1 Fusão de dois rascunhos de uma palestra preparada para a Progressive League, em 5 de novembro de 1966. [N.E.]

2. VIVENDO CRIATIVAMENTE

para que ela tenha o sentimento de que *é*, o fazer-por-impulso [*impulse-doing*] deve prevalecer sobre o fazer-reativo.

Não se trata apenas de uma questão de vontade e do arranjo e rearranjo da vida. O processo de crescimento mental estabelece os padrões básicos e nas épocas iniciais da vida humana se encontram os fatores de maior influência. Presume-se que a maioria das pessoas esteja em algum ponto entre os dois extremos, e é nesse meio de caminho que nos é conferida a oportunidade de interferir em nossos padrões; é nessa ocasião que sentimos que a discussão se torna interessante e deixa de ser mero exercício acadêmico (estamos considerando também aquilo que podemos fazer, na qualidade de pais e educadores).

A criatividade é, portanto, a manutenção ao longo da vida de algo que pertence à experiência do bebê: a capacidade de criar o mundo. Para o bebê, isso não é difícil; se a mãe for capaz de se adaptar às necessidades do bebê, ele não vai perceber que o mundo estava lá antes de ele ter sido concebido ou de sua existência ter sido concebida. O princípio de realidade é o fato da existência do mundo, independentemente de o bebê tê-lo criado ou não.

O princípio de realidade é muito ruim, mas, com o passar do tempo, quando a criança é chamada a dizer "gu-gu", grandes desenvolvimentos já ocorreram e ela adquiriu mecanismos mentais geneticamente determinados para lidar com essa lesão. Pois o princípio de realidade é uma lesão.

Gostaria de descrever alguns desses mecanismos mentais. Caso as condições ambientais tenham sido suficientemente boas, a criança (que se tornou você e eu) encontrou maneiras de absorver a lesão. A submissão, por um lado, simplifica a relação com o outro, que, é claro, tem necessidades próprias para atender, a própria onipotência para cuidar. No outro extremo, a criança conserva a onipotência, sob o pretexto de ser criativa e de ter uma visão pessoal de tudo.

Para ilustrar de um jeito básico: se uma mãe tem oito filhos, há oito mães. Isso não ocorre simplesmente porque a mãe teve atitudes diferentes em relação a cada um deles. Se ela pudesse ter sido exatamente a mesma com cada filho (e sei que isso é absurdo, porque ela não é uma máquina), cada criança teria tido sua própria mãe, vista sob olhos individuais.

Em decorrência de um processo de crescimento muitíssimo complexo, geneticamente determinado, e da interação do crescimento individual com fatores externos que tendem a ser positivamente facilitadores – ou então não adaptadores e produtores de reação –, a criança torna-se você ou eu, descobrindo-se equipada com alguma capacidade para ver tudo de um jeito novo, para ser criativa em todos os detalhes do viver.

Eu poderia procurar o significado da palavra "criatividade" no *Oxford English Dictionary*; poderia também pesquisar tudo o que já foi escrito a respeito do assunto, em filosofia e psicologia; e então poderia dar tudo de bandeja. Mesmo isso poderia ser arranjado de uma tal maneira que vocês diriam: "Como é original!". Pessoalmente, sou incapaz de seguir um plano como esse. Sinto necessidade de falar como se ninguém jamais tivesse examinado o assunto antes e é natural que isso possa fazer com que minhas palavras pareçam ridículas. Mas eu acho que você pode ver nisso minha necessidade de deixar claro que não fui soterrado pelo tema. Para mim, o trabalho de tentar conciliar diferentes referências sobre criatividade seria a morte. Evidentemente, preciso estar sempre lutando para me *sentir* criativo, com a desvantagem de que, se for o caso de descrever uma palavra simples, como "amor", terei de começar do zero (talvez esse seja o ponto de onde se deve começar). Vou retornar a esse tema quando chegar à distinção entre o viver criativo e a arte criativa.

Pesquisei a palavra "criar" em um dicionário e encontrei "trazer à existência". Uma criação pode ser "uma produção da mente humana". Não é certo que "criatividade" seja uma palavra aceitável para o erudito. Por "viver criativamente" não quero dizer ser aniquilado ou morto o tempo todo, seja por conformidade, seja por reagir àquilo que o mundo nos impõe. Estou falando no sentido de ver tudo como se fosse a primeira vez. Estou me referindo à *apercepção*, em oposição à *percepção*.

ORIGENS DA CRIATIVIDADE

Talvez eu tenha demonstrado aquilo que acredito ser a origem da criatividade. Nesse ponto é necessária uma afirmação dupla. A criatividade é própria do estar vivo: a não ser que esteja em estado de repouso, a pessoa está sempre tentando alcançar algo, de maneira que, se houver um objeto no caminho, pode haver um relacionamento. Mas isso é apenas parte da história. A outra parte refere-se à ideia de que alcançar esse algo, física ou mentalmente, não tem nenhum significado, exceto para um ser que esteja lá para ser. Um bebê que tenha nascido quase sem cérebro pode alcançar um objeto e usá-lo, mas sem a experiência de um viver criativo. O bebê normal, igualmente, precisa crescer em complexidade e tornar-se um "existente" estabelecido, para que possa experimentar a procura e o encontro de um objeto como ato criativo.

Então eu volto à máxima: Ser, antes de Fazer. O Ser tem que se desenvolver antes do Fazer. E, finalmente, a criança domina até mesmo os instintos, sem perda de identidade do self. A origem, portanto, é a tendência geneticamente determinada do indivíduo para estar e permanecer vivo e para se relacionar com os objetos que aparecem no meio do caminho quando chega o momento de tentar alcançar algo – mesmo que seja a Lua.

MANTENDO A CRIATIVIDADE

O indivíduo que não tenha sido demasiado distorcido por uma introdução defeituosa no mundo dispõe de muitas oportunidades para fomentar esse atributo tão desejável. Com toda certeza vocês vão me dizer que boa parte da vida se resume ao cumprimento de tarefas. Alguém tem de fazê-las. Não é fácil discutir esse aspecto, porque há quem veja utilidade nos afazeres rotineiros. Talvez o fato de não ser preciso muita inteligência para limpar um chão propicie o aparecimento de uma área cindida da experiência imaginativa. Mas há também a questão das identificações cruzadas, que abordarei adiante. Pode ser que uma mulher limpe o chão sem se aborrecer porque desfruta da bagunça lamacenta da qual participa indiretamente, por meio da identificação com sua criança terrível que, em momentos de vida criativa, se suja inteira de lama e arrasta o jardim para dentro de casa. A criança supõe que as mães adoram limpar o chão, e essa é sua potência, apropriada para essa idade terrível. (As pessoas se referem a isso como algo "próprio da idade". Sempre penso que isso faz com que pareça algo bom!)

Ou um homem pode estar tão entediado quanto é possível a um ser humano que trabalha numa linha de montagem; mas, quando pensa no dinheiro, pensa também nas melhorias que espera fazer na pia da cozinha, ou talvez já esteja vendo como foi a surpreendente derrota do Manchester City diante

2. VIVENDO CRIATIVAMENTE

do Southampton em sua TV, ainda com algumas prestações a pagar.

O fato é que as pessoas não deveriam assumir trabalhos que sejam sufocantes – ou, se não podem evitá-lo, precisam organizar seus fins de semana para que consigam alimentar sua imaginação, mesmo nos momentos de rotina entediante. Já se disse que é mais fácil manter a vida imaginativa dentro de uma rotina maçante do que numa área de trabalho relativamente interessante. Há de se lembrar, também, que o trabalho pode ser muito interessante para alguém que o utiliza para um viver criativo, mas que não permite que ninguém mais faça uso do discernimento pessoal.

Em algum lugar do esquema de coisas pode haver espaço para que alguém viva com criatividade. Isso envolve preservar algo de pessoal, talvez algo de secreto, que é inconfundivelmente você mesmo. Se nada mais funcionar, tente respirar – isso ninguém pode fazer *por* você. Ou talvez você seja você mesmo quando escreve a um amigo, ou manda cartas a um jornal como o *The Times* ou o *New Society*, provavelmente para serem lidas por alguém antes de serem jogadas fora.

VIVER CRIATIVO E CRIAÇÃO ARTÍSTICA

Ao mencionar o ato de escrever cartas, estou me aproximando de outro assunto que não posso ignorar. Devo deixar clara a diferença entre o viver criativo e o ser artisticamente criativo.

No viver criativo, tanto você como eu descobrimos que tudo aquilo que fazemos fortalece o sentimento de que estamos vivos, de que somos nós mesmos. Uma pessoa pode olhar para uma árvore (não necessariamente em um quadro) e fazê-lo criativamente. Se você alguma vez enfrentou uma fase depressiva do tipo esquizoide (e a maioria já enfrentou), então conheceu isso pelo negativo. Quantas vezes já não me disseram: "Há um laburno [árvore] na minha janela, o Sol brilha, e intelectualmente sei que isso é uma paisagem incrível para aqueles que podem apreciá-la. Mas para mim esta manhã (segunda-feira) não tem o menor significado. Não consigo senti-la. Me faz ver claramente que não me sinto real".

Ainda que aliadas ao viver criativo, as criações artísticas dos escritores de cartas, escritores, poetas, artistas, escultores, arquitetos, músicos, são diferentes. Você concordará que, se alguém está engajado numa criação artística, espera-se que tenha algum talento especial. Porém, para uma existência criativa não precisamos de nenhum talento especial. Trata-se de uma necessidade universal, de uma experiência universal, e mesmo os esquizofrênicos retraídos e aprisionados ao leito podem estar vivendo criativamente uma atividade mental secreta e, portanto, de certo modo, feliz. Infelizes somos você e eu que, em determinada fase, estamos conscientes da falta daquilo que é essencial ao ser humano, que é muito mais importante que o alimento ou a sobrevivência física. Se tivéssemos tempo, poderíamos tratar aqui da ansiedade, impulso que subjaz ao tipo artístico de criatividade.

O VIVER CRIATIVO NO CASAMENTO

Parece haver uma necessidade de discutir o fato de que em um ou em ambos os parceiros de um casamento há um sentimento frequente de declínio da iniciativa. Uma experiência comum aparece aqui, ainda que seja grande a diferença no que

2. VIVENDO CRIATIVAMENTE

se refere à importância desse sentimento em relação a todas as outras coisas da vida que poderiam ser ditas. No momento, tenho que partir do postulado de que *nem todos os casais sentem que podem ser criativos e permanecer casados*. Um dos integrantes do par se encontra envolvido num processo que poderia terminar num mundo que foi realmente criado pelo outro. Nesse extremo, isso seria muito desconfortável, mas penso que não se chega a isso na maioria dos casos, ainda que esteja sempre latente e às vezes surja de forma aguda. Por exemplo: o problema pode ficar escondido durante um par de décadas, durante as quais se criam os filhos, e emergir como crise de meia-idade. Se partirmos da superfície, provavelmente encontraremos um modo bem simples de conversar sobre o problema. Conheço duas pessoas que foram casadas por muito tempo e que tinham uma família bem grande. Nas primeiras férias de verão de seu casamento, após terem ficado uma semana juntos, o marido disse: "Vou passar a semana que vem fora, velejando". Respondeu-lhe a esposa: "Bem, eu gosto de viajar. Vou fazer minhas malas". A previsão dos amigos: "Esse casamento não tem futuro!". No entanto, os dois tiveram um casamento muito bem-sucedido – as previsões é que eram sombrias demais. Uma das coisas mais importantes a respeito desse casamento foi que o homem passou uma semana velejando, durante a qual pôde aperfeiçoar sua habilidade e desfrutar seu divertimento favorito enquanto a esposa viajava por toda a Europa. Eles tiveram muito para conversar nos quinze dias restantes e descobriram que o fato de terem ficado longe um do outro durante metade das férias ajudou muito na relação conjugal.

Muitos não gostariam disso. Não há regra universal para os seres humanos. Mas o exemplo poderia ilustrar que, quando duas pessoas não ficam com medo de uma abandonar a outra, o casal tem bastante a ganhar. Se elas têm receio de fazê-lo, podem acabar se entediando. O tédio resulta do tamponamento da vida criativa, que provém do indivíduo, e não da parceria, embora um parceiro possa inspirar criatividade.

Encontraremos em praticamente qualquer família que observarmos um equivalente do arranjo que descrevi para o casal acima. A esposa toca violino e o marido passa uma noite por semana num *pub* tomando *shandy* com os amigos. Com os seres humanos, há uma variação infinita entre normalidade e que saúde. Se decidimos conversar sobre as *dificuldades*, acabaremos descrevendo padrões em que as pessoas se envolvem e que ficam tediosamente repetitivos, indicando que há algo errado em algum lugar. Existe um elemento compulsivo nisso tudo e, bem no fundo desse elemento, também um foco de medo. Muitos são incapazes de ser criativos por serem vítimas de uma compulsão que tem alguma ligação com sua história. Acho que só para as pessoas relativamente felizes com relação a isso, ou seja, as que não são guiadas por compulsões, eu poderia falar sobre o fato de estarem sendo tolhidas no casamento. Para pessoas que se incomodam porque um relacionamento parece sufocá-las, não se pode dizer muito. Não há conselho útil que se possa dar e não é possível dar conta da terapia de todo mundo.

Entre os dois extremos – os que sentem que permanecem criativos no casamento e os que sentem o casamento como um obstáculo para a criatividade – há, com certeza, um tipo fronteiriço; acredito que a maioria de nós se encontra nessa fronteira. Somos *suficientemente felizes* e podemos ser criativos, mas percebemos que é inerente um tipo de choque entre o impulso pessoal e os compromissos concernentes a qualquer tipo de relação que apresente características confiáveis. Em outras palavras: estamos falando, uma vez mais, do princípio

2. VIVENDO CRIATIVAMENTE

de realidade e, com o tempo, conforme penetramos no assunto, poderíamos encontrar algum aspecto da tentativa de o indivíduo aceitar a realidade externa sem que isso acarrete a perda excessiva do impulso pessoal. Esse é um dos muitos problemas básicos peculiares à natureza humana, e é nas etapas mais precoces do desenvolvimento emocional de cada um que se estabelece a base de sua capacidade em relação a esse aspecto.

Alguém poderia dizer que com frequência falamos de casamento bem-sucedido em termos de quantos filhos um casal teve, ou em termos da amizade que os parceiros são capazes de construir. Podemos falar bastante a respeito desse assunto, e sei que você não espera que eu me limite ao que é fácil e superficial. Se falarmos sobre sexo, que, afinal de contas, deve ocupar um lugar central em qualquer discussão sobre casamento, certamente encontraremos um grau impressionante de sofrimento. Sugiro um bom postulado: não é comum encontrar pessoas casadas que sintam estar vivendo sua vida sexual criativamente. Muito já se escreveu sobre isso e talvez o infortúnio do psicanalista seja conhecer, mais do que a maioria das pessoas, essas dificuldades e o mal-estar que as acompanha. Para o psicanalista, não é possível manter a ilusão de que as pessoas se casam e depois disso vivem felizes para sempre, pelo menos não no que diz respeito na sua vida sexual. Quando duas pessoas são jovens e se amam, pode haver um tempo, até prolongado, em que o relacionamento sexual é uma experiência criativa para ambos. Isso de fato é saúde, e fico feliz quando pessoas jovens têm essa experiência, de modo quase consciente, em primeira mão. Penso que é um erro grave apregoar aos jovens a ideia de que tal estado de coisas se prolonga por um longo período após o casamento. Alguém disse (receio que um tanto jocosamente): "Há dois tipos de casamento: em um, a moça descobre que casou com o homem errado a caminho do altar; em outro, ela descobre isso no caminho de volta". Mas não há razão para rir. O problema é quando damos aos jovens a ideia de que o casamento é um caso de amor prolongado. Mas eu também odiaria fazer o oposto: vender desilusão a eles, fazer disso um negócio e garantir que os jovens saibam de tudo e não tenham ilusões. Se a pessoa *já foi feliz*, pode suportar a angústia. É a mesma coisa quando dizemos que um bebê não pode ser desmamado a menos que tenha tido o seio, ou seu equivalente. Não há nenhuma desilusão (aceitação do princípio de realidade), exceto com base na ilusão. As pessoas são possuídas por um terrível sentido de fracasso quando descobrem que algo tão importante como a experiência sexual está se tornando uma experiência criativa para apenas um dos integrantes. Às vezes isso pode funcionar bem, quando o sexo começa mal e, aos poucos, os dois chegam a algum tipo de compromisso ou acordo, de modo que, no fim, ambos têm a chance de vivenciar uma experiência criativa.

É necessário comentar que a sexualidade mútua é saudável e de grande ajuda, mas seria equivocado presumir que a única solução para os problemas da vida de uma pessoa é o sexo mútuo. Precisamos prestar atenção naquilo que é latente, quando, além de ser um fenômeno enriquecedor, o sexo é uma terapia sempre recorrente.

Gostaria agora de lembrar os mecanismos mentais de projeção e introjeção: entendo com isso a função de alguém se identificar com os outros e a de identificá-los consigo próprio. Como você poderia esperar, há os que não podem usar esses mecanismos, há os que poderiam se quisessem e há os que, querendo ou não, utilizam-nos compulsivamente. Em termos simples, estou me referindo ao fato de estar no lugar do outro e a questões de compaixão e empatia.

2. VIVENDO CRIATIVAMENTE

É óbvio que, quando duas pessoas vivem juntas, com um vínculo tão próximo e público como é o casamento, elas têm muita oportunidade de viver uma por meio da outra. Num estado que ainda é de saúde, de acordo com as circunstâncias, isso pode ser bem aproveitado, ou não. Só que alguns casais se veem na incômoda situação de ficar delegando papéis que desejam que o outro desempenhe, enquanto outros casais conseguem fluidez e flexibilidade em todos os níveis. É claro que é conveniente se a mulher deixar o homem se encarregar da parte masculina do ato físico do sexo, e vice-versa. No entanto, não existe apenas a ação; há também a imaginação e, *do ponto de vista da imaginação*, com certeza não há parte da vida que não possa ser transferida ou assumida pelo outro.

Com isso em mente, podemos observar o caso especial da criatividade. Não ganhamos muito examinando a função sexual: quem é mais criativo, o pai ou a mãe? Não gostaria de ser eu a pessoa a dizer. Poderíamos deixar essa questão de lado. Mas, nessa área de funcionamento *real*, devemos lembrar que um bebê pode ser *concebido* [*conceived*] sem criatividade – ou seja, sem ter *sido concebido* [*conceived of*], sem que tivesse chegado a ser uma ideia na mente. No entanto, ele também pode começar no instante exato em que é desejado pelos dois parceiros. Edward Albee, em *Quem tem medo de Virginia Woolf?*, estuda o destino de um bebê que é concebido, mas que não ganha corpo. Que estudo extraordinário, tanto a peça como o filme!

Mas eu quero sair dessa questão de sexo real e bebês reais, pois tudo o que fazemos pode, ou não, ser feito criativamente. Gostaria de retomar o tema das origens da capacidade do indivíduo de viver criativamente.

OUTROS DADOS SOBRE AS
ORIGENS DO VIVER CRIATIVO

É aquela velha história. Aquilo que somos depende muito do ponto que atingimos em nosso desenvolvimento emocional, ou de quanta oportunidade nos foi dada naquela época do crescimento associada aos estágios iniciais da relação de objetos – é sobre isso que quero falar.

Sei que deveria estar falando aqui algo como: feliz é aquele que é criativo o tempo todo em sua vida pessoal e em sua vida com parceiros, filhos, amigos etc. Não há nada que fique para fora desse território filosófico.

Posso olhar para um relógio e ver apenas a hora; também pode ser que nem isso eu veja, apenas note as formas no mostrador; ou talvez eu não veja nada. Entretanto, pode ser que eu veja em relógios potencial, e então me permita ter alucinações com um relógio, agindo desse modo por conta das evidências de que um relógio real está lá para ser visto; então, quando percebo o relógio real, já passei por um processo complexo que se originou em mim. Portanto, quando vejo o relógio, eu o crio e, quando vejo a hora, também crio o tempo. Tenho minha breve experiência de onipotência o tempo todo, antes de transferir essa função desconfortável para Deus.

Uma certa antilógica está em jogo aqui. Em algum ponto, a lógica toma a forma da antilógica. Isso é real – não posso evitar. Gostaria de me deter nesse assunto.

O bebê fica preparado para encontrar um mundo de objetos e ideias e, segundo o ritmo do crescimento desse seu aspecto, a mãe vai lhe apresentando o mundo. Em função de seu alto grau de adaptação durante esse período inicial, a mãe capacita o bebê a experimentar a onipotência, a encontrar realmente

2. VIVENDO CRIATIVAMENTE

aquilo que ele cria, a criar e vincular isso com o que é real. O resultado concreto disso é que cada bebê inicia a vida com uma nova criação do mundo. E no sétimo dia esperamos que ele se satisfaça e descanse. Isso quando as coisas correm razoavelmente bem, como em geral acontece, mas se aquilo que está sendo criado precisa de uma realização concreta, alguém tem que estar lá. Se ninguém estiver lá para fazer isso, então, num extremo, a criança é autista – criativa dentro do espaço – e tediosamente submissa em seus relacionamentos (esquizofrenia infantil).

É a partir daí que se pode introduzir, pouco a pouco, o princípio de realidade, e a criança que conheceu a onipotência experimenta as limitações impostas pelo mundo. No entanto, por volta dessa época, ela já é capaz de viver vicariamente, de usar os mecanismos de projeção e introjeção, de deixar outra pessoa às vezes ser a autoridade e de abandonar a onipotência. Com o passar do tempo, o ser humano individual desiste de ser o volante, ou mesmo a caixa de marchas inteira, e adota a posição mais cômoda de uma peça na engrenagem. Alguém me ajudaria a escrever um hino humanista?

Ah! ser uma peça da engrenagem
Ah! fazer parte do todo
Ah! trabalhar em harmonia com os outros
Ah! ser casado sem perder a
ideia de ser o criador do mundo.[2]

---

[2] No original: *"O! to be a cog/ O! to stand collectively/ O! to work harmoniously with others/ O! to be married without losing the/ 'idea' of being the creator of the world"*. [N.E.]

O indivíduo humano que não começa a vida com a experiência de ser onipotente não tem chance de ser uma peça na engrenagem, mas tem necessidade, em vez disso, de exacerbar a onipotência, a criatividade e o controle; algo como tentar vender ações indesejáveis de uma companhia inexistente.

Em meus textos, exploro bastante o conceito de objeto transicional, algo que a criança tenha acabado de pegar: pode ser um pedaço de tecido que já fez parte do véu que cobria o berço, um cobertor, ou ainda uma fita de cabelo da mãe. Esse primeiro símbolo representa a confiança na união do bebê e da mãe baseada na experiência de confiabilidade e capacidade dessa mãe de saber do que o bebê precisa por meio da identificação que estabeleceu com ele. Eu disse que o objeto foi criado pelo bebê; sabemos que jamais vamos contestar isso, ainda que também saibamos que ele estava lá antes de o bebê tê-lo criado (pode inclusive ter sido criado da mesma maneira por um irmão).

É muito mais o caso de "Estenda a mão, e ele estará lá para você possuí-lo, usá-lo, gastá-lo", do que "Peça e lhe será dado". Esse é o começo. Pode ser que isso se perca no processo de introdução do mundo factual, do mundo do princípio de realidade; contudo, no estado de saúde, conseguimos formas e maneiras de recapturar o sentimento de significado proveniente da vida criativa. O sintoma de uma vida não criativa é o sentimento de que nada tem sentido, de futilidade, de que "eu não dou a mínima".

Estamos agora em condições de observar o viver criativo e, com base nisso, utilizar uma teoria consistente. O assunto em si mesmo é complexo, e a teoria nos permite entender o porquê disso. Podemos observar a vida criativa em geral, bem como em seus aspectos particulares.

Fica entendido que estou tentando atingir uma camada mais profunda, ainda que não necessariamente mais fundamental.

2. VIVENDO CRIATIVAMENTE

Sei que uma forma de cozinhar salsichas é seguir as instruções da Mrs. Beeton (ou Clement Freud, aos domingos).[3] Outra forma consiste em pegar as salsichas e cozinhá-las do jeito que for possível. O resultado pode ser o mesmo, embora seja mais aprazível conviver com o cozinheiro criativo, mesmo que às vezes aconteça um desastre, ou que a comida tenha um gosto esquisito, ou que alguém suspeite do pior. O que estou tentando dizer é que, *para quem cozinha*, as duas experiências diferem: a pessoa servil, que acata, não tira nada da experiência, exceto um aumento na sensação de dependência da autoridade, enquanto a original se sente mais real e surpreende a si mesma em função daquilo que vai surgindo na mente durante o preparo da comida. Quando nos surpreendemos com nós mesmos, estamos sendo criativos e descobrimos que podemos confiar em nossa inesperada originalidade. Não deveríamos nos preocupar se aqueles que consomem as salsichas não percebem o que aconteceu de surpreendente durante o ato de cozinhar, ou se demonstram não apreciar o resultado do ponto de vista gustativo.

Sou da opinião de que não há nada que não possa ser feito criativamente, caso a pessoa seja criativa ou tenha essa capacidade. Mas, se alguém passa o tempo todo ameaçado pela extinção da criatividade, então terá de suportar a conformidade entediante, ou então acumular originalidade até que as salsichas fiquem parecendo algo de outro mundo ou tenham gosto de lata de lixo.

---

3   Winnicott se refere aqui ao livro *Mrs Beeton's Book of Household Management* [O Livro de Culinária da Sra. Beeton] (London: Beeton Publishing, 1861), tradicional guia vitoriano de culinária e economia doméstica, e a Clement Freud, locutor de rádio, chef de cozinha, político e colunista em diversos jornais britânicos. [N.E.]

Como já mencionei, acredito nesta verdade: mesmo que o indivíduo tenha um equipamento criativo pobre, a experiência pode ser criativa e pode causar excitação, no sentido de que sempre há algo de novo e inesperado no ar. É claro que, se a pessoa for muito original e talentosa, seu desenho pode valer 20 mil libras; mas, para aqueles que não são Picasso, seria uma imitação escravizante e não criativa desenhar como Picasso. Para desenhar como Picasso, a pessoa tem que ser Picasso – caso contrário, não será criativo. Aqueles que se aferram a modismos são por definição entediantes e submissos, exceto quando estão à procura de algo e precisam da coragem de um Picasso como apoio para serem originais.

O fato é que aquilo que criamos já está lá, mas a criatividade reside no modo como chegamos à percepção por meio da concepção e da apercepção. Assim, quando olho o relógio, como preciso fazer agora, eu crio um relógio, mas tenho o cuidado de não ficar vendo relógios por aí, a não ser quando já sei que existe um. Por favor, não rejeite esse fragmento de ilógica absurda – em vez disso, examine-o e faça uso dele.

Para ajudar na discussão, eu diria que, se estiver ficando escuro e eu estiver muito cansado ou talvez um pouco esquizoide, pode ser que eu veja relógios onde não há nenhum. Eu poderia ver algo naquela parede e até mesmo ler as horas no mostrador e vocês poderiam me dizer que é apenas a sombra da cabeça de alguém projetada na parede.

Para certas pessoas, a possibilidade de serem chamadas de doidas, de alucinadas, faz com que se aferrem à sanidade, a uma objetividade que se poderia denominar realidade compartilhada. Há também as que se permitem fingir bem até demais que tudo o que imaginam é real e passível de ser compartilhado.

2. VIVENDO CRIATIVAMENTE

Podemos permitir que todo tipo de pessoa conviva conosco, entretanto, precisamos dos outros para sermos objetivos, se for o caso de desfrutar e aproveitar nossa própria criatividade, de assumir riscos e seguir nossos impulsos com as ideias que os acompanham.

Algumas crianças são obrigadas a crescer numa atmosfera intensamente criativa, mas que pertence aos pais ou à babá, e não à criança. Essa situação as sufoca e elas param de ser. Ou desenvolvem alguma técnica de retirada.

A provisão de oportunidades para que as crianças vivam a própria vida, tanto em casa como na escola, é um assunto muito amplo, e é um axioma o fato de que as crianças que não têm dificuldade para sentir que existem por si mesmas são justamente aquelas fáceis de lidar. São as que não são lesionadas a torto e a direito pelo princípio de realidade.

Caso estejamos ligados formalmente a parceiros, podemos nos permitir toda e qualquer qualidade e toda e qualquer quantidade (como eu já disse) de projeções e introjeções; uma mulher pode desfrutar das brincadeiras de seu marido a respeito do trabalho, ou um marido pode desfrutar das experiências de sua esposa com a frigideira. Dessa forma, o casamento – a união formal – amplia nosso campo para um viver criativo. Você pode ser criativo por procuração enquanto realiza uma tarefa rotineira, executada mais rapidamente quando as instruções assinaladas no rótulo da garrafa são seguidas.

Gostaria de saber como você está digerindo essas ideias que escrevi e que li. O primeiro ponto é que não posso fazer com que você se torne criativo apenas porque falo com você. Seria melhor que eu o ouvisse. Caso você nunca tenha possuído ou nunca tenha perdido a capacidade de se surpreender em suas experiências de vida, não vai ser falando que vou poder ajudar em alguma coisa, e também seria difícil ajudá-lo por meio da psicoterapia. Mas é importante que saibamos de outras pessoas (em especial as crianças que estão sob nossa responsabilidade) que experimentar o viver criativo é sempre mais importante do que ter um bom desempenho.

Quero esclarecer que o viver criativo envolve, até o último detalhe dessa experiência, um dilema filosófico – isso porque, quando estamos sãos, realmente só criamos aquilo que descobrimos. Até mesmo nas artes não podemos ser criativos "do nada", a menos que sejamos solistas numa clínica psiquiátrica ou no hospício de nosso próprio autismo. Ser criativo em arte ou em filosofia depende muito do estudo de tudo o que já existe, e o estudo do contexto é essencial para entender e apreciar qualquer artista. Só que a abordagem criativa faz com que o artista se sinta real e importante, mesmo quando o que ele fez seja um fracasso do ponto de vista do público, ainda que este continue a ser uma parte tão necessária de seu equipamento quanto seus talentos, seu treinamento e suas ferramentas.

Assim, o que eu estou dizendo é que, contanto que estejamos razoavelmente saudáveis do ponto de vista pessoal, não temos que viver num mundo criado por nosso parceiro de casamento e nosso parceiro de casamento não tem que viver no nosso. Cada um tem o próprio mundo privado e, além disso, aprendemos a compartilhar experiências como resultado do uso de todos os graus de identificações cruzadas. Quando estamos criando filhos criativos num mundo de fatos, temos que ser não criativos, aquiescentes e adaptativos; mas, no todo, contornamos o problema e descobrimos que isso não é o nosso fim por causa de nossa identificação com essas pessoinhas novas que precisam de nós para alcançar, também elas, um viver criativo.

3
SUM: EU SOU
[1968]

Seria melhor, sem dúvida, que aqui eu me restringisse à minha área, ou seja, à psiquiatria infantil e à teoria do desenvolvimento emocional da criança, que pertence à psicanálise e, portanto, em última análise, a Freud.[1] *Conheço alguma coisa* do meu ofício; tenho conhecimento especializado e experiência acumulada. Na área da matemática e do ensino, sou muito *ignorante*. O aluno mais novo de vocês sabe mais do que eu. Certamente eu não teria aceitado o convite que vocês me fizeram, não fosse pelo fato de o sr. Tahta ter demonstrado, na primeira carta que me enviou, estar ciente de que pertenço a uma especialidade estranha e de que de mim ele só poderia esperar um comentário sobre a ecologia do jardim específico que eu por acaso cultivo.

Até mesmo meu título, "*Sum*: eu sou", me atemoriza – pode ser interpretado como indicativo de que eu seja um acadêmico versado nos clássicos ou um mestre em etimologia. Meses atrás,

---

[1] Palestra proferida na Associação dos Professores de Matemática, durante sua Conferência de Páscoa no Whitelands College, Londres, em 17 de abril de 1968. O título joga com o termo *sum*, verbo "ser" em latim, e *sum* em inglês, soma, síntese, resumo, total. [N.E.]

pressionado a fornecer um título, pensei: "Bem, como vou falar sobre o estágio do *eu sou* durante o desenvolvimento do indivíduo, então poderia vincular isso à palavra latina *sum*". Percebem o trocadilho? (Isso é Calverley,[2] mas não pensem que sou um erudito.)

Meu trabalho é, definitivamente, ser eu mesmo. Que pedaço de mim mesmo posso dar a você, e como posso lhe dar um pedaço sem parecer que perdi a totalidade? Preciso assumir que vocês possam tolerar minha totalidade e também certo grau daquela forma de amadurecimento que denominamos integração, e preciso escolher mostrar a vocês apenas um ou dois dos elementos que constituem a unidade que sou EU.

Já me sinto encorajado, pois sei que essas questões, que são objeto do estudioso da personalidade humana, também são objeto do matemático e, de fato, a matemática é uma versão desencarnada da personalidade humana.

Sintetizando, quando digo que o aspecto central do desenvolvimento humano é a chegada e a manutenção segura do estágio do EU SOU, sei que isso também é uma afirmação do fato central da aritmética, ou, como poderia dizer, das operações de soma.

Vocês já devem ter percebido que, por natureza, treinamento e prática, sou uma pessoa que pensa em termos de desenvolvimento. Quando, numa carteira escolar, vejo um menino ou uma menina somando, subtraindo e lutando com a tabuada de multiplicação, vejo uma pessoa que já tem uma longa história – um longo processo de desenvolvimento – e sei que pode haver deficiências e distorções no desenvolvimento,

---

2   Charles Stuart Calverley (1831-84), poeta e humorista britânico, conhecido pela perspicácia de seus trocadilhos. [N.E.]

3. SUM: EU SOU

ou distorções organizadas para lidar com deficiências que têm de ser aceitas; ou ainda, que deve haver certa precariedade no que tange ao desenvolvimento que parece ter sido alcançado. Vejo o desenvolvimento rumo à independência e a significados sempre novos para o conceito de totalidade, que pode ou não se tornar um fato no futuro daquela criança, se ela continuar viva. Também tenho plena consciência da dependência e do modo como esse ambiente, a princípio importantíssimo, continua e continuará importante mesmo quando o indivíduo atingir a independência, por meio de uma identificação com características ambientais. É o que acontece quando uma criança cresce, se casa e cria uma nova geração de filhos, ou começa a participar da vida social e da manutenção da estrutura social.

Eis aí um aspecto meu que talvez vocês possam usar, pois, se cada um se ativer ao respectivo campo, não se espera que *vocês* estejam preocupados com processos de desenvolvimento como *eu* preciso estar, caso queira levar a cabo meu trabalho – ainda mais se for fazê-lo com eficácia.

É difícil nos lembrarmos do quão moderno é o conceito de indivíduo humano. Talvez a luta para alcançar esse conceito se reflita no nome hebraico bíblico com que se designava Deus. O monoteísmo parece estar muito vinculado à expressão EU SOU. Sou o que sou. (*Cogito, ergo sum* é diferente: o *sum* aqui significa que tenho um *sentido* de existência como pessoa, que sinto em meu juízo que minha existência foi provada. Mas aqui estamos preocupados com um estado não autoconsciente de ser, para além de exercícios intelectuais de autoconsciência.) Será que esse nome conferido a Deus (EU SOU) reflete o perigo ao qual o indivíduo sente que está exposto quando está a ponto de alcançar o estado de um ser individual? Se eu sou, é porque consegui agrupar isto e aquilo, reivindiquei que isto sou eu e repudiei todo o resto; ao repudiar o não eu, insultei o mundo, por assim dizer, e posso aguardar um ataque. Então, quando as pessoas chegaram pela primeira vez ao conceito de individualidade, rapidamente o colocaram no céu e lhe deram uma voz que só um Moisés conseguiria escutar.

Isso retrata com precisão a ansiedade inerente à chegada de todo ser humano ao estágio EU SOU. Vocês podem ver isso naquela brincadeira de praia, "Eu sou o Rei do Castelo".[3] Imediatamente vem uma defesa contra um ataque esperado: "E você é um velho banguelo!", ou, então, "Desce daqui, seu velho banguelo". Horácio tinha uma versão desse jogo infantil:

Rex erit qui recte faciet;
Qui non faciet, non erit.[4]

Isso constitui, sem dúvida, uma versão sofisticada do estágio do EU SOU, que só se permite ao rei.

Poderíamos tentar saber como é que se fazia uma soma antes do advento do monoteísmo. O que quero dizer é que a palavra "unidade" não tem o menor significado a não ser na medida em que o ser humano é uma unidade. Em outro con-

---

3   Em inglês, *"I'm the king of the castle"*. Também conhecido como "Rei do morro" [King of the hill] e "Rei da montanha" [King of the mountain], a brincadeira consiste na tentativa, por parte de um grupo de jogadores, de derrubar outro jogador, o "rei do castelo", do topo de um monte de areia. [N.E.]

4   Em português: "Será rei todo aquele que agir corretamente;/ aquele que não o fizer, não será". *The Oxford Dictionary of Nursery Rhymes*, Iona Opie e Peter Opie (orgs.). Oxford: Oxford University Press, 1951. [N.T.]

3. *SUM*: EU SOU

texto, poderíamos pôr em discussão o uso do pronome pessoal "eu", o qual, tenho a impressão, é o primeiro pronome do discurso da criança ("eu" ou "me"). No entanto, esse assunto não fica claro aqui, pois as palavras verbalizadas podem vir muito depois do entendimento da linguagem, e processos mentais extremamente complexos já estão em operação num período anterior à verbalização.

Vocês perceberão com facilidade aonde quero chegar: à ideia de que a aritmética começa com o conceito de *um*, e de que isso deriva – necessariamente – do self unitário de toda criança em desenvolvimento, um estado que representa algo conquistado durante o crescimento; de fato, um estado que talvez nunca seja alcançado.

Neste momento, preciso fazer uma interrupção para lidar com uma complicação imensa. O que fazer com o processo intelectual que foi cindido? A matemática superior pode funcionar aqui separadamente das realizações ou não realizações do indivíduo em termos do estado de unidade. Reconhecemos o mesmo problema em outros campos. Considerem, por exemplo, o caso de um juiz na área de homologação de alguém que morreu sem ter feito (provavelmente sem ter podido fazer) um testamento; ou o filósofo que não sabe a data ou o dia da semana; ou o físico renomado, como o falecido mestre de Trinity, Cambridge, que podia ser visto andando pelas ruas colocando um pé na calçada e o outro na sarjeta (daí a necessidade de ter o Hobson's Brook entre a calçada e a Trumpington Street – ou pelo menos era nisso que eu, na época estudante da Leys School, acreditava piamente).

Permitam-me examinar isso em termos do desenvolvimento individual. (A propósito, já falei sobre isso com mais detalhes, e acho difícil discutir o assunto de forma breve sem incorrer em caricaturas.) Aqui temos um bebê com fome, já se preparando para comer algo. Se o alimento chega, tudo bem. Mas, se demora mais do que x minutos, sua chegada não terá mais sentido para o bebê. E então surge a questão: quão abruptamente chega esse momento depois do qual o alimento perde o sentido?

Agora imagine dois bebês: um deles dotado de um equipamento intelectual que, quando testado, será associado a um QI elevado, e outro dotado de um QI abaixo da média. O bebê bem-dotado logo aprende, guiando-se por barulhos específicos, que algum alimento está sendo preparado. Sem nada verbalizar, o bebê diz para si mesmo: "Esses barulhos me avisam que a comida está chegando, então é só esperar mais um pouco! Provavelmente vai ficar tudo bem". O bebê pouco dotado fica mais à mercê da capacidade de adaptação da mãe e tem um número mais preciso para a incógnita x.

Você consegue entender, a partir disso, como o intelecto ajuda a tolerar a frustração? Podemos prosseguir até verificar que uma mãe é capaz de explorar as funções intelectuais do bebê a fim de se libertar do vínculo proveniente da dependência que ele apresenta em relação a ela. Tudo isso é normal, mas, se você dá ao bebê um equipamento intelectual acima da média, ele e a mãe podem conspirar no uso e abuso do intelecto, que se torna cindido – isto é, cindido da psique da existência psicossomática e do viver.

Se você acrescentar a esse quadro um elemento de dificuldade no campo psicossomático, o bebê começa a desenvolver um falso self no sentido de uma vida na mente cindida, enquanto o verdadeiro self é psicossomático, oculto e talvez perdido. Assim, enquanto a matemática avançada ganha força, a criança fracassa em saber o que fazer com um centavo.

3. *SUM*: EU SOU

Uma paciente que ajudou a me entender isso havia aprendido "O flautista de Hamelin" com muita facilidade, aos cinco ou seis anos. No entanto, ela foi ficando cada vez mais insegura de si até que finalmente veio se tratar comigo a fim de perder sua capacidade intelectual cindida (da qual seus pais se orgulhavam) e encontrar seu verdadeiro self. Aos seis ou sete anos, ela narrou à babá, para o álbum da família, a história de uma criança – obviamente si mesma – que estava indo muito bem na escola e que aos poucos foi se tornando mentalmente defeituosa. Tinha mais de cinquenta anos quando se libertou, no decorrer de sua análise.

Note que encaro o intelecto como uma coisa boa, mas em meu trabalho posso ver de que modo se aproveitam dele, e num relato descritivo da personalidade tenho que levar em consideração as incríveis conquistas do intelecto cindido, sem perder de vista a existência psicossomática individual.

Antigamente – há um século –, as pessoas falavam de mente e corpo. Para sair do domínio do intelecto cindido, foi necessário postular uma alma. Hoje é possível começar com a psique do psicossoma e, partindo dessa base da estrutura da personalidade, proceder para o conceito do intelecto cindido, que, num caso extremo, e em um indivíduo bem-dotado intelectualmente, em termos de massa cinzenta, pode funcionar de modo brilhante sem muita referência ao ser humano. Mas é o ser humano que, pela acumulação de experiências devidamente assimiladas, pode adquirir sabedoria. A única coisa que o intelecto sabe fazer é falar sobre a sabedoria. Poderíamos citar: "Como se tornará sábio [aquele ...] cuja conversa é só sobre gado?" (Eclesiástico 38:25). Assim, segundo o ponto de vista que estou adotando aqui, segue-se que no intelecto cindido não há limites para a adição e a subtração, para a divisão e a multiplicação, exceto aquilo que pode ser determinado pelo computador – que aqui, por acaso, é o cérebro humano, sem dúvida muito parecido com os computadores que vocês inventam e usam como parte de sua especialidade. Mas há um limite para as somas [*sum*] com as quais um indivíduo pode se identificar, e esse limite se refere ao estágio do desenvolvimento da personalidade que ele alcançou e é capaz de manter.

(Começamos com um tema abrangente demais. O problema é que não sei onde parar. Há muito a ser dito.)

Vamos focar na questão da divisão.

A divisão não apresenta a menor dificuldade para o intelecto cindido. Na verdade, não há dificuldades nessa área, exceto em termos de computadores e programação. Isso não é vida, é algo cindido da vida. Mas vamos ponderar sobre como o indivíduo chega à divisão. O estado de unidade é a conquista básica para a saúde no desenvolvimento emocional de todo ser humano. Ancorada nesse estado, a personalidade unitária pode se permitir a identificação com unidades mais amplas – digamos, a família, o lar ou a casa. *Agora*, a personalidade unitária é parte de um conceito de totalidade mais amplo. E logo vai se tornar parte de uma vida social cada vez mais ampla, de questões políticas e (no caso de algumas pessoas) de algo que pode ser chamado de cidadania do mundo.

A base dessa divisibilidade é o self unitário, talvez transferido (por medo de ataque) para Deus. E aí retornamos ao monoteísmo e à atribuição de significado para o um, sozinho, único; como é rápida a quebra do um em três, a trindade! Três, o número da família mais simples possível.

Quando vocês ensinam a operação de adição, lidam com crianças que "são o que são", e decerto reconhecerão estes três tipos:

3. SUM: EU SOU

1 Aquelas que têm facilidade em começar com o *um*.
2 Aquelas que não atingiram o estado de unidade e para quem o *um* não significa nada.
3 Aquelas que manipulam conceitos e travam com considerações banais de libras, xelins e pence.

Vocês vão querer iniciar as crianças desse último tipo direto na régua de cálculo e no cálculo diferencial. Por que não lhes pedir que *adivinhem* em vez de *calcular*, de modo que usem seus computadores internos? Não vejo por que, em aritmética, há tanta ênfase na *resposta exata*. E o prazer de adivinhar? E a possibilidade de brincar com métodos engenhosos? Imagino que vocês já tenham refletido sobre todas essas questões na sua teoria de métodos didáticos.

Acho que não dá para esperar que uma criança que não alcançou o estado de unidade consiga apreciar pedaços e fragmentos. Eles são aterradores para essas crianças e representam o caos. O que fazer, então? Deixar de lado a aritmética e tentar propiciar um ambiente estável, capaz de possibilitar (ainda que tardia e tediosamente) que algum grau de integração pessoal se instale na criança imatura. Pode ser que essa criança se dedique a um ratinho. Isso é um bom exercício de aritmética, ainda que fedorenta. No que se refere ao ratinho, a criança pode atingir a totalidade que não consegue obter no self. Além disso, o rato pode morrer. Isso é muito importante. Não há morte que não seja a morte de uma totalidade. Revertendo o raciocínio, o sentido de totalidade da integração pessoal traz consigo a *possibilidade* e a *certeza da morte*; e com a aceitação da morte vem um grande alívio, alívio do medo das alternativas, tais como a desintegração ou os fantasmas – ou seja, a sobrevivência de fenômenos espirituais após a morte da metade somática da parceria psicossomática. Eu diria que crianças saudáveis lidam com a morte muito melhor do que os adultos.

Talvez seja útil eu citar mais um item a respeito do desenvolvimento. Trata-se da interação entre processos pessoais e provisão ambiental – alguns se referem a isso como equilíbrio entre a natureza e a criação do bebê [nature and nurture]. Ao pensar nesse problema específico, a maioria das pessoas tende a tomar partido, embora não haja necessidade de escolher um dos lados.

Um bebezinho que vem ao mundo herda tendências ao crescimento e ao desenvolvimento, incluindo os aspectos qualitativos deste último. Pode-se dizer que, quando tiver um ano de idade, ele saberá três palavras; aos dezesseis meses provavelmente vai começar a andar; e aos dois anos estará falando. São esses os nós de desenvolvimento (ver Phyllis Greenacre), e é muito conveniente quando uma criança chega a cada estágio do desenvolvimento no tempo natural, percorrendo-o no intervalo de tempo do nó.

Embora seja fácil dizer isso, deixa-se de lado o importante fato da dependência. Em relação à provisão ambiental, a dependência é, no começo, quase que absoluta; rapidamente ela se torna relativa, e a tendência geral é caminhar em direção à independência. A palavra-chave no que tange ao aspecto ambiental (correspondendo à palavra "dependência") é "confiabilidade" – confiabilidade humana, e não mecânica.

O estudo da adaptação da mãe às necessidades do bebê é fascinante e demonstra que ela começa com grande capacidade para conhecê-las, por ser capaz de se identificar com ele. Aos poucos, ela se desadapta e logo luta para se livrar de seu confinamento, ou seja, da preocupação com um bebê e com as necessidades dele. Sem essa provisão ambiental humana, o bebê não faz as gradações de desenvolvimento herdadas como tendência.

3. SUM: EU SOU

Vocês podem verter isso, que diz respeito aos bebês, para uma linguagem que se aplica à idade escolar.

Fora desse campo altamente complexo de estudo, surge uma questão que diz respeito à coisa básica: o conceito de unidade.

Para o bebê, a primeira unidade que surge inclui a mãe. Se tudo corre bem, o bebê vai perceber a mãe e todos os outros objetos e os verá como não eu, de tal modo que agora há o eu e o não eu. (O eu pode incorporar e conter elementos não eu etc.) Esse estágio dos primórdios do EU SOU só se instala com efeito no self do bebê na medida em que o comportamento da figura materna é suficientemente bom – no que diz respeito à adaptação e à desadaptação. Assim, a mãe é, no início, um delírio que o bebê precisa ser capaz de desautorizar e que tem de ser substituída pela desconfortável unidade EU SOU – e isso envolve a perda da segura fusão unitária original "mãe-bebê". O ego do bebê é forte se houver um apoio egoico materno para fazê-lo forte; do contrário, ele é fraco.

Como será que os distúrbios nessa área afetam o aprendizado e o ensino da aritmética? Não há dúvida de que eles podem afetar a relação professor-aluno. Todo e qualquer professor precisa saber quando está lidando não com *seu assunto específico*, mas com psicoterapia, ou seja, complementando tarefas incompletas que representam falha parental relativa ou absoluta. A tarefa a que me refiro consiste em fornecer um apoio ao ego onde ele é necessário. O oposto é rir dos fracassos da criança, sobretudo quando representam o medo de seguir adiante.

Acho que é bem conhecida a importância vital da relação professor-aluno. É desse ponto que os psiquiatras partem quando se deparam com problemas de ensino. A não confiabilidade do professor faz com que quase toda criança se desintegre. Quando uma criança relata sua dificuldade em fazer somas (ou em história ou em inglês), a primeira coisa que se pensa é: talvez esse professor não sirva. Não são poucas as crianças que tiveram o desenvolvimento de sua aprendizagem obstruído em função do sarcasmo do professor. No entanto, não censuro o profissional tão facilmente. Não raro, a criança é insegura ou hipersensível e, não importa quão cauteloso o professor seja, ela se torna desconfiada. Cada caso é um caso, pois não há duas crianças idênticas, ainda que ambas apresentem dificuldade em matemática.

Na sequência, eu gostaria de iniciar um exame da teoria pedagógica, quanto à teoria do desenvolvimento do indivíduo, mas terei que deixar isso de lado. Mesmo assim, vou dizer que deve ser fascinante ver como, no ensino da matemática, *é possível captar o impulso criativo* – talvez o gesto brincalhão de uma criança – e então aliar isso ao ato da criança de tentar se superar, fornecendo tudo o que ela puder apreender, por meio do ensino, até que alcance, com o passar do tempo, o impulso criativo. Às vezes, esse trabalho pode ser mais bem feito com uma assistência individual, especialmente se for o caso de fazer alguma reparação decorrente de experiências infelizes, ou mesmo da experiência de uma pedagogia ruim, que é uma forma de doutrinação.

A criatividade é inerente ao brincar, e talvez não seja possível encontrá-la em nenhuma outra parte. O brincar de uma criança pode ser um leve movimento de sua cabeça, de tal maneira que no interjogo da cortina contra uma linha na parede externa, a linha seja ora uma, ora duas. Isso pode ocupar uma criança (ou um adulto) por horas. Vocês poderiam me dizer se um bebê alimentado por dois seios sabe dos dois, ou será que isso, no início, é a duplicação de um? Talvez vocês consigam captar essas brincadeiras, mas não sei como. Aposto que

3. *SUM*: EU SOU

sabem as respostas para esses problemas. Quanto a mim, sinto que preciso voltar ao meu objetivo, que é apenas o tratamento de crianças doentes do ponto de vista psiquiátrico, e a construção de uma teoria do desenvolvimento emocional – melhor, mais precisa e mais útil – do ser humano.

Para finalizar, pergunto: por que será que a matemática é o melhor exemplo de um assunto que só pode ser ensinado se houver continuidade? Caso se perca uma parte da matéria, o resto fica sem sentido. Acho que a catapora é responsável por muitos casos de colapso matemático (durante o período letivo da primavera); se vocês tiverem tempo, podem prestar uma assistência individual à criança naquilo que ela perdeu enquanto ela estava em casa, de quarentena.

Talvez isso pareça uma confusão para vocês, mas fico feliz de poder participar de um exercício de fertilização cruzada. Quem sabe qual ser híbrido pode resultar dessa mistura?

4

O CONCEITO DE FALSO SELF
[1964]

Já fui brindado com a honra de me apresentar aqui perante o grupo "Crime – Um Desafio", e em função disso descobri que os conferencistas podem escolher qualquer assunto, não necessariamente relacionado ao crime. Isso me deixa com uma dificuldade: se posso falar sobre qualquer coisa, como é que vou escolher?[1]

Há seis meses, quando vocês me convidaram, sugeri a ideia do conceito de um self verdadeiro e de um self falso, e agora preciso fazer com que isso seja uma contribuição que vocês sintam que valha a pena discutir.

É fácil falar sobre crime, pois sei que vocês não são criminosos. No entanto, como eu poderia falar sobre o assunto que escolhi sem parecer que estou pregando um sermão, já que, no final das contas, de uma forma ou de outra, ou em alguma medida, cada um de nós está dividido num self verdadeiro e num self falso? Na verdade, preciso vincular o normal com o

---

1 Rascunho inacabado de uma palestra apresentada no All Souls College, Oxford, para "Crime – Um Desafio", um grupo da Universidade de Oxford, em 29 de janeiro de 1964.

4. O CONCEITO DE FALSO SELF

anormal e solicitar paciência caso eu pareça sugerir, durante o processo, que todos nós somos doentes, ou, o contrário, que as pessoas doentes são saudáveis.

Penso que concordarão que não há nada de novo na ideia central. Poetas, filósofos e videntes sempre se ocuparam da ideia do falso self, e a traição do self tem sido um exemplo típico do inaceitável. Shakespeare, talvez com o intuito de evitar ser enganado, reuniu algumas verdades que nos transmitiu pela boca de um indivíduo muito chato chamado Polônio. Assim, acho que podemos aceitar o conselho:

> Acima de tudo: seja fiel a si mesmo,
> Se seguir estas palavras, como a noite o dia,
> Não será infiel a ninguém.[2]

Vocês poderiam apontar praticamente qualquer poeta importante e mostrar que esse é um tema caro às pessoas que vivem seus sentimentos com intensidade. Também poderiam ressaltar que o teatro contemporâneo está procurando pela verdadeira essência do que é quadrado, sentimental, bem-sucedido ou astuto.

Vamos partir de um pressuposto: o tema persegue os adolescentes e chega mesmo a ecoar nos vastos salões das universidades de Oxford e de Cambridge. Deve haver aqui algumas pessoas preocupadas com a maneira como esse tema as toca pessoalmente, como eu estou, mas prometo não adiantar

---

2   No original: *"This above all: to thine own self be true,/ And it must follow, as the night the day,/ Thou canst not then be false to any man"*. William Shakespeare, *A tragédia de Hamlet, príncipe da Dinamarca* [1603], trad. Bruna Beber. São Paulo: Ubu Editora, 2019, p. 33. [N.E.]

soluções; caso tenhamos esses problemas pessoais, precisamos viver com eles e esperar que o tempo traga algum tipo de evolução pessoal, no lugar de uma solução.

Vocês sabem que passo meu tempo tratando de pacientes (psicanálise e psiquiatria infantil) e, quando examino os que hoje estão sob meus cuidados, acho que observo esse mesmo problema em todos eles. Talvez haja ligação entre o conceito de maturidade, ou de saúde pessoal do adulto, e a solução para o problema de personalidade. É como se, após anos e anos tentando ficar com um pé em cada canoa, acordássemos de repente e descobríssemos que estivemos o tempo todo à beira do cais.

Estou dizendo, de certa forma, que cada pessoa tem um self educado ou socializado, e também um self pessoal privado, que só aparece na intimidade. Trata-se de algo comum, que pode ser considerado normal.

Se olharem ao redor, poderão ver que essa divisão do self é uma aquisição *saudável* do crescimento pessoal; na *doença*, a divisão é uma questão de cisão na mente, que pode chegar a variar em profundidade – a mais profunda é chamada esquizofrenia.

Estou falando, portanto, de assuntos comuns, que também são questões de uma profunda importância e seriedade.

Enquanto estava escrevendo isto, fui interrompido por uma entrevista com uma criança.

> É um menino de dez anos, filho de um colega. Tem um problema urgente. Está vivendo num lar feliz, mas isso não muda o fato de que a vida é difícil para ele, como para outros. No momento, seu problema específico é que ele se transformou na escola, depois de um período em que havia se mostrado consistentemente difícil de lidar e malsucedido. Começou a apren-

der e a se sair bem. Todo mundo ficou maravilhado e passou a se referir a ele como o "milagre do século XX". No entanto, há uma complicação. Essas mudanças estão sendo acompanhadas por outra, não tão positiva: ele não consegue dormir. Diz a seus pais, pessoas muito compreensivas: "O problema é esse negócio de ir bem na escola. É terrível. É coisa de menina". Fica acordado e é tomado de todo tipo de preocupação, incluindo a ideia de que seu pai e ele próprio vão morrer. Pensa muito sobre uma personagem histórica que morreu aos dezesseis anos de idade por ter trabalhado demais. O garoto foi muito preciso na conexão entre suas preocupações e sua mudança de caráter. Foi depois de ter começado a "ir bem" na escola pela primeira vez; assim que saiu da perua escolar, foi tomado por um tipo novo de medo, o sentimento de que um homem que ele tinha visto iria matá-lo. Havia mais uma complicação: a ideia de ser morto lhe dava prazer. Disse: "Não posso dormir porque, se fechar os olhos, vou ser esfaqueado".

Estou deixando de lado uma longa série de detalhes com o intuito de possibilitar a apresentação do caso no contexto desta conferência. Numa de nossas entrevistas, esse menino me contou sonhos. Um deles é especialmente significativo. Ele fez um desenho de si próprio na cama junto com um assassino munido de uma espada. Então lá estava ele, sentado na cama muito assustado, com a mão na boca, e o assassino estava a ponto de cravar-lhe a espada. Vocês podem perceber no sonho uma mistura de assassinato com ataque sexual simbólico, um sonho que não é incomum para um garoto dessa idade. A questão é que, ao falar comigo a respeito desses assuntos, esse menino de dez anos foi capaz de me explicar que, quando vai bem na escola, ele se dá bem com o pai, mas, com o passar do tempo, começa a perder a identidade. Nesse ponto, ele se torna desafiador e começa, de um modo meio bobo, a se recusar a fazer o que lhe dizem. Odeia entrar em conflito com o pai e geralmente dá um jeito de inverter a situação e fazer com que os professores se irritem com ele. Dessa forma, se sente real. Quando é um "bom menino", surge o sonho dos assassinos – e ele fica apavorado, não tanto com a possibilidade de ser assassinado, mas de passar para a posição de alguém que quer ser assassinado, o que o faz se sentir identificado com meninas, e não com meninos.

Vejam bem, o menino tem mesmo um problema, um problema muito comum; no entanto, talvez por ter uma relação bastante satisfatória com os pais, ele é capaz de se expressar claramente. Usando a linguagem que proponho, ele é capaz de empregar um falso self que agrada todo mundo, mas isso o faz se sentir péssimo. Em alguns casos, isso faria a pessoa se sentir irreal, porém, para esse menino, o problema é que ele se sente ameaçado, como se fosse ser transformado numa mulher ou no parceiro passivo de um ataque. Por isso, fica muito tentado a procurar algo que esteja mais na linha de um self verdadeiro – daí a constante atitude de desafio e o desempenho insatisfatório, ainda que isso tampouco forneça uma resposta satisfatória ao seu problema.

Estou expondo esse caso porque acho o menino bastante normal e acredito que ele ilustre bem a ideia que tentei delinear anteriormente, a saber, que a resolução desse problema é uma das coisas que o adolescente faz. Talvez vocês reconheçam o mesmo problema em pessoas com quem convivem, pessoas que vocês sabem que estão "indo bem", recebendo medalhas, elogios e distinções acadêmicas – mas que, ainda assim, sentem-se irreais de uma forma ou de outra e, para se sentirem reais,

4. O CONCEITO DE FALSO SELF

acabam se tornando membros incômodos da sociedade. Vocês podem ver essas pessoas portando-se mal e deliberadamente tentando desapontar todo mundo.

Essa é a coisa terrível das provas, que, em certo sentido, são rituais de iniciação. Começam na época de admissão ao ginásio, passando por todos os graus da escolaridade até a obtenção do diploma universitário; parece que não se testa apenas a capacidade intelectual do indivíduo, a qual seria mais bem avaliada com a realização de um teste de QI, mas também a capacidade de o indivíduo aquiescer e tolerar ser falso, em alguma medida, a fim de conseguir algo em relação à sociedade, que pode ser usado enquanto a vida vai sendo elaborada depois da fase na qual os privilégios e as obrigações de um estudante lhe conferem um lugar muito especial, que infelizmente não é eterno.

É provável que vocês sintam que certas pessoas no mundo são capazes de tolerar com muita facilidade esse estado de concordância, ainda que de modo limitado, para obter vantagens limitadas, enquanto outras pessoas se desgastam em relação ao mesmo problema. Naturalmente, se alguém estiver confuso a respeito dessas questões e pedir ajuda, quem for auxiliá-lo precisa chegar ao nível do self verdadeiro, ou como quer que se queira chamá-lo. Toda vez que há um problema insolúvel sobre esse assunto, quem está de fora tem que respeitar a integridade do indivíduo. Entretanto, se você é pai ou mãe de um garoto ou de uma garota, é evidente que você espera que a batalha entre o verdadeiro e o falso self não seja travada no território coberto pelas palavras "ensino" e "aprendizado". Há tanto para aprender e desfrutar nesse campo que para um pai é trágico ver o filho ou a filha precisarem ser antissociais ou, de algum modo, o oposto de ativamente sociais, numa época em que eles têm a chance de se enriquecer no âmbito cultural.

Talvez vocês entendam do que estou falando se eu levar o assunto de volta para a primeira infância. Vocês ensinam seus filhos a dizer "obrigado". Na verdade, vocês os ensinam a se comportar assim por polidez, e não porque é isso que a criança quer dizer. Em outras palavras, vocês começam ensinando boas maneiras e esperam que seus filhos sejam capazes de contar mentiras, ou seja, de se adaptar às convenções até o ponto em que a vida seja administrável. Vocês sabem muito bem que a criança nem sempre deseja dizer "obrigado". A maioria delas é capaz de aceitar essa desonestidade como um preço a pagar pela socialização. Outras nunca conseguirão fazer isso. Ou alguém tentou ensiná-las a falar "gu-gu" cedo demais, ou esse problema da integridade as atingiu de modo brutal. Sem dúvida, há crianças que prefeririam ser excluídas da sociedade a contar uma mentira.

Ao descrever esse processo, ainda estou falando de crianças normais. Se, no entanto, eu for um pouco adiante, estarei descrevendo crianças que vão achar a vida difícil por causa dessa necessidade de estabelecer e restabelecer a importância do verdadeiro self em relação a tudo o que seja falso. Suponho, de modo geral, que, mesmo que seja possível uma concessão na vida diária, não há concessão possível na área que o indivíduo elege como especial. Pode ser ciência, religião, poesia ou jogos. Na área escolhida, não há lugar para concessões.

5

O VALOR DA DEPRESSÃO
[1963]

O termo "depressão" tem um significado popular e um significado psiquiátrico profissional. Curiosamente, os dois significados são muito semelhantes.[1] Se essa afirmação for verdadeira, talvez haja uma razão para isso. O distúrbio ou estado afetivo, a depressão, traz consigo a hipocondria e a introspecção; portanto, a pessoa deprimida tem consciência de que se sente horrível e também está excessivamente consciente de seu próprio coração, pulmões, fígado e dores reumáticas. Em contraposição, o termo psiquiátrico "hipomania", talvez equivalente ao termo psicanalítico "defesa maníaca", implica a negação de um humor depressivo, e parece não ter equivalente popular. (A palavra grega *hubris* poderia servir. Mas implicaria mais elação do que hipomania.)

A visão aqui expressa é que a depressão tem valor: no entanto, também é claro que as pessoas deprimidas sofrem, podem machucar a si mesmas ou dar fim à própria vida e que

---

1 Ensaio apresentado na reunião geral da Association of Psychiatric Social Workers, em 28 de setembro de 1963.

algumas delas são vítimas de acidentes psiquiátricos. Há aqui um paradoxo que desejo examinar. Os psicanalistas e os assistentes sociais psiquiátricos acabam assumindo a responsabilidade por casos sérios e se envolvem na aplicação de psicoterapia quando, ao mesmo tempo, eles mesmos não estão livres da depressão. Já que o trabalho construtivo é uma das melhores coisas para sair da depressão, com frequência utilizamos nosso trabalho com deprimidos (e outros) para lidar com nossas depressões.

Quando eu era estudante de medicina, aprendi que a *depressão traz dentro de si mesma o germe da recuperação*. Esse é um ponto brilhante na psicopatologia e vincula a depressão ao sentimento de culpa (a capacidade de sentir culpa é um sinal de desenvolvimento saudável) e ao processo de luto. O luto também tende a terminar seu trabalho. A tendência intrínseca para a recuperação vincula a depressão igualmente ao processo de amadurecimento da infância de cada indivíduo, um processo que (em ambientes facilitadores) conduz à maturidade pessoal, ou seja, à saúde.

O DESENVOLVIMENTO EMOCIONAL

No começo, o bebê é o ambiente e o ambiente é o bebê. Por meio de um processo complexo (parcialmente compreendido, sobre o qual eu e outros já escrevemos em profundidade),[2] o bebê separa

---

2   D. W. Winnicott, "Pediatria e psiquiatria" [1948], in *Da pediatria à psicanálise* [1958] (trad. Davy Bogomolez. São Paulo: Ubu Editora, no prelo) e "Objetos transicionais e fenômenos transicionais" [1951], in *O brincar e a realidade* (trad. Breno Longhi. São Paulo: Ubu Edi-

os objetos, e então o *ambiente*, do self. Há um estado intermediário em que o objeto com o qual o bebê se relaciona é subjetivo. O bebê passa então a ser uma *unidade*, primeiro em certos momentos e depois durante o tempo todo. Uma das muitas consequências desse novo desenvolvimento é que ele começa a ter um *interior*. Surge, desse modo, um intercâmbio complexo entre aquilo que é dentro e aquilo que é fora, que continua ao longo da vida do indivíduo, constituindo-se na principal relação que ele tem com o mundo. Essa relação é mais importante até mesmo do que a relação de objeto e a gratificação dos instintos. Esse intercâmbio de mão dupla envolve mecanismos mentais denominados "projeção" e "introjeção". E muita coisa acontece, realmente muita, mas não cabe desenvolver essa afirmação aqui.

A fonte desse progresso é o *processo de amadurecimento* inato no indivíduo, que é facilitado pelo ambiente. O ambiente facilitador é necessário e, se não for *suficientemente bom*, o processo de amadurecimento se enfraquece ou se interrompe. (Já descrevi bastante tais questões, e elas são complexas.[3])

---

tora, 2019); Michael Balint, "Three Areas of the Mind". *International Journal of Psycho-Analysis*, n. 39, 1958; Marion Milner, "Aspects of the Symbolism of the Comprehension of the Not-Self". *International Journal of Psycho-Analysis*, n. 33, 1952; Willli Hoffer, "The Mutual Influences in the Development of Ego and Id: Earliest Stages". *The Psycho-Analytic Study of the Child*, n. 7, v. 1, 1952.

3   D. W. Winnicott, "A observação de bebês em uma situação padronizada" e "Formas clínicas da transferência", in *Da Pediatria à psicanálise*, op. cit.; Id., "Psycho-Analysis and the Sense of Guilt", in *The Maturational Processes and the Facilitating Environment*. London: Hogarth Press, 1965 [Ed. bras.: *O ambiente e processos de de maturação*, trad. Iríneo Constantino Schuch Ortiz. Porto Alegre: Artmed, 1983].

Assim, a *estrutura* e a *força do ego* tornam-se um fato, e a dependência de um novo indivíduo em relação ao ambiente transforma-se cada vez mais, indo do extremo da dependência absoluta à independência, embora jamais alcance a independência absoluta.

O desenvolvimento e a instalação da força do ego são a característica básica ou importante que indica saúde. Naturalmente, o termo "força do ego" adquire cada vez mais significado à medida que a criança amadurece. No início, o ego só tem força em função do apoio egoico fornecido pela mãe adaptativa, que por algum tempo é capaz de se identificar muito intimamente com seu bebê.

Chega então um período em que a criança se torna uma unidade, torna-se capaz de sentir: EU SOU – tem um interior, é capaz de cavalgar sua agitação instintual e também de *conter as pressões e os estresses* gerados na realidade psíquica interna, pessoal. *A criança tornou-se capaz de se sentir deprimida*. Essa é uma conquista do crescimento individual.

Nossa visão da depressão está intimamente ligada ao conceito de força do ego, de estabelecimento do self e de descoberta de uma identidade pessoal; é por essa razão que podemos discutir a ideia de que a depressão tem valor.

Em psiquiatria clínica, a depressão tem muitas características que a tornam, obviamente, a descrição de uma doença, mas sempre, mesmo em distúrbios afetivos severos, a presença do humor depressivo dá alguma base para a crença de que o ego individual não está rompido e pode ser capaz de segurar a barra, ou mesmo chegar a algum tipo de resolução da guerra interna.

5. O VALOR DA DEPRESSÃO

A PSICOLOGIA DA DEPRESSÃO

Nem todo mundo admite que existe uma psicologia da depressão. Para muitas pessoas (incluindo alguns psiquiatras), é quase uma crença religiosa acreditar na bioquímica da depressão, ou num equivalente moderno da teoria da bílis negra que capacitou um gênio medieval a cunhar o nome "melancolia". Vocês podem esperar uma resistência poderosa à ideia de que há uma organização mental inconsciente positiva que atribui significado psicológico ao humor. Para mim, no entanto, o humor e as várias impurezas que conduzem a características patológicas têm, sim, um sentido, e tentarei descrever um pouco do que sei a respeito disso. (Aquilo que sei se baseia no que descobri em meu trabalho, ao qual aplico teorias próprias e que derivam de Freud, Klein e vários outros pioneiros.)

O ódio, naturalmente, está trancado em algum lugar no meio disso tudo. Talvez a dificuldade esteja em aceitá-lo, mesmo que o humor depressivo implique que o ódio esteja sob controle. É o esforço clínico para obter o controle que devemos considerar.

> UM CASO SIMPLES DE DEPRESSÃO ALIADA A PSICONEUROSE. Uma garota de catorze anos foi trazida ao Hospital Infantil Paddington Green por causa de uma depressão forte o suficiente para levar seu desempenho escolar a se deteriorar. Numa entrevista psicoterapêutica (uma hora), a garota descreveu e desenhou um pesadelo no qual sua mãe havia sido atropelada por um carro. O motorista do carro tinha um boné como o de seu pai. Interpretei para ela que seu intenso amor pelo pai explicava a ideia da morte da mãe; ao mesmo tempo, havia ali uma relação sexual representada em termos violentos. A garota viu que a razão para o pesadelo era a tensão sexual e

o amor. Ela então aceitou seu ódio em relação à mãe, a quem era muito dedicada. Seu humor mudou. Foi para casa livre da depressão e tornou-se capaz de apreciar novamente a escola. A melhora perdurou.

Esse é o tipo mais simples de caso. Quando um sonho é sonhado, recordado e relatado de maneira apropriada, isso por si só já é uma indicação de que o sonhador é capaz de enfrentar as tensões internas nele envolvidas. O sonho, que também foi desenhado, indica a força do ego e, além disso, o conteúdo deu uma amostra da dinâmica da realidade psíquica interna, pessoal, da garota.

Aqui se poderia falar de ódio reprimido e do desejo de morte na posição heterossexual, conduzindo a uma inibição dos impulsos instintivos. O que é característico, no entanto, estaria omitido nessa linguagem, ou seja, o humor, a sensação de falta de vida na jovem. Se ela se mantinha viva, sua mãe ficava ferida. Trata-se de um sentimento de culpa operando preventivamente.

O SELF COMO UNIDADE

Se pudermos usar diagramas, talvez seja útil representar uma pessoa por meio de uma esfera ou círculo. Dentro do círculo está todo o intercâmbio de forças e objetos que constituem a realidade interna do indivíduo naquele momento. Os detalhes desse mundo interno são mais ou menos como um mapa de Berlim [durante a Guerra Fria], com o Muro de Berlim simbolizando o local específico das tensões mundiais.

Nesse diagrama, um nevoeiro sobre a cidade – caso haja nevoeiros por lá – representa o humor deprimido. Tudo desacelera e recai num estado de morte. Esse estado de morte relativa

5. O VALOR DA DEPRESSÃO

controla tudo e, no caso dos indivíduos humanos, confunde os instintos e a capacidade para se relacionar com objetos externos. Gradualmente, o nevoeiro fica menos denso e em certos locais começa até a se desfazer. E então pode haver fenômenos surpreendentes que ajudam, como uma fresta no Muro de Berlim na época do Natal. O humor deprimido diminui de intensidade e a vida se inicia outra vez, aqui e ali, onde há menos tensões. E assim surgem rearranjos: um alemão oriental foge para o lado ocidental e talvez um alemão ocidental se transfira para o lado oriental. De um modo ou de outro, acontecem trocas, e chega uma hora que o humor depressivo pode se dissipar com segurança. Algo que não pode ocorrer em Berlim acontece no exemplo humano: o equivalente do Muro terá se mudado um pouco de leste para oeste ou de oeste para leste.

O humor e sua resolução envolvem questões relativas ao arranjo dos elementos internos bons e maus, à estruturação de uma guerra. É como a mesa de uma sala de jantar onde um menino montou seu forte com soldados.

As meninas tendem a manter os elementos subjetivos – não específicos – porque podem pensar em possíveis gestações e bebês. Os bebês naturalmente contrariam a ideia da falta de vida interior. Os meninos invejam o potencial que as meninas têm.

Aqui não se dá tanto valor à ansiedade e ao conteúdo da ansiedade, mas à estrutura do ego e à economia interna do indivíduo. A depressão se aproximar, continuar ou se dissipar, indica que a estrutura do ego suportou uma fase de crise. Isso é um triunfo da integração.

A NATUREZA DA CRISE

Podemos apenas vislumbrar o modo como surgem as crises e também certos tipos de alívio. A principal causa do humor deprimido é uma nova experiência da destrutividade e das ideias destrutivas que vêm com o amor. As novas experiências precisam de uma reavaliação interna, e é essa reavaliação que encaramos como depressão.
E sobre as fontes de alívio usuais – elas não são garantia. Não é bom distribuir sorrisos a um deprimido ou ficar jogando a criança deprimida para cima e para baixo, oferecendo doces e apontando para as árvores enquanto dizemos: "Olha só que bonito o brilho dessas folhas verdes!". Para a pessoa deprimida, a árvore parece morta e as folhas, silenciosas. Ou não há nenhuma folha, apenas o galho escuro e surrado, em meio a uma paisagem deserta. Quando distribuímos sorrisos, passamos por tolos.
O que pode fazer a diferença é a boa e velha perseguição: uma ameaça de guerra, por exemplo, ou uma enfermeira hostil no hospital psiquiátrico, ou um ato de traição! Aqui, o fenômeno externo mau pode substituir a maldade interna e produzir alívio por meio da projeção de tensões internas; o nevoeiro pode ser dissipado. Só que dificilmente alguém conseguiria prescrever o mal. (Talvez o tratamento de choque seja o mal prescrito de maneira deliberada; é algo que às vezes é bem-sucedido na clínica, ainda que, se pensarmos em termos do dilema humano, seja uma espécie de embuste.)
Entretanto, é possível ajudar uma pessoa deprimida por meio da adoção do princípio de tolerar a depressão até que ela se dissipe espontaneamente, partindo do pressuposto de que apenas a recuperação espontânea é verdadeiramente satisfató-

ria para o indivíduo. Certas condições afetam o desfecho, apressam-no ou retardam-no. O mais importante é o estado da economia interna do indivíduo. Será que ela é precária em qualquer circunstância? Ou será que há nessa economia uma reserva de elementos benignos, nas forças alinhadas umas contra as outras, na perpétua neutralidade armada da economia interna?

Surpreendentemente, uma pessoa pode sair mais forte, mais estável e mais sábia de uma depressão, se comparada à situação em que se encontrava antes. Mas muito depende de a depressão se libertar daquilo que se poderia denominar "impurezas". Na sequência, tentarei delinear a natureza de tais impurezas.

AS IMPUREZAS DO HUMOR DEPRIMIDO

1 Incluirei nesta categoria todos os *fracassos de organização do ego* que indicam uma tendência do paciente para um tipo mais primitivo de enfermidade – a esquizofrenia. Aqui há ameaça de desintegração, e são as defesas psicóticas (divisão etc.) que definem o quadro clínico, que abarca fenômenos como a cisão, a despersonalização, sentimentos de irrealidade e falta de contato com a realidade interna. Se for também verificado aqui um elemento esquizoide difuso complicando a depressão, pode-se empregar o termo "depressão esquizoide" para descrever este quadro. Ele implica que certa organização do ego (depressão) é mantida, apesar da desintegração que a ameaça (esquizoide).

2 Esta segunda categoria compreende os pacientes que retêm a estrutura egoica que torna possível a depressão e, mesmo assim, sofrem *delírios persecutórios*. A presença desses delírios indica que o paciente está usando ou fato-

res externos adversos ou a própria memória dos traumas como alívio do surto de perseguições internas, cujo acobertamento incorre num humor deprimido.

3 Na terceira categoria, faço referência ao alívio que os pacientes obtêm das tensões internas ao permitir que estas se expressem em *termos hipocondríacos*. Pode-se tirar vantagem da presença de doenças somáticas, ou, no caso de delírios persecutórios (segunda categoria), é possível imaginar doenças somáticas, ou ainda produzi-las por meio da distorção de processos fisiológicos.

4 Nesta categoria, acrescento outro tipo de impureza, expressa pelo termo psiquiátrico *hipomania* ou, na terminologia psicanalítica, *defesa maníaca*. Aqui, a depressão é um fato, mas sua existência é negada. Cada detalhe da depressão (morbidez, severidade, escuridão, sobriedade etc.) é suplantado pelo oposto (vivacidade, leveza, luminosidade, frivolidade etc.); essa é uma defesa útil, mas o indivíduo paga por ela com o retorno da depressão inevitável, suportada de maneira privada.

5 Nesta categoria consta a *oscilação maníaco-depressiva*. De certa forma, lembra as mudanças da depressão para a defesa maníaca, mas na verdade diferencia-se marcadamente desta por conta de uma característica específica: uma dissociação relativa aos dois estados. Na oscilação maníaco-depressiva, o paciente encontra-se deprimido, por estar controlando uma tensão interna, ou num estado maniacoide (não maníaco), por ter sido possuído e ativado por algum aspecto da situação interna tensa. *Em cada uma dessas oscilações de humor, o paciente não está em contato com a condição correspondente à oscilação contrária.*

6 Aqui cito o *exagero das fronteiras de ego* referente ao medo da decomposição do indivíduo em mecanismos esquizoi-

5. O VALOR DA DEPRESSÃO

des de cisão. O resultado clínico é uma organização feroz da personalidade num padrão depressivo. Isso pode persistir, sem alterações, por um longo período de tempo, e acabar se incorporando à personalidade do paciente.

7 No *mau humor* e na *melancolia* há uma espécie de "retorno do recalcado". Mesmo com todo o ódio e toda a destruição sob controle, o estado clínico produzido por esse controle é insuportável para quem convive com o paciente. O *humor* é antissocial e destrutivo, ainda que o ódio do paciente esteja indisponível e tenha sido resolvido.

Não é possível desenvolver esses temas aqui e agora. O que deve ser enfatizado é a força do ego e a maturidade pessoal que se manifesta na "pureza" do humor depressivo.

RESUMO

A depressão faz parte da psicopatologia. Pode ser severa e incapacitante e durar a vida inteira; nos indivíduos relativamente saudáveis, costuma ser um estado de humor passageiro. Na extremidade normal do espectro, a depressão, fenômeno comum e quase universal, se relaciona com o luto, com a capacidade de sentir culpa e com o processo de amadurecimento. A depressão sempre implica força do ego; assim, tende a se dissipar e a pessoa deprimida tende a recuperar a saúde mental.

6

AGRESSIVIDADE, CULPA E REPARAÇÃO

[1960]

Gostaria de usar minha experiência de psicanalista para abordar um tema recorrente no trabalho analítico, sempre revestido de grande importância.[1] Diz respeito a uma das raízes da atividade construtiva, a saber, a relação entre construção e destruição. Pode ser que vocês logo reconheçam: ele foi desenvolvido principalmente por Melanie Klein, que resumiu suas ideias sobre o assunto sob a denominação "a posição depressiva no desenvolvimento emocional". Se é um nome adequado ou não, é outra questão. O mais relevante é que a teoria psicanalítica evolui o tempo todo, e foi Klein quem se interessou pela destrutividade que reside na natureza humana e começou a fazer com que ela adquirisse sentido em termos psicanalíticos. Foi um progresso importante, que ocorreu na década seguinte à Primeira Guerra Mundial, e muitos de nós sentimos que nosso trabalho não poderia ter sido feito sem esse importante acréscimo às afirmações do próprio Freud sobre o desenvolvimento

---

1 Palestra proferida na Progressive League, organização britânica voltada para a reforma social e promoção do humanismo científico, fundada em 1932 por H. G. Wells e C. E. M. Joad, em 8 de maio de 1960.

emocional do ser humano. O trabalho de Melanie Klein ampliou o de Freud, sem alterar o modo de trabalho do analista. Poderíamos pensar que o assunto diz respeito ao ensino da técnica psicanalítica. Caso eu esteja avaliando corretamente a situação, vocês não se importariam com esse fato. Acredito, no entanto, que o tema seja vital para todos os seres pensantes, sobretudo porque enriquece nosso entendimento acerca do significado da expressão "sentimento de culpa", por juntar o sentimento de culpa à destrutividade e à atividade construtiva.

Tudo soa muito simples e óbvio. Surgem ideias de destruir um objeto, desponta um sentimento de culpa, e disso resulta um trabalho construtivo. Contudo, o que vamos encontrar na prática é muito mais complexo, e é importante, quando nos propomos a fazer uma descrição completa, lembrar que o momento em que essa sequência simples começa a fazer sentido, ou se torna um fato, ou ganha importância, é uma conquista no desenvolvimento emocional de um indivíduo.

É típico dos psicanalistas, quando tentam enfrentar um assunto como esse, pensar sempre em termos do *indivíduo em desenvolvimento*. Isso significa retornar a épocas muito remotas e tentar determinar o ponto de origem. Com certeza, seria possível pensar na primeira infância como um estado em que o indivíduo não é capaz de se sentir culpado. Pode-se afirmar então que, num momento posterior, sabemos que (caso haja saúde) a pessoa pode sentir culpa, ou talvez experimentá-la sem que ela seja registrada como tal na consciência. Entre esses dois momentos, há um período em que a capacidade para o sentimento de culpa está sendo estabelecida – é a esse período que o presente estudo é dedicado.

Não é necessário fornecer idades nem datas, mas eu diria que às vezes os pais podem detectar o princípio de um sentimento de culpa em seus filhos antes mesmo do primeiro ano de idade completo, apesar de ninguém pensar que uma técnica de plena aceitação de responsabilidade por ideias destrutivas poderia se instalar firmemente antes de a criança completar cinco anos. Lidando com esse desenvolvimento, descobrimos que a questão envolve a infância como um todo, especialmente a adolescência. E, se falamos em adolescência, estamos falando em adultos, porque nenhum adulto é adulto o tempo todo. Isso porque as pessoas não têm só sua própria idade; em alguma medida, elas têm todas as idades, ou nenhuma.

De passagem, gostaria de acrescentar que me parece relativamente fácil chegar à destrutividade que existe em nós quando ela está ligada à raiva perante a frustração, ou ao ódio em relação a algo que desaprovamos, ou a uma reação diante do medo. A dificuldade está em cada indivíduo assumir plena responsabilidade pela destrutividade, que é pessoal e inerente a uma relação com um objeto percebido como bom – em outras palavras, que está relacionada ao amor.

A palavra que cabe aqui é "integração", pois, se concebemos uma pessoa totalmente integrada, então ela assume plena responsabilidade por *todos* os sentimentos e ideias que fazem parte do "estar vivo". Em contraposição, a integração fracassa quando precisamos encontrar fora de nós aquilo que desaprovamos. Paga-se um preço por isso – a perda da destrutividade que na verdade nos pertence.

Estou falando, portanto, do desenvolvimento que tem que ocorrer em todo e qualquer indivíduo – o desenvolvimento da capacidade de assumir responsabilidade pela totalidade dos sentimentos e das ideias desse indivíduo, tendo em mente que a palavra "saúde" está intimamente relacionada ao grau de integração que torna isso possível. Uma coisa pode ser dita a respeito da pessoa saudável: ela não precisa usar a técnica da projeção o tempo todo para lidar com seus próprios impulsos e pensamentos destrutivos.

Vocês perceberão que estou omitindo os estágios mais precoces, relativos aos aspectos primitivos do desenvolvimento emocional. Será que devo acrescentar que não estou me referindo às primeiras semanas ou meses? Um colapso nessa área do desenvolvimento emocional básico leva à doença dos hospitais psiquiátricos, ou seja, à esquizofrenia, que não é o tema desta palestra. Estou supondo que, em cada um dos casos discutidos aqui, os pais forneceram a provisão essencial que preparou a criança para iniciar uma existência individual. O que estou tentando dizer também se aplica aos cuidados dispensados a uma criança normal durante certo estágio do desenvolvimento, ou a uma fase no tratamento de uma criança ou adulto, pois na psicoterapia nunca acontece nada realmente novo – o melhor que pode suceder no curso do tratamento é que se complete, em alguma medida, algo que não havia sido completado no desenvolvimento original do indivíduo. Vou dar alguns exemplos de tratamentos analíticos. Manterei deles apenas os detalhes que forem relevantes no contexto da ideia que estou tentando apresentar.

> CASO 1. Um exemplo vem da análise de alguém que também é psicoterapeuta. Ele iniciou a sessão me contando que viu um de seus pacientes em ação, ou seja, saiu do papel do terapeuta que está lidando com o paciente no consultório e viu seu paciente trabalhando. O trabalho exigia movimentos muito rápidos e era altamente especializado, e o paciente estava se saindo muito bem nessa tarefa peculiar em que utilizava movimentos rápidos, os quais, no horário terapêutico, não tinham o menor sentido e levavam-no a movimentar-se no divã como se estivesse

possuído. Meu paciente (o terapeuta desse homem) estava em dúvida sobre o que fizera, se havia sido bom ou não, ainda que sentisse que provavelmente havia sido bom ver seu paciente trabalhando. Meu paciente fez então uma referência às próprias atividades nos feriados da Páscoa. Ele tem uma casa de campo e desfruta muito do trabalho físico e todo tipo de atividade de construção, além de gostar de engenhocas, das quais faz uso quando vai para lá. Ele emendou, então, numa descrição de episódios da sua vida doméstica. Não preciso transmitir tudo isso a vocês em seu colorido emocional, mas simplesmente vou dizer que ele voltou a um tema que tem sido importante em sua análise recente, na qual vários tipos de ferramentas assumem papel de destaque. No caminho para a sessão, ele costuma ficar algum tempo parado em frente à vitrine de uma loja perto da minha casa, olhando para uma máquina com dentes esplêndidos. Essa é a maneira que meu paciente encontrou de acessar sua agressividade oral, o impulso amoroso primitivo em toda a sua crueldade e destrutividade. Poderíamos chamá-la de "comer". A tendência em seu tratamento é aproximar-se da crueldade desse amor primitivo e, como bem se pode imaginar, a resistência a fazê-lo é tremenda. (Por acaso, esse homem conhece a teoria, e seria capaz de elaborar um relato bem-feito, intelectual, de todos esses processos; no entanto, ele vem para uma análise de pós-graduação por precisar de fato entrar em contato com seus impulsos primitivos, como uma questão não da mente, e sim da experiência dos instintos e do sentimento corporal.) Muito mais foi discutido durante essa sessão, inclusive a questão de se é possível comer o próprio bolo e continuar a tê-lo.[2]

---

2 Alusão à expressão idiomática do inglês: *You can't have your cake and eat it (too)*, que significa "não se pode ter tudo". [N.E.]

6. AGRESSIVIDADE, CULPA E REPARAÇÃO

Quero fazer uma única observação a respeito disso: quando esse novo material apareceu, no contexto do amor primitivo e da destruição do objeto, *já havia sido feita* alguma referência ao trabalho construtivo. Quando fiz a interpretação da qual o paciente precisava, sobre ele me destruir ("comendo"), pude lembrá-lo do que ele havia dito a respeito da construção. Pude lembrá-lo de que, do mesmo modo como ele viu seu paciente em ação, e a ação deu sentido a movimentos desajeitados, eu também poderia tê-lo visto trabalhando em seu jardim, usando todo tipo de apetrechos para melhorar o terreno. Ele furava paredes e cortava árvores, atividades que desfrutava muitíssimo, mas que, se viessem separadas do objetivo construtivo, caracterizariam um episódio maníaco desprovido de sentido. Essa é uma característica que aparece regularmente em nosso trabalho, e é o tema de minha palestra desta noite.

Talvez seja verdade que os seres humanos não podem tolerar o objetivo destrutivo em seu amor mais primitivo. A ideia pode ser tolerada, contudo, se o indivíduo que dela se aproxima tem em mãos a evidência de um objetivo construtivo do qual ele ou ela podem ser lembrados.

Estou pensando agora no tratamento de uma mulher. Logo no início cometi um erro que quase acabou com tudo. Interpretei exatamente isso, o sadismo oral, a ingestão impiedosa do objeto referente ao amor primitivo. Eu tinha evidências suficientes e realmente estava certo, mas a interpretação foi dada dez anos antes do tempo. Aprendi minha lição. No longo tratamento que se seguiu, a paciente se reorganizou e tornou-se uma pessoa real e integrada que podia aceitar a verdade sobre seus impulsos primitivos. Depois de dez ou doze anos de análise diária, ela finalmente ficou pronta para essa interpretação.

CASO 2. Um homem entrou na minha sala e viu um gravador que eu tinha pegado emprestado. Isso lhe deu algumas ideias, as quais relatou enquanto se deitava e se preparava para o trabalho analítico: "Gostaria de pensar que, quando eu tiver terminado o tratamento, aquilo que aconteceu comigo aqui será valioso para o mundo de alguma forma". Tomei nota mentalmente de que essa observação *poderia* indicar que o paciente estava próximo de um daqueles ataques de destrutividade com os quais tive de lidar muitas vezes desde que seu tratamento se iniciara, dois anos antes. Antes do fim da sessão, o paciente havia realmente atingido um novo grau de familiaridade com sua inveja em relação a mim pelo fato de eu estar sendo um analista razoavelmente bom. Ele teve o impulso de me agradecer por estar sendo bom, e por ser capaz de fazer o que ele precisava que eu fizesse. Já havíamos passado por isso antes, mas agora, mais do que em outras ocasiões, ele estava em contato com seus sentimentos destrutivos em relação ao que poderia ser chamado de objeto bom. Quando já estávamos completamente de acordo quanto a isso tudo, lembrei-o de sua esperança, expressa quando chegara e vira o gravador, de que seu tratamento se provasse valioso por si só, de que contribuísse para o conjunto geral de necessidades humanas não atendidas. (É claro que não era *necessário* lembrá-lo disso, pois o que importa é o que havia ocorrido, e não a discussão sobre o que havia ocorrido.)

Quando liguei as duas coisas, ele disse que isso parecia fazer sentido, mas que teria sido terrível se eu tivesse baseado minha interpretação na primeira observação, quer dizer, se eu tivesse tomado seu desejo de ser útil como indicação de um desejo de destruição. O paciente teve primeiro que alcançar o impulso destrutivo, e teve de fazê-lo no seu próprio ritmo, do

6. AGRESSIVIDADE, CULPA E REPARAÇÃO

seu próprio jeito. Sem dúvida, foi sua capacidade de ter a ideia de que poderia contribuir com algo que lhe permitiu estabelecer um contato mais íntimo com sua destrutividade. Só que o esforço construtivo é falso e pior do que insignificante, a menos que, como ele disse, tenha antes conseguido se aproximar da destruição. Esse homem sentia que até então seu trabalho carecia de um fundamento adequado; com efeito (como ele mesmo me lembrou), foi por isso que dera início ao tratamento comigo. A propósito, ele se saía bem no trabalho, mas, sempre que se aproximava do sucesso, experimentava uma sensação crescente de futilidade e falsidade, e uma necessidade de provar sua inutilidade. Esse fora, até então, o mote de sua vida.

CASO 3. Uma colega está contando o caso de um paciente do sexo masculino. O homem apresenta um material que pode ser adequadamente interpretado como um impulso de roubar a analista. Ele de fato diz à analista, após testemunhar uma boa instância de trabalho analítico: "Acho que tenho ódio de você por causa do seu *insight*, que é exatamente o que eu necessito de você; tenho o impulso de roubar tudo aquilo em você que te possibilita realizar este trabalho". Ocorre que, logo antes disso, ele mencionara (de passagem) que seria bom ganhar mais dinheiro para poder pagar honorários mais altos. Vocês podem ver a mesma coisa neste caso: alcança-se e usa-se uma plataforma de generosidade, de tal forma que, a partir dela, tem-se um relance da inveja, do roubo e da destrutividade do objeto bom, que subjaz à generosidade e está ligado ao amor primitivo.

CASO 4. O próximo excerto provém de uma longa descrição de uma adolescente que está se tratando com uma pessoa que cuida dela na própria casa, junto com seus próprios filhos. Esse tipo de arranjo apresenta vantagens e desvantagens.

A garota havia ficado muito doente e, à época do incidente, estava emergindo de um prolongado período de regressão a um estado dependente e infantil. Deve-se acrescentar que a menina não estava mais regredida em relação ao lar e à família, mas ainda se encontrava num estado muito especial num âmbito específico: as sessões de terapia, que aconteciam sempre no mesmo horário, no início da noite.

Em certo ponto, a garota expressou ódio profundo pela sra. X (que tanto cuidava dela como de seu tratamento). Tudo corria bem nas outras vinte e três horas do dia, mas durante o tratamento a sra. X era destruída total e repetidamente. É difícil exprimir o grau de ódio que a menina sentia pela sra. X, a terapeuta, e, na realidade, a aniquilação que dirigia em relação a ela. Não era o caso de a terapeuta sair para ver a paciente trabalhando, pois a sra. X tinha a garota sob seus cuidados em tempo integral e havia duas relações separadas se desenvolvendo entre essas duas pessoas, ao mesmo tempo. Durante o dia, acontecia de tudo: a garota começou a querer ajudar a limpar a casa, a lustrar os móveis, a ser útil. Essa ajuda era absolutamente nova e nunca havia sido uma característica do padrão pessoal da menina na casa dela, mesmo antes de apresentar uma doença aguda.

Eu poderia pensar que deve haver de fato alguns adolescentes que ajudam muito pouco com as tarefas domésticas: ela não ajudava nem mesmo a lavar os pratos. Portanto, os atos prestativos eram de fato uma grande novidade e ocorriam silenciosamente (por assim dizer), acompanhados da absoluta destrutividade que a menina começou a encontrar nos aspectos primitivos de seu amor, alcançados na relação com a terapeuta durante as sessões.

6. AGRESSIVIDADE, CULPA E REPARAÇÃO

Vocês veem que a ideia se repete. O que tornou possível a atitude construtiva apresentada durante o dia foi, naturalmente, o fato de a paciente estar se tornando consciente da destrutividade. Mas quero que vocês olhem isso por outro ângulo: as experiências construtivas e criativas estavam tornando possível que ela experenciasse sua destrutividade.

Vocês poderão observar um corolário: o paciente precisa de uma oportunidade para fazer parte, e é aqui que o assunto se conecta com a vida comum. Oportunidade para a atividade criativa, para o brincar imaginativo, para o trabalho construtivo – é justamente isso que procuramos fornecer a todas as pessoas. Voltarei a esse ponto mais adiante.

Gostaria de tentar organizar as ideias que apresentei até agora sob a forma de material clínico.

Estamos lidando com um aspecto do sentimento de culpa que provém da capacidade de tolerar os impulsos destrutivos do amor primitivo. A tolerância dos impulsos destrutivos resulta numa coisa nova: a capacidade de desfrutar de ideias, mesmo daquelas com um componente destrutivo, e das excitações corporais correspondentes a elas, ou às quais elas correspondem. Tal desenvolvimento dá margem de manobra para a experiência da preocupação, que em última análise é a base de tudo o que for construtivo.

Vocês perceberão que podemos recorrer a vários pares de palavras, correspondentes aos diferentes estágios de desenvolvimento emocional que estivermos descrevendo:

Aniquilação .... Criação
Destruição .... Recriação
Ódio .... Amor reforçado
Ser cruel .... Ser terno

Sujando .... Limpando
Danificando .... Reparando
e assim por diante.

Permitam-me formular minha tese nos seguintes termos: se quiser, vocês podem observar como uma pessoa faz reparações e dizer, com ar sagaz: "Ah, isso significa destruição inconsciente". Mas o mundo não vai melhorar muito se vocês agirem assim. No entanto, vocês podem perceber, na reparação de alguém, que essa pessoa está construindo uma força pessoal que lhe permite tolerar a destrutividade pertencente à sua natureza. Digamos que vocês de algum modo interromperam a reparação. Nesse caso, a pessoa se torna incapaz, em alguma medida, de assumir a responsabilidade por seus ímpetos destrutivos, e o resultado clínico será a depressão ou então a busca pelo alívio implicado na descoberta da destrutividade em outro lugar – ou seja, a tentativa de se aliviar por meio do mecanismo de projeção.

Para concluir esta rápida exposição de um assunto tão vasto, permitam-me elaborar uma lista de possíveis aplicações cotidianas do trabalho subjacentes àquilo que acabei de discutir:

1. De alguma maneira, a oportunidade de fazer parte nos ajuda a aceitar a destrutividade – elementar, constitutiva e associada ao amor –, que é o comer.
2. Propiciar a oportunidade e estar perceptivo quando as pessoas apresentam momentos construtivos nem sempre funciona, e o porquê disso é compreensível.
3. Se dermos a alguém a oportunidade de participar, podemos obter três resultados:
   a) Era justamente disso que a pessoa precisava.

6. AGRESSIVIDADE, CULPA E REPARAÇÃO

b) A oportunidade é equivocadamente, e as atividades construtivas podem ser suspensas, pois são percebidas como falsas.

c) A oportunidade oferecida a alguém que é incapaz de se aproximar da destrutividade pessoal é sentida como reprovação, e o resultado clínico é desastroso.

4 Podemos usar as ideias que discuti para desfrutar de um entendimento intelectual a respeito do funcionamento do sentimento de culpa, uma vez que este emerge no ponto em que a destrutividade se transforma em construtividade. (Vale ressaltar que o sentimento de culpa ao qual me refiro geralmente é silencioso, não consciente. É um sentimento de culpa potencial, anulado pelas atividades construtivas. O sentimento clínico de culpa, que é um encargo consciente, é outra história.)

5 Com base nisso, alcançamos algum entendimento sobre a destrutividade compulsiva que pode aparecer em qualquer lugar, mas que é um problema especial na adolescência e uma característica comum da tendência antissocial. Ainda que seja compulsiva, a destrutividade é mais honesta do que a construtividade não alicerçada no sentimento de culpa proveniente da aceitação dos impulsos destrutivos dirigidos ao objeto percebido como bom.

6 Essas questões se relacionam às coisas de grande importância que estão se desenrolando subterraneamente enquanto os pais proporcionam um bom começo de vida a seu bebê.

7 Finalmente, chegamos à fascinante questão filosófica: é possível comer o próprio bolo e continuar a tê-lo?

7

A DELINQUÊNCIA COMO SINAL DE ESPERANÇA

[1967]

Ainda que o título de minha palestra tenha sido incluído no programa como "A delinquência como sinal de esperança", eu preferiria falar a respeito da "tendência antissocial".[1] O motivo é que esse termo pode ser aplicado a tendências que de vez em quando aparecem na extremidade normal da escala, talvez nos seus filhos ou em crianças criadas em bons lares, e é aqui que se pode ver melhor a conexão que creio existir entre essa tendência e a esperança. Quando o menino ou a menina já tiver se endurecido devido à falha da comunicação – o ato antissocial não sendo reconhecido como algo que contém um pedido de socorro –, ou quando já tiver conquistado ganhos secundários importantes e aperfeiçoado suas habilidades em alguma atividade antissocial, fica ainda mais difícil enxergar esse pedido (apesar de ele continuar ali), que é um sinal de esperança no menino ou na menina antissocial.

---

1 Palestra proferida na Borstal Housemaster's Conference, no King Alfred's College, Winchester, em 19 de abril de 1967. Borstal foi um centro de detenção britânico para menores de idade, fundado em 1902 [N.E.]

7. A DELINQUÊNCIA COMO SINAL DE ESPERANÇA

A segunda coisa que gostaria de esclarecer é que sei que não poderia fazer o trabalho de vocês. Em função de meu temperamento, não sirvo para fazê-lo; de qualquer maneira, não sou nem grande nem alto o suficiente. Tenho certas habilidades e experiência, e é algo a ser verificado se existe ou não algum caminho entre as coisas que sei e o trabalho que vocês desenvolvem. Pode ser que nada do que eu diga afete o que vocês farão quando voltarem ao trabalho. No entanto, minha fala pode surtir algum efeito *indireto*, pois imagino que, às vezes, pareça um insulto à natureza humana o fato de que a maioria dos rapazes e das moças com quem vocês lidam tendem a se tornar um incômodo. Vocês tentam relacionar a delinquência que têm à sua frente com assuntos gerais, tais como a pobreza, habitação precária, lares desfeitos, delinquência parental e um colapso da provisão social. Gostaria de pensar que, como resultado daquilo que tenho a dizer, vocês serão capazes de ver com um pouco mais de clareza que, *em todos os casos que aparecem em seu caminho, houve um começo*, e no começo havia uma doença, e o menino ou a menina se tornaram *crianças carentes* [*deprived*]. Em outras palavras, existe um sentido naquilo que ocorreu em determinado momento, ainda que, quando cada uma dessas pessoas chega aos cuidados de vocês, esse sentido geralmente já tenha se perdido.

O terceiro ponto que gostaria de evidenciar diz respeito ao fato de eu ser psicanalista. Não estou proclamando que a psicanálise tem uma contribuição direta a oferecer ao campo de atuação de vocês. Se tiver, isso é resultado de esforços recentes, e eu mesmo trabalho na tentativa de formular uma teoria que seja valiosa por ser verdadeira, e que derive, até certo ponto, do corpo de conhecimento geral que chegou até nós por meio da psicanálise.

Neste momento, chego à minha tese principal, que, na verdade, não é nada complexa. De acordo com meu ponto de vista, que se baseia na experiência (embora seja uma experiência, admito abertamente, com crianças menores, que estão próximas da origem de seus problemas, e cujas condições sociais não são das piores), a *tendência antissocial está inerentemente ligada à deprivação*. Em outras palavras, a responsabilidade deve ser atribuída mais a um fracasso específico do que a um fracasso social geral. Para a criança que estamos examinando, pode-se dizer que as coisas *iam bem o suficiente, até que um dia deixaram de ir bem o suficiente*. Ocorre uma modificação que altera sua vida inteira, e essa modificação ambiental se dá quando a criança já tem idade suficiente para entender o que se passa ao seu redor. Não que ela pudesse vir aqui e dar uma palestra sobre si mesma, mas, caso lhe sejam proporcionadas condições propícias, a criança é capaz de reproduzir o que transcorreu, porque, à época do evento, já havia se desenvolvido o suficiente para ter consciência a respeito dele. Em outras palavras, em condições especiais de psicoterapia, a criança é capaz de se lembrar, em termos do material produzido, no brincar, nos sonhos ou na fala, das características essenciais da deprivação original. Gostaria de contrastar isso com os distúrbios ambientais que datam de estágios mais primitivos do desenvolvimento emocional. Um bebê deprivado de oxigênio não sai por aí tentando convencer alguém de que, se tivesse havido oxigênio suficiente, estaria tudo bem. Perturbações ambientais que distorcem o desenvolvimento emocional de um bebê não produzem tendências antissociais; produzem, antes, distorções da personalidade que redundam em psicoses, doenças de hospital psiquiátrico, ou então a vida da criança vai seguindo com algumas distorções aqui e ali no teste de reali-

7. A DELINQUÊNCIA COMO SINAL DE ESPERANÇA

dade, talvez o tipo de distorção socialmente aceito. A tendência antissocial não tem a ver com privação, e sim com deprivação.[2]

A característica da tendência antissocial é que ela impulsiona o menino ou a menina a retornar à condição ou momento de deprivação. Uma criança que tenha sido submetida a tal deprivação sofreu, de início, uma ansiedade impensável, e então reorganizou-se aos poucos, até atingir um estado razoavelmente neutro, obedecendo a tudo e a todos por não ser forte o suficiente para agir de outro modo. Esse estado pode ser razoavelmente satisfatório, do ponto de vista dos "adultos responsáveis". Então, por alguma razão, surge a esperança; isso significa que a criança, sem ter a menor consciência do que está acontecendo, começa a sentir o impulso de voltar para o momento da deprivação e, assim, desfazer o medo da *ansiedade ou confusão impensável que existiam antes do estado neutro se organizar.* Esse é o ponto enganoso que pessoas que cuidam de crianças antissociais precisam entender para conseguir ver sentido no que está se passando em torno delas. Sempre que as condições dão à criança um grau módico de novas esperanças, *a tendência antissocial vira uma característica clínica e a criança torna-se difícil de lidar.*

---

2   Winnicott diferencia *privation* de *deprivation*. O primeiro diz respeito à privação em termos primitivos: à falta de sustentação ambiental, de uma mãe-ambiente que daria sustentação ativa para que o sentimento de *ser* pudesse ser experienciado. A deprivação, por sua vez, supõe a experiência de sustentação ambiental, e uma perda posterior, gerando a percepção de ser roubado ou agredido pela falha do ambiente. Mantivemos, portanto, "privação" para o sentido de "nunca ter tido", e "deprivação", para o de "ter tido e ter perdido". [N.E., de Leopoldo Fulgencio]

Nesse ponto, é necessário constatar que estamos falando de dois aspectos da tendência antissocial – a qual, no entanto, é uma só. Gostaria de relacionar um desses aspectos à interação da criança pequena com a mãe, e o outro, com o desenvolvimento posterior, que corresponde à interação da criança com o pai. O primeiro refere-se a toda criança, e o segundo, aos meninos mais do que às meninas. O primeiro tem a ver com o fato de que, em sua adaptação às necessidades da criança pequena, a mãe capacita o filho ou a filha a encontrar objetos de maneira criativa. Ela inicia a criança no uso criativo do mundo. Quando isso falha, a criança perde o contato com os objetos, perde a capacidade de encontrar qualquer coisa criativamente. No momento de esperança, a criança alcança um objeto – e o rouba. É um ato compulsivo e a criança não sabe por que age assim. Muitas vezes, ela se sente louca por ter tido a compulsão de fazer algo sem saber por quê. Naturalmente, a caneta-tinteiro roubada da Woolworths não a satisfaz: não é o objeto que estava sendo procurado e, de qualquer modo, a criança está à procura da capacidade de encontrar, e não em busca de um objeto. No entanto, pode haver alguma satisfação naquilo que ela faz durante o momento de esperança. A maçã roubada do pomar é um caso mais limítrofe. Pode ser que esteja madura, pode ter um gosto agradável, pode ser divertido ser perseguido pelo fazendeiro. Contudo, pode ser que a maçã esteja verde e, quando comida, provoque dor de estômago, ou também que a criança não coma aquilo que roubou e dê as maçãs para terceiros, ou ainda que organize o roubo sem correr o risco de ter ela própria que escalar o muro. Essa sequência mostra a transição da brincadeira normal para o ato antissocial.

E assim, se examinarmos o primeiro tipo de expressão da tendência antissocial, poderemos chegar a algo que, de tão

7. A DELINQUÊNCIA COMO SINAL DE ESPERANÇA

comum, já se tornou normal. O filho de alguns de vocês reivindica o direito de ir à despensa e pegar um pãozinho, ou o filhinho de dois anos de alguns outros faz uma exploração na bolsa da mãe e tira dali uma moeda. Se examinarmos todos os graus, encontraremos, num extremo, algo que está se enrijecendo como ato compulsivo sem significado e sem a produção de satisfação direta, mas florescendo como habilidade; enquanto isso, no outro extremo, verifica-se algo que acontece repetidamente em toda família: uma criança reage a algum tipo de deprivação relativa por meio de um ato antissocial, e os pais respondem com tolerância por um período limitado de tempo, que pode até ajudar a criança a atravessar essa fase difícil.

Quero examinar, paralelamente, a deprivação em relação à criança e ao pai, mas o princípio é o mesmo. A criança – dessa vez vou falar de um menino; mesmo que seja uma menina, continuarei me referindo ao menino que há na menina – descobre que é seguro ter sentimentos agressivos e ser agressiva, por causa da estrutura familiar, que representa a sociedade de forma localizada. A confiança da mãe em seu marido – ou no apoio que vai conseguir, caso o solicite, da sociedade local, talvez o apoio de um policial – cria a possibilidade de a criança explorar, em estado bruto, atividades destrutivas que se relacionam ao movimento em geral, e mais especificamente à destruição relacionada à fantasia que se acumula em torno do ódio. Desse modo (por causa da segurança ambiental, do apoio que a mãe recebe do pai etc.), ela se torna capaz de fazer uma coisa muito complexa, ou seja, de integrar seus impulsos destrutivos com os amorosos. O resultado, quando tudo corre bem, é o reconhecimento, pela criança, da realidade das *ideias* destrutivas que são inerentes à vida, ao viver e ao amor, e encontra maneiras de assegurar os meios e recursos necessários para proteger pessoas e objetos valiosos contra si mesma. Na verdade, a criança organiza sua vida de maneira construtiva, a fim de não se sentir muito mal quanto à destrutividade bem real que ocupa seus pensamentos. Para chegar a esse ponto em seu desenvolvimento, a criança *sem dúvida requer um ambiente que seja indestrutível em certos aspectos essenciais*: com toda certeza, os tapetes vão ficar sujos, as paredes vão precisar de mais uma demão de tinta e de vez em quando uma vidraça vai ser quebrada, mas, de alguma forma, o lar se mantém coeso, e por trás de tudo está a confiança que a criança deposita na relação dos pais; a família é uma empresa que continua funcionando. Quando ocorre deprivação, em termos de um rompimento do lar, especialmente se isso incorrer na separação dos pais, uma coisa muito séria afeta a organização mental da criança. De repente, suas ideias e seus impulsos agressivos tornam-se inseguros. Acredito que, nesse momento, a criança imediatamente assume o controle que acabou de ser perdido e identifica-se com a nova estrutura familiar. Resultado: perde a própria impulsividade e espontaneidade. Ela sente ansiedade demais para se lançar a experimentações que poderiam levá-la a um acordo com a própria agressividade. Segue-se um período que pode ser mais uma vez (como no primeiro tipo de deprivação) razoavelmente satisfatório do ponto de vista daqueles que cuidam da criança, no qual o menino está mais identificado com os adultos responsáveis por ele do que com o próprio self imaturo.

Nesse tipo de caso, a tendência antissocial faz com que o menino redescubra a si mesmo sempre que despontar alguma esperança de reaver a segurança perdida, o que significa uma *redescoberta da própria agressividade*. É claro que ele não sabe o que está acontecendo; simplesmente descobre que machucou alguém ou que quebrou uma vidraça. Portanto, nesse caso,

7. A DELINQUÊNCIA COMO SINAL DE ESPERANÇA

em vez de levar a um pedido de socorro na forma de um roubo, a esperança conduz a um pedido de socorro na forma de um *surto de agressividade*. Há uma grande chance de a agressividade não ter sentido e estar bem divorciada da lógica, e não é efetivo perguntar à criança que age dessa forma por que ela quebrou a janela, assim como tampouco é efetivo indagar à criança que roubou o motivo pelo qual pegou o dinheiro.

Esses dois tipos clínicos de manifestação de tendência antissocial estão interrelacionados. De modo geral, o fato é simplesmente que o ato de roubar resulta de uma privação muito anterior àquela que corresponde ao surto de agressividade, em termos do desenvolvimento emocional da criança. Há algo em comum na reação social a ambos os tipos de comportamento antissocial que irrompem nesses momentos de esperança. Quando a criança rouba ou é agressiva, a sociedade é passível não apenas de não entender a mensagem, como também (e isso é mais do que provável) de se sentir estimulada a responder moralmente. A reação natural das massas tende à punição pelo roubo e pelo surto maníaco, e não se poupam esforços para obrigar o jovem criminoso a dar uma explicação em termos lógicos – os quais, na realidade, não se aplicam. No final de poucas horas de inquérito insistente, evidências de impressões digitais etc., as crianças antissociais vão arranjar algum tipo de confissão e explicação, simplesmente para pôr fim a um inquérito interminável e intolerável. No entanto, essa confissão não tem o menor valor – mesmo que contenha fatos verdadeiros, ela não toca na verdadeira causa ou *etiologia* da perturbação. É perda de tempo tentar extorquir confissões ou organizar comissões de apuração dos fatos.

Embora o que foi afirmado aqui (caso essas afirmações se verifiquem) talvez não tenha ligação com o manejo diário de um grupo de meninos ou meninas, é necessário examinar a situação, pois em certas circunstâncias pode ser que a teoria tenha alguma aplicação prática. Não seria possível, por exemplo, para alguém encarregado de um grupo de meninos delinquentes, providenciar um contato pessoal do tipo terapêutico? Em certo sentido, toda comunidade é terapêutica, contanto que funcione. As crianças não têm nada a ganhar vivendo em meio a um grupo caótico, e, mais cedo ou mais tarde, caso não haja um manejo forte, aparece um ditador entre elas. Entretanto, um outro significado para a palavra "terapêutico" tem a ver com se colocar numa posição que permita aos outros que se comuniquem num nível profundo.

Acho que na maioria dos casos é impossível para as pessoas que cuidam desses meninos dia e noite fazerem em si mesmas os ajustes necessários para se tornar capazes de lhes proporcionar algum tipo de psicoterapia ou contato pessoal. Eu jamais aconselharia alguém a tentar usar os dois métodos. Ao mesmo tempo, porém, imagino que alguns possam tomar essas tarefas para si, e que os meninos (ou meninas) têm muito a ganhar com sessões terapêuticas especializadas. Deve-se enfatizar, contudo, *a enorme diferença entre a postura que vocês assumem quando estão tomando conta do manejo geral, e quando estão numa relação pessoal com a criança*. Para início de conversa, as atitudes em reação à manifestação antissocial são bem diferentes nos dois casos. Para alguém que cuida de um grupo, a atitude antissocial é inadmissível. Em contrapartida, na sessão terapêutica a questão da moralidade não é abordada, a não ser que seja levantada pela própria criança. A sessão terapêutica não é um comitê de apuração dos fatos, e quem quer que esteja realizando o trabalho terapêutico não se preocupa com a verdade objetiva, mas sim, sem dúvida, com aquilo que o paciente percebe como real.

7. A DELINQUÊNCIA COMO SINAL DE ESPERANÇA

Há algo aqui que pode ser transportado diretamente da psicanálise, já que os psicanalistas sabem muito bem que em determinadas sessões com seus pacientes são acusados, por exemplo, de algo de que são inocentes. Os pacientes podem acusá-los de mudar algum objeto da sala só para enganá-los; ou podem se convencer do favoritismo do analista por outro paciente etc. Estou me referindo ao que se denomina "transferência delirante". Para o analista que não sabe se defender, poderia ser muito natural dizer que o objeto está no mesmo lugar, ou que cometeu um erro, ou que ele faz o melhor que pode para não favorecer ninguém. Se agir dessa forma, o analista *vai perder a chance de usar o material que o paciente apresenta*. O paciente está vivenciando no presente algo que é real em algum ponto de seu passado; caso o analista se permita assumir o lugar que lhe é atribuído, vai haver um desfecho, no sentido de que o paciente vai se recuperar do delírio. Em virtude da necessidade de o analista aceitar o papel designado pelo paciente naquele momento, deve ser muito difícil fazer a transição de um papel de manejo de grupo para outro de aceitação individual, mas, se isso puder ser feito, a recompensa talvez seja enorme. Aos que desejam tentar, no entanto, é necessário lembrar que esse não é o tipo de trabalho que pode ser empreendido superficialmente. Se a entrevista com um menino é marcada para as quintas-feiras, às três da tarde, então *essa é uma data sagrada*, e nada deve interferir nela. O menino só vai tirar proveito dos encontros se eles se tornarem previsíveis, por serem confiáveis, e é claro que uma das primeiras maneiras que vai encontrar de aproveitá-los, quando começar a sentir que são confiáveis, é desperdiçando-os. Essas coisas devem ser aceitas e toleradas. Não é preciso que o indivíduo no papel de psicoterapeuta seja inteligente. O único requisito é o desejo de se envolver – naquele período de tempo especializado, reservado regularmente pelo paciente e pelo terapeuta – com o que quer que esteja presente na criança no momento ou apareça como resultado da cooperação inconsciente do paciente, a qual não tarda em se desenvolver e que desencadeia um processo poderoso. É esse processo nas crianças que torna as sessões valiosas.

DISCUSSÃO

Na discussão após a palestra, um dos membros da conferência fez a seguinte pergunta: como reconhecer, num grupo de meninos, aquele que poderia ser escolhido para esse tipo de tratamento especial? Minha resposta, que teve de ser breve, foi que era recomendável escolher um menino que tivesse acabado de "entrar em ebulição", no sentido de ter alcançado um temperamento especialmente difícil. Esse problema clínico particular pode caminhar em duas direções: ou ele resultará em punição e num maior endurecimento, ou poderá ser usado como comunicação indicativa de uma nova esperança.

A questão é: que esperança é essa? O que a criança espera poder fazer? É difícil responder a essa pergunta. Sem sabê-lo, a criança espera conseguir levar alguém que a ouça de volta ao momento de deprivação ou da fase em que a deprivação se consolidou como realidade inevitável. A esperança é de que o menino, ou a menina, seja capaz de reexperimentar, na relação com quem está agindo como psicoterapeuta, o intenso sofrimento que veio logo após a reação à deprivação. No momento que a criança tiver usado o apoio dado pelo terapeuta para alcançar o sofrimento intenso daquele fatídico momento ou período de tempo, segue-se uma memória da época anterior à

7. A DELINQUÊNCIA COMO SINAL DE ESPERANÇA

deprivação. Dessa forma, a criança reavê a capacidade perdida de encontrar objetos, ou a segurança perdida da estrutura. Ela resgata, assim, a relação criativa com a realidade externa, ou o período em que a espontaneidade era segura, por mais que ele envolvesse impulsos agressivos. Dessa vez, o retorno é logrado sem roubo nem agressividade, porque é algo que acontece automaticamente, como resultado da chegada da criança àquilo que fora, até então, intolerável: o sofrimento reativo à deprivação. Por sofrimento, estou me referindo a um estado de confusão, de desintegração da personalidade, uma queda infinita, uma perda de contato com o corpo, uma desorientação completa, e outros estados dessa natureza. Assim que alguém tenha levado uma criança a essa área, e ela tenha passado pela experiência de relembrá-la e de relembrar o que veio antes, então não restarão dúvidas sobre o porquê de as crianças antissociais passarem a vida inteira à procura desse tipo de ajuda. Elas só podem se reconciliar com a própria vida quando alguém fizer a regressão com elas, oferecendo-lhes a chance de relembrar o que houve ao reviver o resultado imediato da deprivação.[3]

---

3   Nota dos organizadores: "O dr. Winnicott tentou esclarecer esse ponto ao dar como exemplo o início de uma entrevista com um menino que fora levado a ele por ter cometido um roubo. O menino estava reclinado na cadeira que Winnicott deixava reservada na sala para um dos pais. Seu pai estava se comportando muito bem, como que substituindo a criança, enquanto a criança aproveitava para tomar o controle da situação. Qualquer tentativa de fazer o menino se comportar teria tirado de jogo a possibilidade de fazer uso produtivo daquele momento. Aos poucos, o menino se foi se detendo num certo tipo de jogo. O pai pôde ir para a sala de espera e seguiu-se então uma comunicação cada vez mais profunda entre o menino e o terapeuta. Ao cabo de uma hora, o menino conseguiu relembrar e descrever, sentindo-se

pleno, o momento difícil que não havia sido capaz de enfrentar anos atrás, quando se sentira abandonado num hospital.

A descrição foi dada para ilustrar como a pessoa que faz o trabalho de psicoterapia precisa abandonar temporariamente tudo aquilo que foi usado no manejo de um grupo, ainda que, é claro, antes do término do tempo destinado, seja necessário retornar à atitude geral que torna possível o funcionamento do grupo. O dr. Winnicott repetiu que não tinha certeza de que nos grupos Borstal seria possível combinar o manejo geral com o trabalho pessoal, mesmo que com um ou dois meninos de cada vez. Ele sentiu, no entanto, que algum benefício poderia resultar da tentativa de descrever as dificuldades inerentes e também as possíveis recompensas".

8

TIPOS DE PSICOTERAPIA
[1961]

Ouvimos mais discussões sobre variedades de doenças do que sobre variedades de terapia.[1] Sem dúvida, as duas estão relacionadas; vou falar antes das doenças e depois das terapias.

Sou psicanalista, e acho que vocês não se incomodarão se eu disser que a base da psicoterapia é o treinamento psicanalítico. Isso inclui a análise pessoal do analista em formação. Afora esse treinamento, são a teoria e a metapsicologia psicanalítica que influenciam toda psicologia dinâmica, de qualquer escola.

Existem, no entanto, muitas variedades de psicoterapia, que deveriam depender não dos pontos de vista do terapeuta, e sim das necessidades do paciente ou do caso. Quando possível, aconselhamos psicanálise. Quando não, ou quando houver argumentos contrários, então uma modificação adequada deve ser concebida.

Dentre os muitos pacientes que me procuram, só uma porcentagem muito pequena realmente é submetida a trata-

---

1 Palestra proferida no Mental Illness Association Social and Medical Aspects, Cambridge, em 8 de março de 1961.

mento psicanalítico, ainda que eu trabalhe no centro do mundo psicanalítico.

Eu poderia falar sobre as modificações técnicas requeridas quando o paciente é psicótico ou *borderline*, mas não é esse o objetivo da presente discussão.

O que me interessa aqui, em especial, é a maneira como um analista treinado pode fazer – e fazer bem-feito – algo que não análise. Isso é importante quando o tempo disponível para o tratamento é limitado, como é geralmente o caso. Não raro, esses outros tipos de tratamento podem parecer melhores do que aquele que eu pessoalmente sinto ter efeito mais profundo, isto é, a psicanálise.

Para começar, deixem-me dizer que é fundamental que nenhum outro tratamento seja misturado com a psicoterapia. Se a ideia de aplicar uma convulsoterapia está ganhando corpo, não é possível fazer psicoterapia, pois o choque altera todo o quadro clínico. O paciente ou teme ou deseja secretamente (ou ambos) o tratamento físico, e o psicoterapeuta nunca chega a conhecer seu verdadeiro problema.

No entanto, tenho que partir do pressuposto de que o corpo receberá os devidos cuidados físicos.

O próximo passo é: qual é nosso objetivo? Desejamos fazer todo o possível, ou o mínimo possível? Em psicanálise, perguntamo-nos: quanto podemos fazer? No outro extremo, na minha clínica hospitalar, nosso lema é: quão pouco precisamos fazer? Isso sempre nos deixa conscientes do aspecto econômico do caso, e também nos faz olhar para a doença central na família, ou para a doença social – assim, evitamos perder nosso tempo e gastar o dinheiro de outra pessoa ao tratar alguém que se revelará somente o coadjuvante de um drama familiar. Não há nada de original no que estou falando, mas talvez vocês apre-

8. TIPOS DE PSICOTERAPIA

ciem ouvir isso de um psicanalista, já que os psicanalistas são especialmente passíveis de se verem apanhados em tratamentos longos, ao longo dos quais podem perder de vista um fator externo adverso.

Em que medida as dificuldades do paciente se devem apenas ao fato de que ninguém o ouviu com sagacidade? Não demorou para eu descobrir, há quarenta anos, que o ato de fazer anamnese com as mães – caso seja bem-feita – é, por si só, uma psicoterapia. Deve-se dar tempo ao tempo e naturalmente adotar uma atitude não moralista; quando a mãe acaba de dizer o que tem em mente, pode ser que ela mesma acrescente: "Agora entendo como os sintomas atuais se encaixam no padrão global da vida familiar da criança, e posso lidar com a situação, simplesmente porque você me permitiu vislumbrar a história inteira do meu próprio jeito e no meu próprio ritmo". Não se trata apenas de uma questão que se refere a pais que trazem seus filhos; os adultos dizem isso a respeito de si próprios, e pode-se considerar a psicanálise uma anamnese longa, muito longa.

É claro que vocês conhecem a transferência em psicanálise. No *setting* psicanalítico, os pacientes trazem amostras de seu passado e de sua realidade interna, e as expõem nas fantasias correspondentes a sua relação sempre dinâmica com o analista. Dessa forma, pode-se fazer com que o inconsciente se torne gradualmente consciente. Uma vez iniciado esse processo, e obtida a cooperação inconsciente do paciente, há ainda muito a ser feito; daí a duração média de um tratamento ser longa. É interessante examinar as primeiras entrevistas. Se um tratamento psicanalítico está no começo, o analista tem que ter cuidado para não se mostrar perspicaz logo de cara, e há bons motivos para isso. O paciente traz às primeiras entrevistas todas as suas crenças e todas as suas suspeitas. Deve-se permitir que tais extremos encontrem expressão real. Se o analista exagera no início, o paciente ou foge ou, por medo, desenvolve uma crença grandiosa e fica como que hipnotizado.

Antes de continuar, devo mencionar alguns outros pressupostos. Não deve haver nenhuma área reservada no paciente. A psicoterapia não regulamenta sua religião, seus interesses culturais ou sua vida privada, mas um paciente que mantém parte de si mesmo completamente na defensiva está evitando a dependência que é inerente ao processo. Vocês verão que a dependência incita algo correspondente no terapeuta: uma confiabilidade profissional que é mais importante até do que a confiabilidade dos médicos na clínica médica comum. É interessante que o juramento hipocrático, que fundou a prática médica, tenha reconhecido isso com toda clareza.

Segundo a teoria que subjaz a todo o nosso trabalho, um distúrbio que não tenha causa física e que seja, em consequência, psicológico, representa um obstáculo no desenvolvimento emocional. A psicoterapia tenciona apenas e tão somente desfazer esse obstáculo, de modo que o desenvolvimento ocorra onde antes não era possível.

Em outras palavras: um distúrbio psicológico significa imaturidade, imaturidade do crescimento emocional do indivíduo, e esse crescimento inclui a evolução da sua capacidade de se relacionar com pessoas e com o ambiente de modo geral.

Para deixar isso mais claro, preciso fornecer uma descrição do distúrbio psicológico e das categorias de imaturidade pessoal, mesmo que isso incorra na simplificação grosseira de uma questão muito complexa. Há três categorias. A primeira nos traz à mente o termo "psiconeurose". Aqui se encontram todos os distúrbios dos indivíduos que foram suficientemente bem cuidados durante os primeiros estágios da vida, de forma que se encontram em posição – em termos de seu desenvolvimento – de suceder e de falhar, enfim, de aguentar as dificuldades de uma vida plena, uma vida na qual o indivíduo comanda os instintos em vez de ser comandado por eles. Devo incluir aqui as variedades mais "normais" da depressão.

A segunda categoria traz à mente a palavra "psicose". Aqui, algo deu errado nas fases mais precoces dos pormenores do desenvolvimento do bebê, e o resultado é uma perturbação na estruturação básica da personalidade. Essa falha básica, como Balint[2] a denominou, pode ter produzido uma psicose da primeira e da segunda infância, ou dificuldades posteriores podem ter revelado uma falha na estrutura do ego que passara despercebida. Os pacientes dessa categoria jamais foram saudáveis o suficiente para se tornarem psiconeuróticos.

Reservo a terceira categoria para os intermediários: aqueles que começaram bem o suficiente, mas cujo ambiente falhou, em algum ponto ou de maneira reiterada, durante um período prolongado de tempo. Essas crianças ou adultos ou adolescentes poderiam reivindicar, com todo direito: "Tudo ia bem até que... e minha vida pessoal não pode se desenvolver até o ambiente reconhecer seu débito para comigo". É claro que não é comum que a deprivação e o sofrimento por ela gerado estejam disponíveis à consciência, de modo que, no lugar de palavras, encontramos na clínica uma atitude marcada pela tendência antissocial, que pode se cristalizar em delinquência e recidivas.

No momento, portanto, vocês estão observando a doença psicológica pela extremidade errada de três telescópios. Por

---

2 M. Balint, *The Basic Fault*. London: Tavistock Publication, 1968.

um deles, vocês veem a depressão reativa, que diz respeito aos impulsos destrutivos que acompanham os impulsos amorosos em relações entre dois corpos (o bebê e a mãe, basicamente); e também veem a psiconeurose, relacionada com a ambivalência, ou seja, com a coexistência de amor e ódio, envolvida em relações triangulares (o bebê e os pais, basicamente). A relação é experimentada heterossexual e homossexualmente, em proporções variadas.

Através do segundo telescópio, é possível ver os estágios mais precoces do desenvolvimento emocional sendo distorcidos por falhas na assistência ao bebê. Admito que seja mais difícil criar certos bebês do que outros, mas como não estamos aqui para censurar ninguém, podemos atribuir a causa da doença a uma falha de criação. Vemos uma falha na estruturação do self e na capacidade do self para se relacionar com objetos do ambiente. Gostaria de explorar esse rico canal, mas não farei isso aqui.

Por meio desse telescópio, vislumbramos as várias falhas que produzem o quadro clínico da esquizofrenia, ou que produzem correntes psicóticas subterrâneas que perturbam o fluxo uniforme da vida de muitos de nós que conseguimos ser rotulados como normais, saudáveis e maduros.

Quando observamos a doença desse modo, enxergamos apenas elementos que existem em qualquer um de nós de forma exagerada; não discernimos nada que justifique colocar as pessoas doentes, no sentido psiquiátrico da palavra, num mundo à parte. Daí a tensão inerente ao tratamento ou ao cuidado psicológico de pessoas doentes, se comparado ao tratamento farmacológico e ao tratamento chamado de físico.

O terceiro telescópio leva nossa atenção para longe das dificuldades inerentes à vida, em direção a distúrbios de natureza

8. TIPOS DE PSICOTERAPIA

diferente, pois o indivíduo que foi privado de algo que já teve está impedido de se aproximar dos problemas que lhe são inerentes, por causa de um ressentimento, de uma reivindicação justificada pela reparação de uma lesão quase recordada. Nós, nesta sala, talvez não estejamos nem perto dessa categoria. A maioria de nós pode dizer: "Nossos pais cometeram erros, nos desapontavam constantemente, e coube a eles nos apresentar o princípio de realidade, o arqui-inimigo da espontaneidade, da criatividade e do sentido do real, MAS eles nunca nos abandonaram de verdade". A decepção constitui a base da tendência antissocial e, por mais que não gostemos de que roubem nossa bicicleta, ou que tenhamos de acionar a polícia para impedir a violência, nós vemos, nós entendemos por que esse menino ou aquela menina nos forçam a aceitar um desafio, seja pelo roubo, seja pela destrutividade. Fiz tudo o que estava ao meu alcance para esboçar um fundo teórico para a descrição, que inicio agora, de algumas variedades de psicoterapia.

CATEGORIA I
PSICONEUROSE

Se a doença incluída nesta categoria requer tratamento, gostaríamos de fornecer psicanálise, um *setting* profissional de ampla confiabilidade no qual o inconsciente reprimido possa se tornar consciente. Isso resulta da aparição, na "transferência", de inúmeras amostras de conflitos pessoais do paciente. Num caso favorável, as defesas contra a ansiedade que surgem da vida dos instintos e de sua elaboração imaginativa tornam-se cada vez menos rígidas, e cada vez mais subordinadas ao sistema de controle deliberado do paciente.

CATEGORIA 2
FALHA NOS CUIDADOS INICIAIS

Quando doenças desse tipo necessitam de tratamento, é preciso dar ao paciente a chance de ter experiências que correspondem mais propriamente à infância, em condições de extrema dependência. Tais condições podem ser encontradas fora da psicoterapia organizada; por exemplo, nas amizades, nos cuidados de enfermagem que podem ser providenciados por motivo de doenças físicas, e em experiências culturais, inclusive aquelas consideradas religiosas. Uma família que continua a cuidar de uma criança lhe dá oportunidades para regredir a um alto grau de dependência. De fato, uma característica constante da vida familiar comum, bem integrada no meio social, é que essa oportunidade seja continuamente oferecida, com o intuito de restabelecer e enfatizar elementos de cuidado a princípio referentes ao cuidado do bebê. Vocês concordarão comigo que algumas crianças desfrutam de suas famílias e de sua independência crescente, enquanto outras continuam a usar a família de modo psicoterapêutico.

A assistência social entra aqui como uma tentativa profissional de oferecer a ajuda que poderia ser fornecida por pais, familiares e unidades sociais, de forma não profissional. O assistente social, de modo geral, não é psicoterapeuta no sentido descrito na categoria 1. No entanto, ao atender às necessidades da categoria 2, ele se torna um psicoterapeuta.

Muito do que uma mãe faz com um bebê poderia ser chamado de "segurar". Não é só o segurar concreto, que por si já é muito importante, uma vez que constitui um ato delicado que só pode ser realizado pelas pessoas certas, delicadamente, mas também grande parte do cuidado do bebê se refere a uma interpretação mais abrangente da palavra "segurar". O "segurar" inclui todo manuseio físico adaptado às necessidades do bebê. Aos poucos, a criança valoriza o ato de ser "liberada"; isso corresponde a sua introdução ao princípio de realidade, que no início se choca com o princípio do prazer (onipotência revogada). A família continua esse "segurar", e a sociedade "segura" a família.

Pode-se descrever o trabalho social como o aspecto profissional dessa função normal dos pais e de unidades sociais locais, um "segurar" de pessoas e situações, enquanto é dada oportunidade às tendências de crescimento. Estas estão presentes o tempo todo, em toda e qualquer pessoa, exceto quando a desesperança (decorrente de falha ambiental reiterada) conduz a um isolamento estruturado. Essas tendências são descritas em termos de integração, do entendimento da psique com o corpo, um se vinculando ao outro, e do desenvolvimento da capacidade de estabelecer relações de objetos. Tais processos seguem seu curso, a não ser que sejam bloqueados por falhas no "segurar" e na atenção aos impulsos criativos do indivíduo.

CATEGORIA 3
DEPRIVAÇÃO

Quando os pacientes são dominados por uma área de *deprivação* em seu histórico anterior, deve-se adaptar o tratamento a esse fato. Como pessoas, eles podem ser normais, neuróticos ou psicóticos. É difícil determinar o padrão pessoal, pois, sempre que a esperança se aviva, o menino ou a menina produz um sintoma (roubando ou sendo roubado; destruindo ou sendo destruído) que força o ambiente a perceber e a agir. Geralmente a ação é punitiva, mas é claro que o paciente precisa mesmo é de plena aceitação e recompensa. Como eu disse, isso quase nunca é possível, porque muito do material está indisponível para a consciência. É importante, no entanto, lembrar que uma escavação séria nos estágios mais incipientes de uma trajetória antissocial muitas vezes fornece a chave e a solução. O estudo da delinquência deveria começar como um estudo da presença do elemento antissocial em crianças relativamente normais, cujos lares estão intactos, e aqui penso ser possível, com frequência, rastrear a deprivação e o extremo sofrimento que se seguiu a ela e alterou, assim, todo o curso do desenvolvimento infantil (publiquei alguns casos e posso dar outros exemplos, se sobrar tempo).[3]

O ponto aqui é que todos os casos não tratados e não tratáveis – aqueles nos quais a tendência antissocial se consolidou como uma delinquência estável – são deixados a cargo da sociedade. Nessas circunstâncias, demanda-se, sobretudo, a provisão de ambientes especializados, que devem ser divididos em dois tipos:

1 Aqueles que esperam socializar as crianças que estão "segurando".
2 Aqueles projetados para a mera custódia, a fim de proteger a sociedade contra as crianças até que esses meninos e meninas tenham idade suficiente para deixar a custódia – até que saiam para o mundo como adultos que vão estar constantemente se metendo em apuros. Esse tipo de instituição pode funcionar perfeitamente, quando administrado com muito rigor.

---

3 Exemplos podem ser encontrados em *Therapeutic Consultations in Child Psychiatry*. London: Hogarth Press, 1971.

8. TIPOS DE PSICOTERAPIA

Você vê quão perigoso é basear um sistema de cuidados infantis no trabalho realizado em lares para desajustados, e sobretudo no tratamento "bem-sucedido" de delinquentes em centros de detenção?

Com base no que eu disse, é possível comparar os três tipos de psicoterapia.

Naturalmente, um psiquiatra praticante precisa ser capaz de passar de um tipo de psicoterapia a outro com facilidade, e até de exercer os três ao mesmo tempo, se necessário.

Doenças de qualidade psicótica (categoria 2) exigem que organizemos um tipo complexo de "segurar", que pode incluir o cuidado físico. Aqui, o terapeuta ou a enfermeira entram em cena quando o ambiente imediato do paciente não consegue fazer frente à situação. Como disse um amigo (o falecido John Rickman), "Insanidade é não ser capaz de encontrar alguém que o aguente", e existem aqui dois fatores: o grau de doença do paciente e a capacidade do ambiente de tolerar os sintomas. Dessa forma, há alguns que estão por aí, no mundo, mais doentes do que aqueles que se encontram em hospitais psiquiátricos.

A psicoterapia à qual me refiro pode parecer uma amizade, mas não é, pois o terapeuta está sendo pago e só vê o paciente com hora marcada, por tempo limitado – afinal, o objetivo de toda terapia é chegar ao ponto em que cessa a relação profissional, porque a vida e o viver do paciente "assumem o comando" e o terapeuta passa ao trabalho seguinte.

Um terapeuta é como outros profissionais na medida em que seu comportamento é mais exigido no trabalho do que na vida privada. Ele é pontual, adapta-se às necessidades do paciente e não deixa os próprios impulsos frustrados ganharem corpo no contato com os pacientes.

Ficará evidente que os pacientes muito doentes incluídos nessa categoria pressionam bastante a integridade do terapeuta, visto que necessitam de contato humano e de sentimentos reais, ao mesmo tempo que precisam depositar confiança absoluta na relação da qual tanto dependem. As maiores dificuldades aparecem quando houve sedução durante a infância do paciente. Nesse tipo de caso, é preciso que o paciente experimente, durante o tratamento, o delírio de que o terapeuta está repetindo a sedução. Naturalmente, a recuperação depende de se desfazer a sedução da infância, que havia levado a criança prematuramente a uma vida sexual real, no lugar de imaginária, estragando a primeira prerrogativa da criança: o brincar ilimitado.

Na terapia concebida para lidar com doenças psiconeuróticas (categoria 1), pode-se obter com facilidade o *setting* psicanalítico clássico criado por Freud, pois o paciente já chega ao tratamento com certo grau de convicção e a capacidade para confiar. Com tudo isso garantido, o analista pode permitir que a transferência se desenvolva por si só; no lugar dos delírios, surgem, como material de análise, os sonhos, a imaginação e ideias expressas de forma simbólica, que podem ser interpretadas de acordo com o processo, à medida que ele se desenvolve mediante a cooperação inconsciente do paciente.

Isso é tudo o que o tempo me permite falar a respeito da técnica psicanalítica, que pode ser aprendida e que é, sim, razoavelmente difícil, mas não tão exaustiva quanto uma terapia destinada a enfrentar distúrbios psicóticos.

A psicoterapia destinada a lidar com a tendência antissocial só funciona, como eu já disse, se o paciente estiver no início de sua trajetória antissocial, antes da aquisição de ganhos secundários e habilidades delinquentes. Só nos primeiros estágios o paciente sabe que é um paciente e sente a necessidade de che-

8. TIPOS DE PSICOTERAPIA

gar à raiz do problema. Quando é possível trabalhar nessa linha, o médico e o paciente estabelecem uma espécie de história de detetive, usando toda e qualquer pista disponível, inclusive o que se conhece do histórico anterior do caso, e o trabalho é realizado sobre uma fina camada que se encontra em algum lugar entre o inconsciente profundamente enterrado do paciente, e sua vida e sistema de memória conscientes.

Em pessoas normais, a camada entre o consciente e o inconsciente é preenchida por aspirações culturais. A vida cultural do delinquente é notoriamente escassa, porque para ele não há liberdade, exceto na fuga para o sonho não lembrado ou para a realidade. Qualquer tentativa de explorar a área intermediária não conduz nem à arte, nem à religião, nem ao brincar, mas ao comportamento antissocial compulsivo – comportamento que é intrinsicamente não compensador para o indivíduo, e danoso para a sociedade.

9

CURA: UMA CONVERSA COM MÉDICOS
[1970]

Aproveitando a oportunidade que me foi oferecida, quero tentar verbalizar alguns pensamentos e sentimentos que imagino serem comuns a todos nós.[1]

Não lido com a religião da experiência interior; essa não é minha linha específica. Lido com a filosofia de nosso trabalho como profissionais da medicina, uma espécie de religião das relações externas.

Eis uma palavra boa em nossa língua: CURA. Se essa palavra pudesse falar, ela contaria uma história. As palavras têm esse tipo de valor: têm raízes etimológicas, têm história. Como os seres humanos, elas às vezes têm de lutar para estabelecer e manter uma identidade.

Em nível mais superficial, a palavra "cura" assinala um denominador comum entre a prática médica e a religiosa. Acredito que em sua raiz "cura" signifique cuidado. Mais ou menos por volta de 1700, ela começou a degenerar, passando a designar um tratamento médico, como a cura pela água. O século seguinte acrescentou-lhe

---

[1] Palestra proferida para médicos e enfermeiros na igreja de Saint Luke's, Hatfield, no dia de São Lucas, em 18 de outubro de 1970.

9. CURA: UMA CONVERSA COM MÉDICOS

o caráter implícito de desfecho bem-sucedido. A saúde se restaura no paciente, a doença é destruída, exorciza-se o espírito mau.

Os versos "Deixem a água e o sangue ser,/Do pecado, a dupla cura"[2] contêm mais do que uma sugestão da passagem do cuidado [*care*] para o tratamento [*remedy*][3] – a transição na qual estou focando aqui.

Entre os dois extremos do uso da palavra, pode-se encontrar, na prática médica, um hiato. A cura, no sentido de tratamento, de erradicação bem-sucedida da doença e de sua causa, tende hoje a se sobrepor ao cuidado. Os médicos estão engajados em tempo integral na batalha de impedir que os dois significados da palavra percam contato um com o outro. Pode-se dizer que o clínico geral cuida, mas precisa conhecer os tratamentos. Em contraste, o especialista se vê com problemas de diagnóstico e de erradicação da doença e tem que se esforçar para lembrar-se do seguinte: o ato de cuidar também é parte da prática médica. Num primeiro extremo, o médico é um assistente social; ele está quase pescando nas águas do cura, do representante da religião. No outro extremo, o médico é um técnico, tanto ao fazer o diagnóstico como ao aplicar o tratamento.

Em face da vastidão do campo, é inevitável a especialização num sentido ou no outro. No entanto, como pensadores, não estamos dispensados da tarefa de tentar conceber uma abordagem holística.

---

2   No original: "*Let the water and the blood/ Be of sin the double cure*".
3   No contexto médico, *remedy* pode significar tanto remédio como tratamento; na maioria dos casos, refere-se a alguma forma de tratamento medicamentoso. Em sentido figurado, *remedy* remete a correção, solução, resolução. [N.E.]

O que as pessoas querem de nós, médicos e enfermeiros? O que queremos de nossos colegas, quando somos nós que estamos imaturos, doentes ou velhos? Essas condições – imaturidade, doença e velhice – trazem consigo a dependência. Segue-se que é necessário haver confiabilidade. Como médicos, assistentes sociais e enfermeiros, somos chamados a ser humanamente (e não mecanicamente) confiáveis, a ter a confiabilidade embutida em nossa atitude geral. (Por ora, vou assumir que temos a capacidade de reconhecer a dependência e de nos adaptar ao que encontramos pela frente.)

Não há discussão sobre o valor de um tratamento eficaz. (Devo à penicilina o fato de não ser aleijado; minha esposa, por sua vez, deve sua vida à penicilina.) Deve-se tomar como certa a ciência aplicada à prática médica e cirúrgica. É improvável que desvalorizemos o tratamento específico. Contudo, é possível ao observador ou pensador que aceita esse princípio passar para outras considerações.

A confiabilidade vai ao encontro da dependência – eis o assunto desta palestra. Logo ficará evidente que o tema leva a complexidades infinitas, de maneira que teremos que estabelecer fronteiras artificiais para delimitar as áreas de discussão.

Você perceberá de imediato que essa maneira de falar separa o médico que pratica por si próprio do médico que age em prol da sociedade.

Por mais que eu critique a profissão médica, deve ficar claro que me orgulho de ser membro dessa categoria desde que me diplomei, há cinquenta anos. Nunca quis ser outra coisa além de médico. Esse fato não me impediu de perceber erros flagrantes em nossas atitudes e reivindicações sociais, e eu lhes asseguro que senti o problema na pele.

Talvez possamos ver melhor e com mais facilidade as falhas de nossos colegas quando estamos na posição de pacientes;

9. CURA: UMA CONVERSA COM MÉDICOS

também sabemos melhor quanto devemos à medicina e à enfermagem quando ficamos doentes e nos recuperamos.

É claro que não estou me referindo a erros. Eu mesmo cometi erros que detesto recordar. Certa vez, antes do advento da insulina, afoguei um diabético, numa tentativa estúpida e ignorante de obedecer a ordens superiores. O fato de que o homem ia morrer independentemente de qualquer procedimento que se adotasse não me proporciona nenhum alívio. E fiz coisas piores. Feliz é o médico jovem que não se vê exposto como ignorante antes de ter construído alguma reputação entre os colegas que vão acompanhá-lo, ajudando-o a lidar com os desastres. Mas tudo isso é chover no molhado. Aceitamos a falibilidade como fato inerente ao afeto humano.

Gostaria de examinar a maneira como vocês e eu praticamos a medicina, a cirurgia e a enfermagem, *quando as estamos praticando bem*, e não acumulando material para remorso.

Como eu poderia escolher? Preciso apelar para a minha experiência especializada: a prática da psicanálise e da psiquiatria infantil. Minha sugestão é que a psiquiatria tem grande potencial de *feedback* para a prática médica. A psicanálise não se resume a interpretar o inconsciente reprimido, mas fornece um *setting* profissional para a confiança, no qual esse trabalho pode ocorrer.

Gradualmente me transformei de médico de crianças e de seus pais em psicanalista. A psicanálise (como a psicologia analítica) está ligada a uma teoria e ao treinamento intensivo de poucos indivíduos selecionados e autoeleitos. O treinamento objetiva fornecer uma psicoterapia que alcance a motivação inconsciente, e que essencialmente faça uso daquilo que se denomina "transferência". E assim por diante.

Vou enunciar alguns princípios que nascem do tipo de trabalho que eu e meus colegas nos damos conta de que estamos realizando. Escolhi seis categorias descritivas:

1 Hierarquias.
2 Quem está doente? Dependência.
3 Efeito da posição cuidado-cura sobre nós.
4 Efeitos posteriores.
5 Gratidão/propiciação.
6 "Segurar". Facilitação. Crescimento individual.

1 Primeiro, a questão das hierarquias. Percebemos que, quando estamos face a face com um homem, uma mulher ou uma criança em nossa especialidade, somos reduzidos a dois seres humanos de mesmo nível. As hierarquias desaparecem. Posso ser médico, enfermeiro, assistente social, um parente que vive na mesma casa – ou mesmo psicanalista ou padre. Não faz diferença. Relevante é a relação interpessoal, em todos os seus matizes humanos ricos e complicados.

Há um lugar para hierarquias na estrutura social, mas não no confronto clínico.

2 Desse ponto é apenas um passo para a pergunta: qual dos dois está doente? Às vezes, é uma questão de conveniência. É útil entender que o conceito de doença e de estar doente gera alívio imediato ao legitimar a dependência; aquele que é bem-sucedido na reivindicação de ser doente se beneficia de modo específico. "Você está doente" me leva naturalmente para a posição daquele que responde à necessidade, ou seja, para a posição da adaptação, da preocupação, da confiabilidade e, enfim, da cura, no sentido de *cuidado*. O médico, enfermeiro, ou seja lá quem for, assume, naturalmente, uma atitude profissional. Isso não acarreta nenhum sentimento de superioridade.

Qual dos dois seria o doente? Poderíamos quase dizer que a suposição de uma posição de cura também é uma doença, só que do outro lado da moeda. Precisamos de nossos pacientes tanto quanto eles precisam de nós. O diretor da Universidade de Derby citou recentemente são Vicente de Paula, que disse a seus seguidores: "Rezem para que os pobres possam nos perdoar por ajudá-los". Poderíamos rezar para que os doentes nos perdoassem por respondermos às necessidades de suas doenças. Estamos falando de amor, mas, se o amor tem que ser fornecido por profissionais, num contexto profissional, então é necessário elucidar o significado da palavra. Neste século, são os psicanalistas que estão dando essa explicitação.

3 Agora podemos examinar os efeitos que essa suposição – acerca da posição da pessoa que cuida – tem em nós mesmos, que cuidamos-curamos. Observamos cinco aspectos principais:

a) No papel de cuidadores-curadores, somos não moralistas. Dizer a um paciente que ele é mau por estar doente não o ajuda. Também não ajuda enquadrar um ladrão, ou um asmático, ou um esquizofrênico em categorias morais. O paciente sabe que não estamos lá para julgá-lo.

b) Somos muito honestos, verdadeiros, ao dizer que não sabemos quando de fato não sabemos. Uma pessoa doente não suporta nosso medo da verdade. Se temos medo da verdade, é melhor escolher outra profissão que não a de médico.

c) Nós nos tornamos confiáveis num sentido que só podemos sustentar em nosso trabalho profissional. A questão é que, sendo pessoas (profissionalmente) confiáveis, protegemos nossos pacientes do imprevisto. Muitos deles sofrem precisamente disso; ficaram sujeitos ao imprevisto como parte do padrão de sua vida. Não podemos nos dar ao luxo de nos encaixar nesse padrão. Sob a imprevisibilidade está a confusão mental e, sob ela, pode-se encontrar o caos, em termos do funcionamento somático, isto é, uma ansiedade impensável que é física.

d) Aceitamos o amor e o ódio do paciente, somos por eles afetados, mas não provocamos nenhum deles nem esperamos derivar satisfações emocionais de uma relação profissional. Devemos lidar com estas em nossa vida privada e nos âmbitos pessoais, ou então na realidade psíquica interior, quando o sonhar ganha corpo e toma forma. (Em psicanálise, estuda-se isso como um fator essencial; e dá-se o nome de "transferência" para as dependências específicas que surgem entre o paciente e o analista. O médico que se envolve em medicina física e cirurgia tem muito a aprender da psicanálise, especialmente nessa área. Focando num ponto muito simples: *se um médico chega na hora combinada, ele testemunha o enorme fortalecimento da confiança que o paciente tem nele [ou nela]*, e isso não é importante apenas para evitar angústia, mas também para reforçar os processos somáticos que tendem à cicatrização, até mesmo de tecidos, e certamente de funções.)

e) Todos concordariam com facilidade com o pressuposto de que o médico ou o enfermeiro não são cruéis com a finalidade de serem cruéis. A crueldade aparece inevitavelmente em nosso trabalho, mas, para *tolerar a crueldade*, precisamos olhar para a própria vida fora de nossas relações profissionais. É claro que eu poderia falar de crueldade e vingança praticadas por médicos, porém não é difícil colocar esse tipo de distorção em seu devido lugar.

4 Para alcançar efeitos mais profundos em nós pautados em nosso reconhecimento da doença e, portanto, das necessidades de dependência de nossos pacientes, temos de considerar questões mais complexas acerca da estrutura da personalidade. Por exemplo, um sinal de saúde mental é a capacidade que um indivíduo apresenta para penetrar, de modo imaginativo e ainda assim preciso, nos pensamentos, nos sentimentos e nas esperanças de outra pessoa, e também de permitir que outra pessoa faça o mesmo com ele. Suponho que padres e médicos cuidadores-curadores sejam bons nesse tipo de coisa, por escolha própria. Mas exorcistas e curadores prescindem disso.

Talvez uma capacidade exagerada de brincar com identificações cruzadas seja, às vezes, um obstáculo. Mesmo assim, uma avaliação daquilo que estou chamando de capacidade para identificações cruzadas – saber se colocar no lugar do outro e permitir o inverso – seria um dos principais critérios na seleção de estudantes de medicina (se essa capacidade pudesse ser testada). Não resta dúvida de que a identificação cruzada enriquece em muito todas as experiências humanas, e que as pessoas que têm essa capacidade reduzida acabam ficando entediadas e são entediantes. Além disso, não podem exercer nada além de uma função do tipo técnica na prática médica e podem causar muito sofrimento sem perceber. James Baldwin falou recentemente na BBC que os cristãos se esqueceram de mencionar um pecado: a inconsciência. Eu poderia acrescentar aqui uma nota sobre as identificações cruzadas delirantes. Elas realmente causam estragos.

5 Agora chego à questão da gratidão. Já me referi a ela na citação de são Vicente de Paula. A gratidão parece algo muito bonito, e apreciamos aquela garrafa de uísque especial e a

caixa de bombons que são expressões de agradecimento de nossos pacientes. No entanto, a gratidão não é tão simples assim. Se as coisas vão bem, os pacientes não reconhecem nosso esforço; só quando há negligência (um cotonete deixado no peritônio) eles se tornam fiéis a si mesmos e reclamam. Em outras palavras: a maior parte da gratidão, com certeza a gratidão exagerada, é uma questão de apaziguamento: há forças de vingança latentes, e é melhor que elas sejam aplacadas.

As pessoas doentes ficam na cama planejando presentes generosos ou codicilos para testamentos, mas os médicos, os enfermeiros e outros profissionais ficam contentes com o fato de que, depois da alta, o paciente triste logo esquece, ainda que talvez não seja esquecido. Eu diria que são os médicos e médicas, e os enfermeiros e enfermeiras, que experimentam lutos reduplicados e repetitivos. Um dos perigos que corremos em nossa vida profissional é nos endurecer, porque a perda repetida de pacientes nos torna cautelosos quanto a desenvolver um carinho pelo doente recente. Isso é especialmente verdadeiro com relação a enfermeiras que cuidam de bebês doentes, ou que assumem o cuidado de bebês abandonados em cabines telefônicas, ou encontrados em malas de mão (como Ernest), na Seção de Achados e Perdidos da Victoria Station.

A prática da clínica geral de cidades do interior pode ser a resposta a esse problema, uma vez que nessas cidades o médico vive junto de seus pacientes – sem dúvida, a melhor maneira de exercer a medicina. O médico e o paciente, os dois sempre lá, mas só às vezes como médico e paciente.

O médico pode aprender muito com aqueles que se especializam em cuidar-curar, no lugar de se especializarem em "curar erradicando agentes do mal".

9. CURA: UMA CONVERSA COM MÉDICOS

6 Há uma coisa em especial que precisa ser retomada na prática médica, e vou terminar minha palestra falando sobre ela. Ocorre que o cuidar-curar é uma extensão do conceito de "segurar". Começa com o bebê no útero, depois com o bebê no colo, e o enriquecimento advém do processo de crescimento da criança, que a mãe possibilita porque sabe exatamente como é ser aquele bebê específico que ela deu à luz.

O tema da capacitação do crescimento pessoal pelo ambiente facilitador e do processo de amadurecimento tem que conter uma descrição dos cuidados que o pai e a mãe dispensam, e da função da família. Isso leva à construção da democracia como extensão da facilitação familiar, com os indivíduos maduros eventualmente tomando parte, de acordo com a idade e capacidade de cada um, na política e na manutenção e reconstrução da estrutura política.

Ao lado disso, há o sentido de identidade pessoal, essencial a todo ser humano, que *só pode se realizar de fato em cada indivíduo com uma maternagem suficientemente boa* e uma provisão ambiental do tipo do "segurar" durante os estágios de imaturidade. O processo de amadurecimento, por si só, não leva o indivíduo a se tornar indivíduo.

Portanto, quando falo em cura no sentido do cuidar-curar, aqui se encontra a tendência natural de médicos e enfermeiros a atender à dependência dos pacientes, mas agora isso é explicitado nos aspectos relativos à saúde: é registrado em termos da dependência natural do indivíduo imaturo, que convoca, nas figuras parentais, a tendência a fornecer condições que promovam o crescimento individual. Isso não é cura no sentido de tratamento, mas sim no sentido de cuidar-curar, o assunto de minha palestra – que poderia ser o lema de nossa profissão.

Quanto à doença social, o cuidar-curar pode ser mais importante para o mundo do que a cura-tratamento e do que todo diagnóstico e prevenção que acompanham aquilo que geralmente se denomina abordagem científica.

Aqui estamos irmanados aos assistentes sociais, cuja atribuição de "trabalho social" pode ser vista como uma extensão bastante complexa do uso da palavra "segurar" e como uma aplicação prática do cuidar-curar.

Num *setting* profissional, dado o comportamento profissional apropriado, o doente pode encontrar uma solução pessoal para problemas complexos da vida emocional e das relações interpessoais; o que fizemos não foi aplicar um tratamento, mas facilitar o crescimento.

Será pedir muito ao clínico que ele pratique o cuidar-curar? Esse aspecto de nosso trabalho parece falhar no que se refere à reivindicação por honorários mais altos e sabota o sistema de hierarquias aceitas. No entanto, pode ser apreendido facilmente pelas pessoas apropriadas e traz algo muito mais satisfatório do que a sensação de inteligência.

Sugiro que encontremos, no aspecto cuidar-curar de nosso trabalho profissional, um *setting* para aplicar os princípios que aprendemos no início da vida, período de imaturidade em que nos foi dado um cuidar-curar suficientemente bom, e uma cura, por assim dizer, antecipada (o melhor tipo de medicina preventiva) por nossas mães suficientemente boas e por ambos os pais.

É sempre reconfortante descobrir que nosso trabalho se vincula a fenômenos inteiramente naturais, aos universais e, enfim, àquilo que esperaríamos encontrar no melhor da poesia, da filosofia e da religião.

PARTE II

A FAMÍLIA

1

A CONTRIBUIÇÃO DA MÃE PARA A SOCIEDADE

[1957]

Acredito que todo mundo tem um interesse maior, um motor propulsor profundo em direção a algo. Se a vida de uma pessoa dura o suficiente, de tal modo que seja possível olhar para trás, ela poderá discernir uma tendência urgente que integrou as várias e variadas atividades de sua vida profissional e de sua vida privada.[1]

No meu caso, já posso ver em meu trabalho o papel relevante desempenhado pelo ímpeto de encontrar e valorizar a boa mãe comum. Sei que os pais são tão importantes quanto as mães, e o interesse na maternagem inclui o interesse pelos pais e pela parte vital que lhes cabe nos cuidados ao bebê. Quanto a mim, no entanto, é às mães que me sinto profundamente compelido a me dirigir.

Tenho a impressão de que falta alguma coisa na sociedade humana. As crianças crescem e tornam-se elas próprias pais e mães, mas, de modo geral, não chegam a ponto de saber e de

---

[1] *Post-scriptum* à primeira coleção de palestras de Winnicott transmitidas pela rádio BBC, publicada sob o título "A criança e a família", em 1957.

I. A CONTRIBUIÇÃO DA MÃE PARA A SOCIEDADE

reconhecer o que suas mães fizeram por elas no início. Há uma razão: somente agora é que se começou a perceber a parcela que cabe à mãe. Contudo, tenho que deixar claros alguns pontos aos quais não quero fazer assertivas.

Não estou querendo dizer que as crianças deveriam agradecer aos pais por tê-las concebido. Com toda certeza, elas poderiam esperar que sua concepção tenha proporcionado satisfação e prazer mútuos. Os pais certamente não podem esperar agradecimentos pelo fato de os bebês terem ganhado existência. Bebês não pedem para nascer.

Há ainda mais pontos. Por exemplo: não estou alegando que as crianças têm alguma obrigação em relação aos pais por conta de sua cooperação na construção do lar e nos afazeres da família, mesmo que acabe se desenvolvendo alguma espécie de gratidão. Bons pais comuns constroem um lar e mantêm-se juntos, provendo uma porção básica de cuidados à criança e um ambiente no qual cada criança encontra gradualmente a si mesma (seu self) e ao mundo, em uma relação funcional entre ela e o mundo. Mas os pais não querem gratidão por isso; eles têm suas recompensas e, em vez de agradecimentos, preferem ver os filhos crescerem e se tornarem eles próprios pais – que um dia construirão, também eles, um lar. Isso pode ser dito de outra forma: estão cobertos de razão os meninos e as meninas que censuram os pais que, depois de os trazerem à existência, não lhes fornecem o suprimento devido no início da vida.

Nos últimos cinquenta anos houve um aumento acentuado na consciência do valor do lar (infelizmente, essa consciência veio sobretudo da compreensão dos efeitos de um lar ruim). Conhecemos algumas das razões que fazem valer a pena essa tarefa longa e exigente – o trabalho dos pais de assegurar aos filhos uma travessia segura da infância – e, de fato, acreditamos que esse trabalho oferece a única base real para a sociedade, constituindo a única "fábrica" de tendência democrática do sistema social de um país.

O lar, contudo, é de responsabilidade dos pais, e não da criança. Quero deixar bem claro que não estou pedindo a ninguém que fique expressando gratidão. O que me interessa, em especial, não remonta ao momento da concepção, nem avança tanto até a construção de um lar. O que me interessa é a relação da mãe com o bebê pouco antes do parto e nas primeiras semanas e meses após o nascimento. Estou tentando chamar atenção para a imensa contribuição ao indivíduo e à sociedade que a boa mãe comum faz desde o começo, com o apoio de seu companheiro, e que ela faz simplesmente por dedicação a seu bebê.

Será que o não reconhecimento da contribuição da mãe dedicada se deve justamente ao fato de ela ser imensa? Caso se aceite essa contribuição, segue-se que todo homem ou mulher em sã consciência, todo homem ou mulher que tenha o sentimento de ser uma pessoa no mundo, e para quem o mundo tenha algum significado, toda pessoa feliz tem um débito infinito para com uma mulher. Ao mesmo tempo que, quando bebê, essa pessoa nada sabia a respeito da dependência, havia dependência absoluta.

Eu enfatizaria, uma vez mais, que o resultado desse reconhecimento – quando ele aparece – não virá na forma de gratidão nem de elogios. O resultado será a diminuição, em nós mesmos, de um medo. Se nossa sociedade adiar o reconhecimento pleno dessa dependência, que é um fato histórico no estágio inicial do desenvolvimento de cada indivíduo, haverá um bloqueio tanto no progresso como na regressão, um bloqueio que se baseia no medo. Se o papel da mãe não for verdadeiramente reconhecido, então restará o medo vago da dependência. Às

I. A CONTRIBUIÇÃO DA MÃE PARA A SOCIEDADE

vezes, esse medo toma a forma de um medo de MULHER, ou medo de uma mulher, ao passo que em outras vezes assumirá formas menos fáceis de serem reconhecidas, mas que sempre incluem o medo da dominação.

Infelizmente, o medo da dominação não leva muitas pessoas a evitarem ser dominadas; ao contrário, ele as encaminha rumo a uma dominação específica ou escolhida. Com efeito, caso se estudasse a psicologia do ditador, uma descoberta esperada, entre outras coisas, seria de que, em sua própria luta pessoal, ele está tentando controlar a mulher cuja dominação inconscientemente teme, e tenta fazê-lo envolvendo-a por completo, agindo por ela e demandando em troca sujeição e "amor" totais.

Para muitos estudiosos da história social, o medo de MULHER é uma causa poderosa do comportamento aparentemente ilógico dos seres humanos em grupos, mas é raro que esse medo tenha suas raízes desvendadas. Desvendado na raiz de cada história individual, o medo de MULHER se transforma em medo de reconhecer a dependência. Por conseguinte, existem razões sociais muito fortes para que se estimule a pesquisa nos estágios mais precoces da relação mãe-bebê.

De minha parte, fui levado a descobrir tudo o que pude a respeito do significado da palavra "dedicação" e a tentar, na medida do possível, reconhecer minha própria mãe com plena ciência e pleno sentimento. Nesse momento, a posição de um homem é mais difícil do que a de uma mulher; ele não pode, obviamente, reconciliar-se com sua mãe pelo ato de se tornar mãe, quando a hora chegar. Ao homem só resta a alternativa de aproximar-se ao máximo da consciência dos feitos da mãe. O desenvolvimento da maternidade como uma qualidade em seu caráter não será muito profundo, e a feminilidade num homem manifesta-se apenas como um caminho paralelo aos assuntos principais.

Para o homem que está enredado nesse problema, uma solução é participar de um estudo objetivo do papel da mãe, em especial aquele que ela desempenha no início. No momento presente, costuma-se negar a importância da mãe no começo da vida do bebê: diz-se que nos primeiros meses se trata apenas de uma questão de cuidados corporais, e que, portanto, uma boa enfermeira bastaria. Há até mães (espero que não neste país) às quais se fala que *devem ser mães* de seus filhos, e esse é o grau mais extremo da negação de que a "maternagem" provém naturalmente do fato de ser mãe. Acontece com frequência que, pouco antes da compreensão de algum assunto, verifica-se um estágio de negação, ou cegueira, ou um não ver deliberado, como o mar que recua diante da praia antes de lançar a onda estrondosa.

Limpeza administrativa, os ditames da higiene, uma ânsia louvável pela promoção da saúde corporal – são coisas assim que se interpõem entre a mãe e a criança, e é improvável que as mães se ergam por si mesmas num esforço orquestrado para protestar contra as interferências. Alguém precisa agir em favor das mães jovens, aquelas com o primeiro e o segundo bebês e que necessariamente se encontram, elas mesmas, em estado de dependência. Pode-se partir do princípio de que nenhuma mãe de bebê recém-nascido vai fazer greve contra médicos e enfermeiras, a despeito de quaisquer frustrações, pois ela já está ocupada.

Ainda que muitas de minhas palestras pelo rádio sejam dirigidas às mães, é provável que as mães jovens, às quais essas transmissões se destinam de modo especial, não cheguem a conhecê-las. Não desejo alterar isso. Não posso partir do pressuposto de que as jovens mães querem saber o que estão fazendo quando descobrem seu prazer em cuidar dos próprios filhos. Elas temem, como é muito natural, deixar que a instrução estrague seu prazer e sua experiência criativa – elemento essencial que conduz à satisfação e ao crescimento. As jovens mães precisam de proteção e informação; precisam do melhor que a ciência médica pode oferecer em termos de cuidados corporais e prevenção de acidentes evitáveis. Precisam de um médico e de uma enfermeira que conheçam e em quem confiem. Precisam da dedicação de um marido e de experiências sexuais satisfatórias. Não, elas não são o tipo de pessoa que costuma aprender por meio de livros. No entanto, ao organizar os programas para publicá-los, mantive o formato de conversas diretas com elas, pois era um modo de eu me disciplinar. Um escritor que se debruça sobre a natureza humana precisa ir ao encontro de uma linguagem simples e para longe do jargão do psicólogo, mesmo que esse jargão possa ser valioso em contribuições para revistas científicas.

Quem já passou pela experiência da maternagem, e que se permite olhar ao redor, provavelmente terá algum interesse em ler o que é dito dessa maneira, e poderia ajudar a fazer o que é tão necessário no momento atual, ou seja, dar apoio moral à boa mãe comum, seja ela estudada ou não, inteligente ou limitada, pobre ou rica, e protegê-la contra tudo e todos que se interpuserem entre ela e seu bebê. Todos nós devemos juntar forças a fim de permitir o início e o desenvolvimento natural da relação emocional entre as mães e seus bebês. Esse trabalho coletivo é uma extensão do trabalho do pai, do trabalho que o pai tem desde o início, quando a mãe está grávida, dá à luz e amamenta seu bebê, antes de chegar a fase em que o bebê poderá usar o pai de outras maneiras.

2

A CRIANÇA NO GRUPO FAMILIAR
[1966]

Muito tem sido escrito sobre o tema da criança e da família, e é bem difícil saber como contribuir com originalidade para um assunto tão vasto.[1] Deve haver um sentimento geral de que tudo a respeito desse assunto já foi dito e de que o título perdeu o sentido pelo uso repetido. Recentemente, a discussão foi revigorada por uma mudança de ênfase nas diretrizes, de tal modo que hoje é a família, e não mais o indivíduo, que está em destaque. Planeja-se modificar o padrão do serviço social, de maneira que a família seja o centro das atenções e a criança, parte da família.

Na minha opinião, isso não representa uma mudança real, porque a criança sempre foi estudada em relação à família ou em relação à falta de uma família. Seja como for, podemos lançar mão de qualquer coisa que alivie a monotonia. Creio que, se olharmos para a contribuição psicanalítica, poderemos afirmar que os psicanalistas deram uma ênfase desproporcional ao tratamento da criança. A psicanálise passou por um longo período

---

1 Palestra proferida na conferência da Associação das Escolas de Enfermagem, sobre "Progressos na Educação Primária", Oxford, 26 de julho de 1966.

2. A CRIANÇA NO GRUPO FAMILIAR

de discussão sobre o tratamento da criança individual como fenômeno isolado. Isso não pôde ser evitado. Nos círculos psicanalíticos há, no entanto, uma mudança – advinda dos processos de desenvolvimento das ideias. Porém, a mudança recente na diretriz não é dirigida ao psicanalista, e sim ao serviço social em geral, e eu diria que o serviço social, ao observar a criança, sempre considerou a família.

Tenho receio de uma ênfase exagerada no manejo das dificuldades humanas em termos da família e de outros grupos como fuga ao estudo do indivíduo – criança, bebê, adolescente ou adulto. Em algum momento do trabalho realizado em cada caso, o assistente social se vê perante um indivíduo, fora do grupo. Aqui residem as maiores dificuldades, e também o maior potencial de mudança.

Começarei, portanto, com um apelo: lembrem-se da criança individual, do processo de desenvolvimento da criança, de suas inquietações, da necessidade que ela tem de auxílio pessoal e de sua capacidade de fazer uso desse auxílio, simultaneamente, é claro, à lembrança contínua da importância da família e dos vários grupos escolares e de todos os outros que conduzem ao grupo que chamamos de sociedade.

Em qualquer um de seus casos, o assistente social deve tomar uma decisão: quem é a pessoa doente aqui? Ainda que a criança seja apresentada como doente, pode ser que outra pessoa tenha causado e esteja mantendo a perturbação, ou então o problema pode ser atribuído a um fator social. Esses são casos especiais, e os assistentes sociais têm plena consciência do problema, o qual, contudo, não deveria cegá-los para o fato de que, na maioria esmagadora dos casos, quando a criança apresenta sintomas, os sintomas apontam para um sofrimento nela – e a melhor resposta seria, portanto, um trabalho com a criança.

Gostaria de lembrá-los de que isso é verdade sobretudo na miríade de casos da comunidade que não chegam às Child Guidance Clinics [clínicas de orientação à criança], as quais naturalmente acabam lidando com os casos menos comuns e mais complexos. Em outras palavras, se olharem à sua volta, para as crianças que conhecem em sua família e em seu contexto social, vocês verão grande número de crianças que até precisariam de um pouco de ajuda, mas que nunca procurariam uma clínica. É para essas crianças que a ajuda funcionaria melhor, e são essas crianças que precisam de atenção individual. As crianças nas clínicas não são representativas das que precisam de ajuda na comunidade. Digo isso confidencialmente para esta audiência, que é composta de professores. A ampla maioria das crianças a quem vocês ensinam não são pacientes das clínicas; são crianças comuns, ou muito parecidas com as que pertencem ao grupo social do qual vocês fazem parte. Não há praticamente nenhuma criança que não precise de ajuda com algum problema pessoal, ontem, hoje ou amanhã. É comum que os professores lidem com esses problemas na escola por meio do conhecido método de "ignorar o problema", ou com uma disciplina cuidadosamente incutida, ou ensinando algum tipo de habilidade específica, ou dando oportunidade para os impulsos criativos se manifestarem. É necessário admitir que, no conjunto, a visão que o professor tem de psicologia precisa ser, e precisa permanecer, diferente da visão do assistente social e do psiquiatra infantil.

Vocês vão compreender que há necessidade de uma sobreposição: alguns alunos deveriam estar frequentando uma clínica e algumas crianças da clínica deveriam estar lidando com suas dificuldades com a ajuda de tios, tias e professores, e de outras formas de provisão social.

O GRUPO EM RELAÇÃO AO INDIVÍDUO

Quero aproveitar a oportunidade para lembrá-los com algum detalhe do modo como a família constitui um grupo cuja estrutura se relaciona com a estrutura da personalidade do indivíduo. A família é o primeiro agrupamento; dentre todos, é o que está mais próximo de ser incluído na personalidade unitária. O primeiro agrupamento nada mais é do que a duplicação da estrutura unitária. Quando digo que a família é o primeiro agrupamento, tenho em vista, naturalmente, o crescimento do indivíduo. Essa abordagem se justifica na medida em que a mera passagem do tempo não estabelece com a vida humana nenhuma relação forte o suficiente para superar o fato de que cada pessoa "tem início" em algum ponto do tempo e, por um processo de crescimento, torna pessoal uma área do tempo.

A criança está começando a se separar da mãe e, antes que a mãe possa ser percebida de maneira objetiva, ela é aquilo que se poderia denominar objeto subjetivo. É realmente um choque considerável para a criança ter que experimentar algo entre o uso da mãe como objeto subjetivo – ou seja, como um aspecto do self – e o uso da mãe como um objeto que não é o self e que, portanto, se situa fora do controle onipotente. E a mãe leva a cabo uma tarefa muito importante, ao se adaptar às necessidades da criança, a fim de atenuar um pouco o impacto do choque terrível a que me referi, e que diz respeito ao contato com o princípio de realidade. A figura materna vai sendo duplicada.

Em algumas culturas, faz-se um esforço deliberado para impedir que a mãe se torne uma pessoa, de modo que, desde o começo, a criança é poupada do choque associado à perda. Em nossa cultura, a tendência é encarar como normal a experiência de choque total que assoma a criança quando a mãe se converte numa pessoa adaptativa externa, embora tenhamos que admitir que há vítimas. Quando funciona, a riqueza da experiência se constitui em um argumento em seu favor. O estudo antropológico dessa área fornece material fascinante para o pesquisador quanto aos resultados da cisão precoce e deliberada, socialmente determinada, da figura materna.

O pai entra em cena de duas maneiras. Em certa medida, ele é uma das duplicações da figura materna. Nos últimos cinquenta anos, essa orientação mudou neste país, e os pais hoje são muito mais reais para os filhos no papel de duplicação da mãe do que parecem ter sido décadas atrás. No entanto, isso interfere em outra característica do pai, segundo a qual ele entra na vida da criança como um aspecto da mãe que é duro, severo, implacável, intransigente, indestrutível; em circunstâncias favoráveis, esse homem se transforma aos poucos num ser humano, alguém que pode ser temido, odiado, amado, respeitado.

Vemos assim que um grupo se desenvolveu, e isso aconteceu de duas formas. A primeira corresponde simplesmente à extensão da estrutura da personalidade da criança e depende de processos de crescimento. A outra depende da mãe e de sua atitude em relação a essa criança específica; de outras pessoas que podem estar disponíveis como figuras maternas; da atitude da mãe para com as mães substitutas; da atitude social no local; e, finalmente, depende do equilíbrio dos dois aspectos da figura paterna que acabei de descrever. O jeito de ser do pai naturalmente determina como a criança usa ou não esse pai na formação da família dessa criança particular. É claro que, de todo modo, o pai pode estar ausente ou muito em evidência, e tais detalhes fazem enorme diferença no significado que a palavra "família" terá para a criança específica de que estamos falando.

2. A CRIANÇA NO GRUPO FAMILIAR

A propósito, conheci uma criança que deu o nome de "Família" para seu objeto transicional. Acredito que nesse caso houve um reconhecimento muito precoce da inadequação da relação parental, e a criança tentou remediar essa deficiência incrivelmente cedo, chamando sua boneca de Família. É o único caso assim de que tenho conhecimento. Trinta anos depois, essa pessoa ainda está lutando contra a incapacidade de aceitar o distanciamento entre seus pais.

Espero ter conseguido transmitir a vocês que, quando falamos a respeito de uma criança e de sua família, ignoramos os estágios difíceis por meio dos quais essa criança específica adquiriu uma família. Não se trata apenas de haver um pai e uma mãe, e de que talvez outras crianças apareçam com o tempo, constituindo assim um lar com pais e filhos, enriquecido por tias, tios e primos. Essa é apenas a opinião de um observador. Para as cinco crianças de uma família, há cinco famílias. Não é necessário ser psicanalista para notar que essas cinco famílias não são necessariamente semelhantes, muito menos idênticas.

O PRINCÍPIO DE REALIDADE

Agora que introduzi a ideia de família em paralelo ao conceito do objeto subjetivo que se torna um objeto percebido de maneira objetiva, gostaria de dar continuidade a um estudo nessa área. Uma mudança surpreendente ocorre no desenvolvimento dos seres humanos justamente na transição entre esses dois tipos de relacionamento. Pessoalmente, tentei dar uma contribuição no sentido de observar o máximo possível os objetos transicionais e os fenômenos transicionais, ou seja, todas as coisas que a criança emprega quando está passando por essa fase, durante a qual a capacidade de ter percepções objetivas é limitada e a principal experiência da relação com o objeto precisa continuar a ser o relacionamento com objetos subjetivos. (A propósito, não é possível utilizar a expressão "objeto interno" aqui; o objeto que podemos ver é externo e é percebido de modo subjetivo, ou seja, advém dos impulsos criativos da criança e da mente dela. Uma questão mais complicada é quando a criança, agora com um interior, toma objetos percebidos externamente e os coloca dentro de si como imagens internas. Estamos discutindo aqui um estágio anterior àquele em que esse tipo de linguagem se aplica.)

Uma dificuldade que se apresenta numa descrição desse tipo é que, quando uma criança nesse estágio se relaciona com o que estou chamando de objeto subjetivo, não há dúvida de que ao mesmo tempo está em operação uma percepção objetiva. Em outras palavras, a criança não poderia ter inventado exatamente a aparência da orelha esquerda de sua mãe. Mesmo assim, é necessário que se diga que a orelha esquerda da mãe com qual a criança está brincando é um objeto subjetivo. A criança alcançou e criou aquela orelha específica que estava lá para ser descoberta. É isso que torna empolgante a cortina de um teatro. Quando ela se abre, cada um de nós começa a criar a peça que vai ser encenada, e depois disso podemos até mesmo descobrir que a sobreposição daquilo que criamos – que cada um criou – fornece material para uma discussão sobre a peça que foi encenada.

Não posso seguir adiante sem mencionar que existe algo de embuste nisso tudo, um embuste inerente ao desenvolvimento da capacidade do indivíduo de se relacionar com objetos. Estou lendo este trabalho para vocês, uma audiência criada por mim. Porém, temos de admitir que, enquanto escrevia o trabalho,

2. A CRIANÇA NO GRUPO FAMILIAR

pensei, até certo ponto, na audiência que está aqui agora. Gostaria de pensar que esta audiência que está aqui agora pode, em alguma medida, juntar-se à audiência que eu tinha em mente quando escrevi o trabalho, mas não há nenhuma garantia de que ambas venham a se relacionar. Ao redigir este estudo, tenho que brincar, e brinco na área que denomino transicional, na qual simulo a presença de minha audiência: vocês, tal como se encontram aqui e agora.

Essa fase que escolhi discutir, e em relação à qual às vezes me refiro por meio da expressão "fenômenos transicionais", é importante no desenvolvimento individual de cada criança. Num "ambiente médio esperado",[2] é necessário tempo para que a criança seja ajudada por alguém que consiga se adaptar de forma extremamente sensível enquanto ela está no processo de adquirir a capacidade de usar a fantasia, de apelar para a realidade interna e para o sonho, de manipular brinquedos. Ao brincar, ela penetra na área intermediária que estou chamando aqui de embuste, embora deva deixar claro que esse aspecto particular do embuste é saudável. A criança usa uma posição entre ela mesma e a mãe ou o pai, seja lá quem for, e então o que quer que ocorra ali é um símbolo da união ou da não separação dessas duas coisas separadas. O conceito é de fato bem difícil, e creio que a filosofia se beneficiaria de sua compreensão. Talvez também fosse possível reinserir a religião na experiência daqueles que cresceram sem o conceito de milagres.

Para nossos objetivos nesta palestra, o ponto mais importante é que a criança precisa de um período de tempo durante o qual experiências estáveis nos relacionamentos podem ser

---

2 Formulação de Heinz Hartmann (ver *Ego Psychology and the Problem of Adaptation*, 1939).

utilizadas para o desenvolvimento das área intermediárias nas quais fenômenos transicionais ou relativos ao brincar possam se estabelecer para essa criança específica, de modo que, desse momento em diante, ela seja capaz de desfrutar tudo o que deriva do uso do símbolo, pois o símbolo da união proporciona um alcance mais amplo à experiência humana do que a própria união.

IDAS E VINDAS

No desenvolvimento normal, vou repetir, a criança precisa de *tempo* para que uma fase possa ser explorada por completo. Ou seja, precisa ser capaz de experimentar os vários tipos de relação de objeto num mesmo dia, ou até ao mesmo tempo; por exemplo: ao observar uma criança desfrutando a relação com uma tia ou com um cachorro ou uma borboleta, vocês verão que, além das percepções objetivas alcançadas, ela aprecia o enriquecimento proveniente da descoberta. Isso não significa, no entanto, que a criança esteja pronta para viver no mundo descoberto. A qualquer momento, ela volta a se misturar com o berço, ou com a mãe, ou com os odores familiares, instalando-se outra vez num ambiente subjetivo. O que estou tentando dizer é que são os padrões familiares da criança, mais do que qualquer outra coisa, que a abastecem com recordações do passado, de tal modo que, ao descobrir o mundo, há sempre uma viagem de volta – e essa viagem faz sentido para ela. Caso seja a família da própria criança, então a viagem de volta não coloca pressão em ninguém, porque é da essência da família que ela permaneça orientada para si mesma e para as pessoas que a constituem.

2. A CRIANÇA NO GRUPO FAMILIAR

Ainda que tais pontos não exijam ilustração, vou expor um acontecimento de um caso clínico.

> Uma paciente resume os traumas acumulados em sua infância por meio do relato de um incidente específico, como os pacientes muitas vezes fazem. Com suas próprias palavras, ela mostra a importância do fator tempo. "Eu tinha mais ou menos dois anos de idade. A família estava na praia. Fui indo para longe da minha mãe e comecei a fazer descobertas. Achei conchas do mar. Uma delas me conduzia a outra, havia um número ilimitado de conchas. De repente, fiquei com muito medo, e hoje posso entender o que aconteceu: fiquei interessada em descobrir o mundo e esqueci de mamãe. Agora entendo que isso ocasionou em mim a ideia de que mamãe havia se esquecido de mim. Dei a volta e saí correndo para mamãe – ela estava lá, talvez a poucos metros. Ela me pegou no colo e deu-se início ao processo de restabelecimento da minha relação com ela. Eu provavelmente parecia não estar interessada nela, porque preciso de tempo para me sentir restabelecida e me livrar da sensação de pânico. Aí, de repente, mamãe me pôs no chão de novo."
>
> A paciente está em análise, reconectando-se com o episódio, e, com base no trabalho realizado na análise, pôde acrescentar: "Agora sei o que aconteceu. Até agora, passei minha vida toda esperando ser capaz de alcançar o estágio seguinte – se minha mãe não tivesse me posto no chão, eu teria lhe dado um abraço, e rompido em lágrimas, lágrimas de alegria e felicidade. Do jeito como aconteceu, nunca mais encontrei minha mãe".

Ao se referir ao incidente, entende-se que, com base em memórias superpostas de situações semelhantes, a paciente também estava se referindo a um padrão desse tipo de situação. O importante nesse exemplo é que ele mostra a maneira delicada com que, se tudo vai bem, a confiança da criança no caminho de volta é reconstruída. Esse tema é explorado nos três volumes da autobiografia de Richard Church, principalmente no último. Ao observarmos uma criança de dois anos, podemos perceber a ocorrência de idas e vindas que acarretam poucos riscos; no entanto, se falharem, alterarão a vida inteira dela. Os vários membros da família têm vários papéis a desempenhar, e as crianças vão se utilizando deles para fazer com que suas experiências abranjam um campo cada vez mais vasto na qualidade de idas e vindas.

Dessa forma, é frequente uma criança ser muito diferente no lar e na escola. É comum que ela se empolgue na escola com a descoberta de coisas novas, de aspectos até então desconhecidos de uma realidade que acabou de perceber, ao passo que, em casa, ela seja conservadora, reclusa, dependente, propensa ao pânico, protegida da crise pela adaptação sensível da mãe ou de pessoas próximas. O contrário também pode ocorrer, mas talvez seja menos normal. Assim, é mais provável que apareçam dificuldades quando a criança está cheia de confiança na escola, em relação a alguma pessoa ou ao meio, enquanto em casa se mostra irritadiça, inconstante e independente, mas de modo prematuro. Isso pode acontecer quando não existe espaço para a criança ser dentro de casa, ou quando um segundo filho passa a ser o filho do meio, no caso de três crianças, de modo que ela perde em todos os sentidos, até que alguém perceba que houve alteração em seu temperamento – até que percebam que, mesmo em uma boa família, tornou-se uma criança deprivada.

2. A CRIANÇA NO GRUPO FAMILIAR

LEALDADE E DESLEALDADE

Gostaria de elaborar um pouco mais o tema da família em relação ao tema do indivíduo em desenvolvimento. Entre os muitos aspectos desse fenômeno, que apresenta diversas facetas, eu preferiria falar dos conflitos de lealdade que são inerentes ao desenvolvimento infantil.

Em termos mais simples, o problema pode ser assim explicado: há grande diferença entre a criança que se afastou da mãe e chegou até o pai e fez a viagem de volta, e a criança que jamais vivenciou essa experiência.

Numa linguagem mais sofisticada, a criança não está equipada, nos primeiros estágios, para conter o conflito dentro do self. Trata-se de algo que deixamos a cargo do assistente social, e sabemos a pressão que isso exerce sobre adultos maduros quando têm de conter – durante um certo período de tempo, no contexto desse tipo de trabalho – os conflitos inerentes a cada um de seus casos. O assistente social dá mais importância à contenção do caso como um todo do que a qualquer outra ação específica direcionada aos indivíduos que compõem o grupo em questão.

A criança imatura precisa de uma situação na qual não se espere lealdade, e é na família que esperamos encontrar tolerância em relação ao que parece ser um ato desleal, mas que talvez seja apenas parte do processo de crescimento.

Uma criança se dirige a um relacionamento com o pai e, ao fazê-lo, desenvolve uma atitude para com a mãe que corresponde ao relacionamento com o pai. Ela não só vê a mãe objetivamente, a partir do lugar do pai, como também desenvolve com o pai uma espécie de relação apaixonada que envolve ódio e medo da mãe. É perigoso voltar para a mãe quando se está nessa posição. No entanto, algo foi se construindo aos poucos, e a criança volta para a mãe; nessa reorientação familiar, ela vê o pai com objetividade e os sentimentos da criança envolvem ódio e medo.

Esse tipo de coisa persiste como uma experiência de vaivém na vida diária da criança em casa. É claro que não precisa ser a relação pai-mãe; pode ser a experiência de ir e voltar da mãe para a babá, ou pode ser uma tia, uma avó ou uma irmã mais velha. Pouco a pouco, todas essas possibilidades podem ser encontradas e experimentadas na família, e a criança pode se reconciliar com os medos associados a elas. Além disso, ela pode chegar a desfrutar das excitações atreladas a esses conflitos, desde que estas possam ser contidas. Nos jogos, as crianças de uma família expõem todas as tensões e os estresses relativos a esse tipo de experimentação com deslealdades, incluindo até tensões e ciúmes que percebem existir entre os adultos daquele ambiente. Num certo sentido, essa é uma boa maneira de descrever a vida familiar em termos teóricos. Talvez o interesse marcante que as crianças demonstram pela brincadeira de papai e mamãe derive de uma ampliação gradual da vivência de experimentar com certas deslealdades.

Às vezes a chegada de um bebê temporão na família evidencia a importância desses jogos. É claro que o novo bebê não pode aproveitar os jogos dos irmãos e irmãs, que evoluíram para um grau de complexidade indissociável da história compartilhada desses irmãos e irmãs mais velhos. Pode ser que a criança mais nova se envolva de modo mecânico e se sinta severamente eliminada ou aniquilada por seu envolvimento, que não é criativo, pois a criança teria de começar de novo e construir do zero a complexidade das lealdades cruzadas.

Reconheço, é claro, que há características positivas e libidinais nos sentimentos associados ao jogo familiar, mas o conteúdo

2. A CRIANÇA NO GRUPO FAMILIAR

que gera excitação está fortemente ligado às lealdades cruzadas. Nesse sentido, o jogo familiar é um preparo perfeito para a vida.

A escola pode ser uma enorme fonte de alívio para a criança que vive em família. Para aquelas ainda pequenas, que passam a maior parte do tempo brincando, as brincadeiras da escola não são tão básicas, e logo se convertem em jogos que facilitam o desenvolvimento de habilidades específicas. Há aqui uma questão de disciplina grupal que é muito bem-vinda para alguns e muito mal recebida por outros. Uma simplificação bastante precoce, como aquelas frequentemente realizadas pela escola, relativas ao jogo familiar de crianças que vivem em família, deve ser vista como um empobrecimento – pelo menos para aqueles que suportam o jogo familiar e cujas famílias suportam o fato de que as crianças estão brincando de família.

Em comparação, é possível ver que filhos únicos ou crianças solitárias têm tudo a ganhar com uma iniciação precoce em brincadeiras em grupo nas quais, em alguma medida, o brincar pode proporcionar relações interpessoais e lealdades cruzadas criativas.

Por essas e outras razões, não se pode considerar satisfatória nenhuma decisão que venha de cima, no que diz respeito à idade apropriada para uma criança ir para a escola. Nessas questões delicadas, cada caso é um caso, e isso significa que cada comunidade deve disponibilizar a seus membros todos os recursos que estiverem a sua disposição. Na dúvida, o lar é o local que tem a oferecer à criança as experiências mais ricas, mas é necessário estar sempre atento àquelas que, por uma razão ou outra, não podem ser criativas no jogo imaginativo sem passar algumas horas por dia longe da família.

A educação básica pertence à área da experiência infantil que distrai a criança da tarefa de lidar com as complexidades que a vida traz, por meio do aprendizado e da adoção de lealdades específicas, e da aceitação de regras e padrões que acompanham o uniforme escolar. Pode ocorrer de essas condições persistirem durante a adolescência, mas é sempre triste quando constatamos que alguma criança permitiu que isso acontecesse – não importa quão conveniente isso seja do ponto de vista do professor. Espera-se que todas as experimentações e lealdades cruzadas que surgiram criativamente no jogo familiar reapareçam na adolescência de cada criança, com a diferença que desta vez a excitação não vem só dos medos, mas também das experiências libidinais novas e intensas que irrompem na puberdade.

É claro que a família é extremamente valiosa para o jovem ou a jovem adolescente, sobretudo porque ele ou ela passam a maior parte do tempo aterrorizados – o que afeta até sua saúde, já que amor intenso automaticamente gera ódio intenso. Quando a estrutura familiar se mantém, o adolescente pode interpretar o papel dos pais, atuação que serviu de material para o brincar imaginativo na vida familiar no estágio dos dois aos cinco anos de idade.

Parece-me que com frequência se pensa a família em termos de uma estrutura mantida pelos pais, em termos de um modelo conforme o qual as crianças podem viver e crescer. A família é vista como um lugar em que as crianças descobrem sentimentos de amor e ódio, e do qual elas podem esperar simpatia e tolerância, assim como a exasperação que delas decorre. Mas o que venho dizendo tem a ver com a minha sensação de que a parte desempenhada pela criança na função da família, no que diz respeito ao encontro da criança com a deslealdade, vem sendo um pouco subestimada. A família leva a todo tipo de agrupamento, os quais vão se ampliando até atingir o tamanho da sociedade local e da sociedade em geral.

2. A CRIANÇA NO GRUPO FAMILIAR

Na realidade do mundo em que as crianças eventualmente precisarão viver como adultos, toda lealdade envolve algo de natureza oposta, que poderia ser chamado de deslealdade, e a criança que teve a oportunidade de alcançar todas essas coisas durante seu crescimento está em melhores condições de assumir um lugar neste mundo. Se alguém eventualmente voltar no tempo, perceberá que as deslealdades – assim refiro-me a elas – são uma característica essencial do viver, e provêm do fato de que, se alguém tem de ser si mesmo, será desleal a tudo aquilo que não for si mesmo. As mais agressivas, e por isso mais perigosas, palavras em todas as línguas do mundo se encontram na afirmação EU SOU. É preciso admitir, no entanto, que só aqueles que alcançaram o estágio em que é possível fazer essa afirmação estão realmente qualificados para serem membros adultos da sociedade.

3

O APRENDIZADO INFANTIL
[1968]

Falo nesta conferência como ser humano, pediatra, psiquiatra infantil e psicanalista.[1] Ao lançar um olhar para quarenta anos atrás, percebo uma mudança de atitude. Há quarenta anos seria improvável que pessoas envolvidas no ensino religioso pudessem esperar uma contribuição positiva de um psicanalista. Espero que vocês saibam que não fui convidado a comparecer aqui na qualidade de professor de religião, nem mesmo na de cristão, mas sim como alguém com longa experiência num campo limitado, intensamente preocupado com os problemas humanos de crescimento, vida e realização pessoal. O presidente da sua organização disse algo a respeito de eu saber mais do que ninguém sobre o comportamento infantil. Ele deve ter lido isso na contracapa de algum livro! Vocês gostariam que eu contribuísse com o conhecimento de algo mais do que apenas fenômenos superficiais ou do comportamento aparente na estrutura total da personalidade. A palavra "realização" vem à

---

1 Estudo apresentado numa conferência sobre evangelismo familiar, sob os cuidados do Christian Teamwork Institute of Education, no Kingswood College for Further Education, em 5 de junho de 1968.

3. O APRENDIZADO INFANTIL

mente neste momento. Há uma categoria de pessoas que estudam o comportamento infantil e deixam de lado a motivação inconsciente e a relação entre o comportamento e o conflito dentro da pessoa; por essa razão, perdem completamente o contato com quem está ensinando religião – acho que é isso que o presidente de vocês queria dizer: que estou interessado no desenvolvimento do ser humano no contexto familiar e social.

Tendo sido criado como um metodista wesleyano, cresci, se não na prática religiosa da Igreja, então a partir dela, e sempre fiquei muito contente com o fato de que minha educação religiosa tenha permitido que eu me desenvolvesse em outras direções. Sei que estou falando para uma audiência esclarecida, para quem religião não se resume a ir à igreja todos os domingos. Eu diria que aquilo que comumente se denomina religião surge da natureza humana, embora alguns pensem que a natureza humana foi resgatada da barbárie por uma revelação que veio de fora dela.

Tendo decidido que o saber psicanalítico pode dar alguma contribuição positiva ao ensino religioso e mesmo à prática da religião, há uma série de assuntos de grande importância que poderemos discutir juntos. Vocês precisam de milagres nesta época de observação próxima, objetiva? Precisam sustentar o vício na ideia de vida após a morte? Precisam disseminar o mito entre os cidadãos de pensamento de segunda classe? Precisam continuar roubando a criança, o adolescente ou o adulto de sua bondade inata, inculcando-lhe moralidade?

Preciso me restringir a um único assunto para me ater ao horário e à área limitada de minha experiência específica. Acredito ter sido convidado para vir aqui hoje por causa de algo que cheguei a dizer a respeito da capacidade que uma criança tem de acreditar *em*. Isso deixa em aberto a questão daquilo que se coloca no fim da frase. O que estou fazendo é separar experiência de vida e educação. Na educação, é possível transferir para a criança as crenças que têm significado para vocês e que pertencem à pequena área cultural ou religiosa na qual vocês casualmente nasceram ou a qual aconteceu de escolherem como alternativa à primeira situação. Mas o sucesso a ser obtido depende da capacidade que a criança tem de crer – no que quer que seja. O desenvolvimento dessa capacidade não envolve a educação, a menos que se amplie o sentido dessa palavra para além de seu significado normal. É uma questão de experiência de desenvolvimento do indivíduo quando era bebê e criança, no que diz respeito aos cuidados que recebeu. A mãe entra em jogo aqui, e talvez também o pai e os demais que compartilham o ambiente imediato do bebê – inicialmente, no entanto, é a mãe.

Vocês vão perceber que as coisas para mim são sempre uma questão de crescimento e desenvolvimento. Nunca penso no estado de uma pessoa aqui e agora, a não ser em relação ao ambiente circundante e ao crescimento dela desde sua concepção e certamente desde a época do nascimento.

O bebê nasce com tendências herdadas que o impulsionam impetuosamente para um processo de crescimento. Isso inclui a tendência à integração da personalidade, à totalidade da personalidade em corpo e mente e à relação de objeto, que aos poucos se torna uma questão de relação interpessoal, à medida que a criança cresce e percebe a existência de outras pessoas. Tudo isso vem de dentro do menino ou da menina. Esses processos de crescimento, contudo, não podem se efetivar sem um ambiente facilitador, sobretudo no início, quando há uma condição de dependência quase absoluta. O ambiente facilitador requer uma qualidade humana, e não uma perfeição mecânica, de modo que a expressão "mãe suficientemente boa"

3. O APRENDIZADO INFANTIL

me parece atender às necessidades de uma descrição daquilo que a criança precisa, se os processos de crescimento herdados se tornarem uma realidade no desenvolvimento dessa criança específica. No início, a totalidade do processo de desenvolvimento decorre das tendências herdadas, absolutamente vitais, em direção ao desenvolvimento – à integração, ao crescimento, àquilo que um dia faz a criança querer andar, e assim por diante. Se houver uma provisão ambiental suficientemente boa, isso de fato se verifica na criança. Porém, se o ambiente facilitador não for suficientemente bom, interrompe-se o curso da vida, e as tendências herdadas, muito poderosas, não levam a criança à realização pessoal.

Uma mãe suficientemente boa começa com alto grau de adaptação às necessidades do bebê. É este o significado de "suficientemente boa": a imensa capacidade que as mães normalmente têm de se dedicarem à identificação com o bebê. Quando a gravidez está chegando ao fim, e no início da vida do bebê, elas estão tão identificadas com seu bebê que praticamente sabem como ele está se sentindo e buscam se adaptar às necessidades dele, para que tais necessidades sejam satisfeitas. Em termos de seu desenvolvimento, o bebê está em posição de dar continuidade ao seu crescimento, o que marca o início da saúde. A mãe está estabelecendo a base para a saúde mental do bebê – mais do que para a saúde, para a realização e a riqueza, com todos os perigos e conflitos que elas acarretam, com todo o incômodo e a falta de jeito característicos do crescimento e do desenvolvimento.

Assim, a mãe – e também o pai, ainda que ele não tenha o mesmo relacionamento físico no início – é capaz de se identificar com o bebê sem hesitações e de se adaptar às necessidades dele. A esmagadora maioria dos bebês do mundo, nos últimos milhares de anos, tem tido uma maternagem suficientemente boa; se não fosse assim, o mundo estaria mais cheio de loucos do que de pessoas sãs – e não é isso que acontece. Para certas mulheres, essa identificação com o bebê representa uma ameaça; elas ficam com receio de jamais recuperar a individualidade, e por causa dessa ansiedade há algumas que acham difícil, no início, dedicar-se a esse extremo de adaptação.

É óbvio que as figuras maternas atendem às necessidades instintivas do bebê. Mas esse lado da relação entre os pais e seus bebês foi por demais enfatizado nos primeiros cinquenta anos da literatura psicanalítica. O mundo psicanalítico levou muito tempo – e o pensamento sobre o desenvolvimento infantil tem sido extremamente influenciado pelos últimos sessenta e poucos anos de pensamento psicanalítico – para observar, por exemplo, a importância do modo como se segura um bebê no colo; no entanto, pensando agora, isso é fundamental. Vocês poderiam fazer uma caricatura de alguém fumando um cigarro e segurando um bebê pela perna, balançando-o e enfiando-o na banheira – todo mundo sabe que não é disso que os bebês precisam. Há pontos muito sutis aqui. Já observei e conversei com milhares de mães, não é difícil notar como elas pegam o bebê, sustentando a cabeça e o corpo. Se você tomar o corpo e a cabeça de um bebê nas mãos e não pensar que constituem uma unidade, e aí tentar apanhar um lenço ou qualquer outra coisa, pronto: a cabeça vai para trás e a criança se divide em duas partes – cabeça e corpo. A criança começa a chorar muito e nunca mais vai se esquecer disso. A coisa terrível é que nada é esquecido, nunca. Então a criança sai pelo mundo com falta de confiança. Acho que é certo dizer que crianças pequenas e bebês não se lembram de quando tudo saiu bem, mas se lembram quando as coisas caminharam mal, pois de repente lhes vem a memória de que a continuidade de sua vida

3. O APRENDIZADO INFANTIL

foi perturbada, de que sua cabeça caiu para trás ou coisa semelhante, e foram acionadas todas as defesas, e elas reagiram a isso – um acontecimento muito doloroso, algo que nunca vão perder de vista. E elas têm de lidar com isso, e, caso isso constitua o padrão dos cuidados que lhes são dispensados, consolida-se como desconfiança em relação ao ambiente.

Se as coisas correram bem, as crianças nunca agradecem, por não terem conhecimento desse fato. Há na família uma grande área de débito não reconhecido, que não é débito algum. Ninguém deve nada, mas ninguém atinge uma maturidade estável na idade adulta se alguém não tivesse se encarregado dele ou dela nas etapas iniciais.

Essa questão de segurar no colo e manusear traz à baila toda a questão da confiabilidade humana. Um computador não poderia fazer o tipo de coisa a que estou me referindo; tem de ser confiabilidade *humana* (ou seja, na verdade, inconfiabilidade). Durante o desenvolvimento da adaptação, a grande adaptação materna ao bebê vai aos poucos diminuindo. Como consequência, o bebê começa a ficar frustrado e com raiva, e precisa se identificar com ela. Recordo-me de um bebê de três meses que, ao ser levado ao seio, colocava a mão na boca da mãe para alimentá-la antes de começar a mamar. Ele conseguia ter uma ideia daquilo que sua mãe estava sentindo.

A criança pode manter viva a ideia de um pai, de uma mãe ou de uma babá por muitos minutos, mas, se a mãe fica fora durante duas horas, então a *imagem* dela que o bebê tem dentro de si esmaece e começa a morrer. Quando volta, a mãe é outra pessoa. É difícil manter viva a *imagem* dentro de si. Durante mais ou menos dois anos, a criança reage muito mal à separação. Aos dois anos, já conhece seus pais bem o suficiente para ser capaz de se interessar não apenas por um objeto ou uma situação, mas também por uma pessoa real. Aos dois anos, a criança precisa da mãe, por exemplo, se tiver que ir ao hospital. Entretanto, o bebê sempre necessita da estabilidade ambiental que facilita a continuidade da experiência pessoal.

Aprendo muito não somente observando crianças e falando com mães, mas igualmente tratando pessoas já adultas; todas elas se tornam bebês e crianças ao longo do tratamento. Preciso fingir ser mais adulto do que sou para lidar com isso. Tenho uma paciente que está hoje com 55 anos. Ela pode manter viva minha *imagem* se me vir três vezes por semana. Duas vezes está no limite do aceitável. Uma vez por semana, mesmo que seja uma sessão bem prolongada, não é suficiente. A *imagem* esmaece. É tão grande a dor de ver todos os sentimentos e todo o significado se esvaindo que ela me diz que não vale a pena, que é melhor morrer. Portanto, o padrão de tratamento deve depender da forma como se mantém viva a *imagem* da figura parental. Quando alguém está realizando algo profissionalmente confiável, não há como fugir de se tornar uma figura parental. Imagino que quase todos vocês estejam envolvidos em algum tipo de atividade profissionalmente confiável, e nessa área limitada vocês se comportam muito melhor do que em casa, e seus clientes dependem de vocês e podem contar com vocês.

Atos de confiabilidade humana estabelecem comunicação muito antes de o discurso verbal adquirir significado – a postura da mãe enquanto nina a criança, o tom e o som de sua voz, tudo isso é comunicado muito antes que se compreenda sua fala.

Somos pessoas que creem. Estamos aqui nesta sala ampla e ninguém está preocupado com a possibilidade de o teto desmoronar. Acreditamos no arquiteto. Acreditamos porque alguém nos proporcionou um bom início. Em determinado período da vida, recebemos a comunicação silenciosa de que éramos ama-

3. O APRENDIZADO INFANTIL

dos, no sentido de que podíamos confiar na provisão ambiental e, assim, continuar com nosso crescimento e desenvolvimento.

A criança que não experimentou o cuidado pré-verbal, em termos do segurar no colo e do manuseio – confiabilidade humana –, é uma criança deprivada. A única coisa que pode ser aplicada de modo lógico a uma criança assim é o amor, amor relacionado ao segurar no colo e ao manuseio. É difícil fazer isso quando ela é mais velha, mas podemos tentar, como na provisão de cuidados domésticos. A dificuldade provém da necessidade que a criança tem de testar e de verificar se esse amor; esse segurar no colo; esse manuseio pré-verbal e assim por diante aguentam a destrutividade ligada ao amor primitivo. Quando tudo vai bem, a destrutividade fica sublimada em ações como comer, chutar, brincar e competir. No entanto, a criança se encontra justamente nesse estágio muito primitivo: encontrei alguém para amar, e o que se segue é a destruição. Se você sobrevive a isso, então surge a *ideia* da destruição. Mas antes de tudo existe a destruição, e se você começa a amar uma criança que não foi amada nesse sentido pré-verbal, pode ser que se veja em apuros. Talvez você seja roubado; as janelas, quebradas; o gato, torturado, entre outras coisas terríveis. E você deve sobreviver a isso tudo. Será amado por ter sobrevivido.

Por que será que, se me dirijo a vocês daqui de cima e afirmo que tive um bom começo, pareço estar me vangloriando? O que estou dizendo é que nada do que sou capaz é meu mesmo; ou foi herdado, ou outra pessoa me capacitou a chegar aonde estou. Isso soa como ostentação porque me é impossível, como ser humano, acreditar que não fui eu que escolhi meus pais. E aí eu digo: fiz a escolha certa, não sou esperto? Pode parecer bobo, porém estamos lidando com a natureza humana e, em questões relativas ao crescimento e ao desenvolvimento humanos, precisamos estar prontos para aceitar paradoxos; é possível conciliar aquilo que observamos como verdade e aquilo que sentimos. Paradoxos não existem para serem resolvidos, e sim para serem observados. É nesse ponto que começamos a nos sentir divididos em dois campos. Precisamos observar o que sentimos e, ao mesmo tempo, usar nosso cérebro para descobrir o que é isso que nos provoca sentimentos. Vamos adotar minha sugestão de que a totalidade da expressão de amor (pré-verbal) em termos de segurar no colo e manusear é de importância vital para cada bebê em desenvolvimento.

Então, com base no que foi experimentado por um indivíduo, poderíamos ensinar, digamos, o conceito de braços eternos. Podemos usar a palavra "Deus" e formar um vínculo específico com a doutrina e a Igreja cristã, mas isso envolve a passagem por uma série de etapas. O ensinar aparece como uma função daquilo em que cada criança particular tem a capacidade de acreditar. Se, no caso do ensino moral, assumimos a postura de tratar certos atos como pecaminosos, até que ponto podemos nos assegurar de não estar roubando a capacidade de a criança em crescimento chegar, *por si mesma*, a um senso pessoal de certo e errado, com base em seu próprio desenvolvimento? Pode-se roubar um momento importantíssimo das pessoas quando elas estão expressando: "Sinto um impulso para fazer isso e aquilo, mas também...", e aí chegam a alguma fase pessoal de desenvolvimento que poderia ter sido interrompida se alguém houvesse dito: "Não faça nada disso, porque está errado". Então, ou elas vão acatar, o que caracteriza uma desistência, ou vão desafiar – situação em que ninguém sai ganhando e não há crescimento.

Do meu ponto de vista, o que vocês ensinam só pode ser implantado sobre capacidades que já estão presentes na criança,

3. O APRENDIZADO INFANTIL

fundadas em experiências da primeira infância e na continuidade de um segurar confiável, no sentido de um círculo familiar, escolar e social cada vez mais amplo.

4

A IMATURIDADE DO ADOLESCENTE
[1968]

OBSERVAÇÕES PRELIMINARES

Minha abordagem em relação a este assunto tão vasto deriva de minha experiência específica.[1] Minhas eventuais observações são moldadas na matriz da atitude psicoterapêutica. Como psicoterapeuta, costumo pensar em fatores como:

- o desenvolvimento emocional do indivíduo;
- o papel desempenhado pela mãe e pelos pais;
- a família como uma evolução natural em termos das necessidades da infância;

---

[1] Trabalho apresentado na 21ª reunião anual da British Student Health Association, em Newcastle upon Tyne, 18 de julho de 1968. Uma versão deste texto foi publicada com o título "Conceitos atuais do desenvolvimento adolescente e suas implicações para a educação em nível superior", capítulo 11 do livro *O brincar e a realidade* (trad. Breno Longhi. São Paulo: Ubu Editora, 2019). Nesta edição, realizamos alguns ajustes na tradução de Paulo Sandler para manter a unidade entre as versões, mas respeitamos o estilo de cada tradutor. [N.E.]

4. A IMATURIDADE DO ADOLESCENTE

- o papel da escola e de outros agrupamentos vistos como extensão da ideia da família e como alívio dos padrões estabelecidos pela família;
- o papel especial da família em relação às necessidades dos adolescentes;
- a *imaturidade do adolescente*;
- a conquista gradativa da maturidade na vida do adolescente;
- a conquista individual de uma identificação com grupos sociais e com a sociedade, sem uma perda grande demais da espontaneidade individual;
- a estrutura da sociedade, entendida aqui como substantivo coletivo; sociedade como uma entidade composta de unidades individuais, maduras ou não;
- as abstrações da política, da economia, da filosofia e da cultura como a culminação dos processos naturais de crescimento;
- o mundo como uma sobreposição de centenas de milhões de padrões individuais, todos imbricados.

A dinâmica é o processo de crescimento, que é herdado por cada indivíduo. Pressupomos aqui um ambiente facilitador suficientemente bom, condição *sine qua non* para o início do crescimento e do desenvolvimento individuais. Existem genes que determinam padrões e tendências hereditárias para o crescimento e para o alcance da maturidade; contudo, todo crescimento emocional ocorre em relação com a provisão ambiental, que precisa ser suficientemente boa. É necessário destacar que a palavra "perfeito" não cabe nessa definição. A perfeição é própria das máquinas, e as imperfeições características da adaptação humana às necessidades constituem uma qualidade essencial de um ambiente facilitador.

A ideia de *dependência individual* é um aspecto elementar disso tudo; no início, ela é quase absoluta e transforma-se de maneira gradativa e ordenada em uma dependência relativa e encaminhando-se para a independência. Esta, no entanto, jamais será absoluta, e o indivíduo visto como unidade autônoma não é, na realidade, independente do ambiente – embora existam na maturidade maneiras de ele se *sentir* livre e independente, capaz de atingir a felicidade e uma identidade pessoal. Por meio das identificações cruzadas, a linha nítida que separa o eu e o não eu fica borrada.

Até o momento, o que fiz foi enumerar diversas seções de uma enciclopédia da sociedade humana, nos termos da eterna ebulição na superfície do caldeirão do crescimento individual, observado coletivamente e reconhecido como dinâmico. O que cabe a mim abordar aqui é uma parcela limitada desse processo, e por isso considero importante que o que vou dizer seja situado em relação ao vasto pano de fundo da humanidade – a qual pode ser vista de muitas maneiras diferentes, olhando pelos dois lados do telescópio.

Doença ou saúde?

No momento em que deixo de lado as amenidades e falo de modo mais específico, vejo-me obrigado a incluir isto ou rejeitar aquilo. Um bom exemplo é o tema da doença psiquiátrica pessoal. A sociedade é composta de todos os seus membros individuais. A estrutura social é construída e mantida por seus membros psiquiatricamente saudáveis. Entretanto, ela abarca também os que são ou estão doentes, como:

- os imaturos (em termos de idade);
- os psicopáticos (produto final da deprivação – pessoas que, *quando têm esperança*, têm de levar a sociedade a reconhe-

4. A IMATURIDADE DO ADOLESCENTE

cer a realidade de sua deprivação, seja de um objeto bom ou amado, seja de uma *estrutura* satisfatória, com a qual se pode contar para resistir às dificuldades surgidas do movimento espontâneo);
- os neuróticos (atormentados por motivações inconscientes e ambivalência);
- as pessoas de gênio instável (oscilando entre o suicídio e alguma alternativa, que pode incluir as mais altas realizações, em termos de contribuição);
- os esquizoides (que já têm um trabalho para a vida inteira, a saber, o estabelecimento deles mesmos, cada um como um indivíduo com senso de identidade e realidade próprias);
- os esquizofrênicos (que, ao menos durante os surtos, não conseguem se sentir reais e chegam, na melhor das hipóteses, a alcançar um senso de realidade vivendo por tabela).

A esses, temos que acrescentar a categoria mais incômoda, que inclui muitas pessoas que assumem posições de autoridade ou responsabilidade: os paranoides, isto é, aqueles que são dominados por um sistema de pensamento. O indivíduo nessa condição precisa constantemente provar que esse sistema explica tudo, e quando isso não é possível verifica-se uma confusão aguda de ideias, uma sensação de caos e a perda de qualquer previsibilidade.

Existe um grau de sobreposição em qualquer descrição de doença psiquiátrica. As pessoas não se encaixam perfeitamente em conjuntos de doenças. É por isso que médicos e cirurgiões sentem tanta dificuldade em entender a psiquiatria. Eles dizem: "Você tem a doença e nós temos (ou teremos, em um ou dois anos) a cura". Nenhum rótulo psiquiátrico se mostra satisfatório, menos ainda o rótulo de "normal" ou "saudável".

Poderíamos observar a sociedade em termos da doença e considerar como seus membros doentes, de uma forma ou de outra, demandam atenção; podemos observar como conjuntos de doenças, que têm início nos indivíduos, colorem a sociedade; ou, ainda, podemos examinar os modos como as famílias e as unidades sociais podem produzir indivíduos psiquiatricamente saudáveis, mas que em algum momento específico foram distorcidos e incapacitados pela unidade social a que pertencem.

Escolhi não analisar a sociedade dessa maneira, preferindo encará-la *a partir de sua saúde*, ou seja, do crescimento e do eterno rejuvenescimento que emana naturalmente da saúde de seus membros psiquiatricamente saudáveis. Digo isso sabendo que por vezes a proporção de membros não saudáveis em um grupo é tão grande que, mesmo somando toda a sua saúde, os elementos saudáveis não conseguem absorvê-los. Nesses casos, a unidade social torna-se ela própria uma vítima psiquiátrica.

Pretendo, portanto, observar a sociedade como se fosse composta de pessoas psiquiatricamente saudáveis. Ainda assim, a sociedade já enfrenta problemas suficientes. Mais que suficientes!

É preciso destacar que não usei a palavra "normal". Esse termo denota um pensamento simplista. Acredito, no entanto, que existe algo como a saúde psiquiátrica, o que significa que é justificável estudar a sociedade (como outros fizeram antes de mim) como uma declaração coletiva do crescimento individual rumo à realização pessoal. Adoto o seguinte axioma: uma vez que não há sociedade, exceto como estrutura criada, mantida e constantemente reconstruída pelos indivíduos, não há realização pessoal sem sociedade nem sociedade desligada dos processos de crescimento coletivo dos indivíduos que a compõem. Precisamos aprender a deixar de procurar pelo cidadão global e nos contentar em encontrar, aqui e ali, pessoas cuja unidade

4. A IMATURIDADE DO ADOLESCENTE

social se estende para além da versão local da sociedade, superando o nacionalismo e os limites das seitas religiosas. Na verdade, precisamos aceitar o fato de que a saúde e a realização pessoal das pessoas psiquiatricamente saudáveis dependem da lealdade a uma área delimitada da sociedade – talvez o clube de boliche local. E por que não? Se insistirmos em procurar Gilbert Murray[2] por toda parte, só vamos nos frustrar.

Tese principal

Uma definição positiva de minha tese me conduz de imediato às tremendas mudanças que ocorreram nos últimos cinquenta anos no que diz respeito à importância da maternagem suficientemente boa. Isso inclui os pais, mas estes devem me permitir o uso da palavra "maternal" para descrever a atitude global em relação aos bebês e ao cuidado que lhes é dispensado. O termo "paternal", surge necessariamente um pouco mais tarde do que o termo "maternal".

Como pessoa do sexo masculino, o pai se torna gradativamente um fator significativo. Depois vem a família, cuja base é a união entre pais e mães ao compartilharem a responsabilidade pelo que criaram juntos, aquilo que chamamos de um novo ser humano: um bebê.

Permitam-me mencionar a provisão maternal. Hoje sabemos que é importante a maneira como o bebê é segurado e manuseado, que também importa saber quem é o responsável pelos cuidados dele – se é a mãe ou outra pessoa. Em nossa teo-

---

2   Gilbert Murray (1866-1957), erudito de Oxford conhecido por suas atividades pró-exilados. [N.T.]

ria sobre os cuidados da criança, a continuidade do cuidado se tornou uma característica central do conceito de ambiente facilitador. É unicamente pela continuidade da provisão ambiental que o novo bebê em estado de dependência pode ter continuidade ao longo de sua vida, e não um padrão de reação ao imprevisível e de recomeços constantes.³

Refiro-me aqui ao trabalho de Bowlby: a reação da criança de dois anos de idade à perda (mesmo que temporária) da figura da mãe, caso a duração da separação ultrapasse a capacidade de o bebê manter viva sua imagem. Seu trabalho obteve aceitação geral, ainda que mereça uma exploração mais profunda.⁴ A ideia que subjaz a esse estudo se estende à questão da continuidade dos cuidados e remonta ao início da vida pessoal do bebê, antes mesmo de ele perceber objetivamente a mãe por inteiro, como a pessoa que ela é.

Outra característica: como psiquiatras de crianças, não nos preocupamos apenas com a saúde. Gostaria de poder dizer o mesmo sobre a psiquiatria como um todo. Estamos preocupados com a riqueza da felicidade que se desenvolve na saúde e que *não se desenvolve* na doença psiquiátrica, mesmo quando os genes poderiam levar a criança em direção à realização pessoal.

Olhemos para o estado das favelas e para a pobreza não somente com horror, mas também atentos à possibilidade de que, para um bebê ou uma criança pequena, uma família da favela possa ser um ambiente facilitador mais seguro e "bom" do que uma família com uma casa bonita e que esteja resguardada dos

---

3   "Joana Field" (M. Milner), *A Life of One's Own*. London: Chatto & Windus, 1934; Harmondsworth: Penguin Books, 1952.
4   John Bowlby, *Attachment and Loss*. London: Hogarth Press, 1969; New York: Basic Books, 1969; Harmondsworth: Penguin Books, 1971.

4. A IMATURIDADE DO ADOLESCENTE

males comuns.[5] Também podemos sentir que vale a pena levar em conta as diferenças essenciais entre os grupos sociais em termos de padrões e costumes. Considere, por exemplo, a prática do cueiro, em contraste com a permissão dada ao bebê para explorar e chutar, como ocorre quase universalmente na sociedade britânica. Qual é a atitude local em relação à chupeta, ao hábito de chupar o dedo e aos exercícios autoeróticos em geral? Como as pessoas reagem às incontinências naturais dos primeiros anos de vida e sua relação com a continência? E assim por diante. A fase de Truby King ainda está em via de ser superada por adultos que tentam dar a seus bebês o direito de descobrir uma moralidade pessoal, e podemos entender isso como uma reação à doutrinação que os lança ao outro extremo, da permissividade extrema. Deve ficar claro que as diferenças entre os cidadãos brancos e negros, nos Estados Unidos, tem mais a ver com o aleitamento materno do que com a cor da pele. É incalculável a inveja das pessoas brancas, alimentadas com mamadeira, em relação às negras, que acredito que sejam, em sua maioria, amamentadas no peito.

Estou preocupado com a motivação inconsciente, um conceito não inteiramente popular. Os dados de que necessito não podem ser coletados por meio do preenchimento de questionários. Não é possível programar computadores para decifrar as motivações inconscientes dos indivíduos que fazem as vezes de cobaias da pesquisa. É por isso que pessoas que passaram a vida fazendo psicanálise devem clamar em favor da sanidade, contra a crença insana em fenômenos superficiais característicos da investigação computadorizada dos seres humanos.

---

5 Superpopulação, fome, infestações, ameaça constante de doenças físicas, de desastres e das leis promulgadas por uma sociedade benevolente.

Mais confusão

Outra fonte de confusão é a suposição simplista de que, se pais e mães criarem bem seus filhos, haverá menos problemas. Longe disso! E isso é fundamental para meu tema, pois implica que, quando olhamos para a adolescência, fase em que os sucessos e fracassos do cuidado com o bebê e com a criança vêm à tona, alguns dos problemas que atualmente enfrentamos estão ligados aos elementos positivos da educação moderna dos filhos e das atitudes modernas referentes aos direitos do indivíduo.

Se você fizer tudo o que pode para promover o crescimento pessoal de seus filhos, terá de ser capaz de lidar com resultados surpreendentes. Caso seus filhos consigam se encontrar na vida, não vão se contentar senão em encontrar a totalidade de si mesmos, e isso vai incluir agressividade e os elementos destrutivos, assim como elementos que podem ser rotulados como amáveis. Será longa a rixa a que vocês terão de sobreviver.

Com alguns filhos, vocês terão sorte se seus cuidados permitirem que eles desde cedo usem símbolos, brinquem, sonhem, sejam criativos de formas que os satisfaçam – mesmo assim, o caminho até esse ponto pode ser difícil. De qualquer modo, vocês vão cometer erros, que serão vistos e sentidos como desastrosos, e seus filhos se esforçarão para que vocês se sintam responsáveis pelos reveses mesmo quando não forem. Eles simplesmente dizem: eu não pedi para nascer.

A recompensa vem na forma da riqueza que vai se revelando aos poucos no potencial de cada menino ou menina. Se você for bem-sucedido, esteja preparado para sentir inveja de seus filhos, que tiveram oportunidades de desenvolvimento pessoal melhores que as suas. Você vai se sentir recompensado se um dia sua filha lhe pedir que cuide do bebê dela, sinalizando por meio do pedido que o acha capaz de fazer isso de modo satisfatório, ou se de alguma maneira seu filho quiser ser igual a você, ou se apaixonar por uma garota de quem você próprio teria gostado se fosse mais jovem. As recompensas chegam *indiretamente*. E é claro que você sabe que não será agradecido por nada disso.

MORTE E ASSASSINATO NO PROCESSO DO ADOLESCENTE

Agora vou retomar essas questões, uma vez que elas afetam a tarefa dos pais quando as crianças estão na puberdade, ou no auge das angústias da adolescência.

Mesmo que se esteja publicando muito acerca dos problemas individuais e sociais que apareceram nesta década, sempre que os adolescentes tenham liberdade para se expressar, ainda sobra espaço para um comentário pessoal sobre o conteúdo das fantasias adolescentes.

Com a chegada da adolescência, meninos e meninas saem de maneira irregular e desajeitada da infância e da dependência, tateando em busca do status adultos. Crescer não depende apenas de tendências herdadas; mas é um entrelaçamento complexo com o ambiente facilitador. Se ainda puder ser usada, a família o será em larga medida. Se a família não estiver mais disponível, nem que seja para ser dispensada (uso negativo), então é necessária a provisão de pequenas unidades sociais a fim de conter o processo de crescimento do adolescente. Na puberdade, ressurgem os problemas que estiveram presentes nos primeiros estágios da vida, quando essas mesmas crianças eram bebês ou criancinhas relativamente inofensivas. Vale notar que não é por ter procedido bem no início, ou por estar procedendo bem mesmo agora, que será possível contar com um funcionamento tranquilo da máquina. Na verdade, vocês podem ter certeza de que haverá problemas. Certos problemas são inerentes a esses estágios posteriores.

É muito útil comparar as ideias da adolescência com as da infância. Se a *morte* está presente na fantasia característica do crescimento primitivo, então na fantasia adolescente é o *assassinato* que ganha terreno. Mesmo quando o crescimento no período da puberdade avança sem grandes crises, talvez seja preciso lidar com problemas graves de manejo, pois crescer significa assumir o lugar dos pais. *É isso mesmo.* Na fantasia inconsciente, crescer é, em si, um ato de agressão. E a criança não tem mais o tamanho de uma criança.

Acredito que seja tanto útil como legítimo analisar o jogo "Eu sou o Rei do Castelo", que diz respeito ao elemento masculino em meninos e meninas (o tema também poderia ser apresentado em termos do elemento feminino em meninas e meninos, mas não há espaço para fazer isso aqui). Ele data do início do período de latência, e na puberdade transforma-se em uma situação de vida.

"Eu sou o Rei do Castelo" é uma afirmação da existência pessoal. É uma conquista do crescimento emocional do indivíduo. É uma posição que implica a morte de todos os rivais ou o estabelecimento da dominância. As seguintes palavras demonstram o ataque esperado: "E você é um velho banguelo!" (ou "Desce daqui, seu velho banguelo").[6] Nomeie seu rival e saberás quem és. E o sujeitinho em questão logo derruba o rei e torna-se ele mesmo rei. Peter e Iona Opie (1951) referem-se a esse verso.

---

6   Ver capítulo 3 da parte I, nota 3, p. 65. [N.E.]

4. A IMATURIDADE DO ADOLESCENTE

Segundo esse casal de folcloristas, o jogo é antiquíssimo, e Horácio (20 a.C.) registra estas palavras das crianças:

Rex erit qui recte faciet;
Qui non facient, non erit.[7]

Não há razão para pensar que a natureza humana se alterou. Mas precisamos ir atrás do que há de duradouro no efêmero. Devemos traduzir esse jogo infantil para a linguagem da motivação inconsciente da adolescência e da sociedade. Para que a criança se torne um adulto terá antes que passar por cima do cadáver de um adulto. (Suponho que o leitor sabe que estou me referindo à fantasia inconsciente, ao material subjacente ao brincar.) É claro que meninos e meninas podem dar um jeito de atravessar essa fase do crescimento estabelecendo uma série de acordos com os pais e sem necessariamente manifestar rebelião em casa. No entanto, é prudente lembrar que a rebelião faz parte da liberdade que vocês deram a seus filhos, quando os criaram para que existissem por si próprios. Poderíamos dizer, em alguns momentos: "Você plantou um bebê e colheu uma bomba". A rigor, isso é sempre verdade, mas esse nem sempre aparenta ser o caso.

A *morte de alguém* está presente nas fantasias inconscientes elaboradas pelo jovem em crescimento durante a puberdade e a adolescência. Boa parte delas pode ser enfrentada por meio de brincadeiras, de deslocamentos e na base de identificações cruzadas; entretanto, na psicoterapia do adolescente (falo como psicoterapeuta), a morte e o triunfo pessoal revelam-se inerentes ao processo de amadurecimento e aquisição do *status*

---

7   Ver capítulo 3 da parte I, nota 4, p. 65. [N.E.]

de adulto. Isso torna tudo mais difícil para pais e tutores. Vocês podem ter certeza de que a situação é difícil também para os adolescentes, que se aproximam com timidez do assassinato e do triunfo constitutivos do amadurecimento nessa fase crucial. Pode ser que o tema inconsciente se manifeste na forma de um impulso suicida, ou mesmo do suicídio em si. Não há muito que os pais possam fazer; o melhor é *sobreviver*, sobreviver mantendo-se intactos, sem mudar sua essência e sem abrir mão de princípios importantes. Isso não quer dizer que eles mesmos não possam crescer.

Parte dos jovens não resiste à adolescência, outra parte amadurece, em termos de sexo e casamento – possivelmente se tornando pais como os próprios pais. Pode ser que isso baste. Mas, por trás disso tudo, está em curso uma luta de vida e morte. A situação perde muito de sua riqueza se o adolescente for bem-sucedido demais em evitar um combate corpo a corpo.

O que me leva ao ponto principal: o difícil aspecto da *imaturidade* do adolescente. Adultos maduros precisam saber disso e precisam acreditar na própria maturidade como nunca antes nem depois.

É difícil dizer essas coisas sem provocar mal-entendidos, pois falar sobre imaturidade pode facilmente soar vulgar. Mas não é essa a intenção.

Uma criança de qualquer idade (digamos, seis anos) pode de repente precisar se tornar responsável, talvez em razão da morte de um dos pais ou do rompimento da família. Uma criança assim pode envelhecer prematuramente e perder a espontaneidade, o brincar e o impulso criativo despreocupado. O mais comum é um adolescente se encontrar nessa posição, ao se ver de repente diante da responsabilidade de votar ou de administrar seus estudos na faculdade. É claro que, se as circunstân-

4. A IMATURIDADE DO ADOLESCENTE

cias se alterarem (por exemplo, em caso de doença ou morte, ou ainda, de dificuldades financeiras), então não é possível evitar convocar o menino ou a menina a se tornar um agente responsável antes da hora; talvez as crianças mais novas demandem cuidados ou educação, ou talvez haja uma necessidade absoluta de dinheiro para viver. É diferente, contudo, quando, como fruto de uma política deliberada, os adultos transferem responsabilidades; realmente, esse ato pode constituir uma espécie de abandono num momento crítico. Em termos do jogo, ou do jogo da vida, vocês abdicam justamente quando o adolescente está a ponto de matá-los. Alguém fica feliz? Sem dúvida, não o adolescente; é ele que agora se torna o *establishment*. Perde-se toda atividade imaginativa, todo esforço de imaturidade. A rebeldia não faz mais sentido e o adolescente que ganha o jogo depressa demais se vê preso na própria armadilha; tem que se tornar um ditador, tem que ficar aguardando ser morto – não por uma nova geração de seus filhos, e sim pelos irmãos. Naturalmente, ele procura controlá-los.

Essa é uma das muitas situações em que a sociedade se coloca em perigo, ao ignorar a motivação inconsciente. Certamente o material diário do trabalho do psicoterapeuta poderia ser aproveitado de alguma maneira por sociólogos e políticos, assim como por pessoas comuns que sejam adultas – ou seja, adultas em sua esfera limitada de influência, mesmo que nem sempre em sua vida privada.

Estou afirmando (dogmaticamente, em função da brevidade) que o adolescente é *imaturo*. A imaturidade é um elemento essencial da saúde na adolescência. Só existe uma cura para a imaturidade – a *passagem do tempo* e o crescimento rumo à maturidade trazida pelo tempo. No fim, essas duas coisas resultam no surgimento de uma pessoa adulta. Tal processo não pode ser apressado nem retardado, ainda que possa ser invadido ou destruído, ou acabar degenerando internamente em doença psiquiátrica.

Penso numa garota que se manteve em contato comigo durante a adolescência. Ela não estava em tratamento. Aos catorze anos, revelava fortes tendências suicidas. Todos os estágios que atravessou foram marcados por poemas. Eis aqui um, bem curto, da época em que ela estava começando a emergir dessa tendência:

> *Se você um dia se machucar, retire sua mão*
> *Prometa não pronunciar aquelas palavras;*
> *E então tome cuidado – ou, amando sem perceber*
> *Verá sua mão se esticar outra vez.*[8]

Portanto, ela está passando da fase suicida para aquela em que há, às vezes, um pouco de esperança. Hoje, aos 23 anos, essa jovem fundou seu próprio lar, começou a descobrir seu lugar na sociedade e tornou-se capaz de depender de seu parceiro. Ela não somente ama seu lar e seu filho, como também conseguiu integrar toda tristeza que cruzou seu caminho e encontrou uma nova maneira de enxergar e se reconciliar com seus pais, sem perder a própria identidade. O passar do tempo fez isso tudo.

Penso num menino que não conseguia se ajustar às restrições de uma escola bastante razoável. Fugiu para o mar, evitando assim ser expulso. Durante alguns anos, exerceu pressão considerável sobre sua mãe, mas ela assumiu responsabilidade

---

[8] No original: *"If once you're hurt – withdraw your hand/ Vow not to speak those words;/ And then beware – or loving unaware/ You'll find your hand outstretched again"*. [N.E.]

4. A IMATURIDADE DO ADOLESCENTE

por ele. Depois de certo tempo, ele voltou atrás e conseguiu ingressar na universidade, na qual se saiu muito bem pelo fato de conhecer línguas de que ninguém jamais ouvira falar. Passou por vários empregos antes de se fixar numa carreira. Acredito que hoje esteja casado, mas minha intenção não é sugerir que o casamento é a solução total – embora frequentemente indique o início de uma socialização. Essas duas histórias são comuns e, ao mesmo tempo, fora do comum.

A imaturidade é uma parte preciosa da experiência adolescente. Nela estão contidas as características mais empolgantes do pensamento criativo, sentimentos novos e desconhecidos, ideias para um modo de vida diferente. A sociedade precisa ser sacudida pelas aspirações daqueles que não são responsáveis. Se os adultos abdicam, os adolescentes tornam-se adultos prematuramente, mas como resultado de um processo falso. Um conselho à sociedade, para o bem dos adolescentes e de sua imaturidade: não permita que eles se apressem em conquistar uma falsa maturidade, transferindo-lhes responsabilidade que ainda não lhes cabe, mesmo que lutem por elas.

Com a garantia de que os adultos não vão abdicar, certamente podemos considerar a disposição do adolescente para se encontrar e determinar o próprio destino como o que há de mais empolgante no mundo ao nosso redor. A ideia que o adolescente faz de uma sociedade ideal nos instiga e estimula, mas a questão central da adolescência é justamente sua imaturidade e falta de responsabilidade. Esse aspecto, o mais sagrado de toda a adolescência, dura apenas alguns anos, e é uma característica que precisa ser perdida à medida que cada indivíduo alcança a maturidade.

O tempo todo lembro a mim mesmo: o que a sociedade está sempre carregando é esse estado de adolescência, e não o rapaz ou a moça que, infelizmente, se transformam em adultos em poucos anos e se identificam de modo muito precoce com algum tipo de estrutura em que novos bebês, novas crianças e novos adolescentes poderão ficar livres para ter visões e sonhos e novos planos para o mundo.

O triunfo advém dessa conquista da maturidade por meio do processo de crescimento. O triunfo não tem relação com a falsa maturidade, baseada na imitação simplista de um adulto. Fatos terríveis se encerram nessa constatação.

A NATUREZA DA IMATURIDADE

É necessário considerar por um momento a natureza da imaturidade. Não podemos esperar que o adolescente tenha consciência de sua imaturidade, ou que conheça as características desse estado. Nem é necessário que nós o entendamos. O que importa é que os desafios da adolescência sejam enfrentados. Mas por quem?

Confesso que sinto estar insultando o assunto ao falar sobre ele. Quanto mais fácil a verbalização, menos efeito se obtém. Imagine alguém dizendo a adolescentes: "A parte mais empolgante de vocês é a imaturidade". Isso seria um exemplo grosseiro de como não enfrentar o desafio dessa fase. Pode ser que a frase "enfrentar o desafio" represente um retorno à sanidade, pois o *entendimento* foi substituído pelo *confronto*. Usa-se aqui a palavra "confronto" para indicar um adulto que se mantém firme e reivindica o direito de ter um ponto de vista pessoal, alguém que pode ter o apoio de outros adultos.

4. A IMATURIDADE DO ADOLESCENTE

Potencial na adolescência

Examinemos que tipo de coisa os adolescentes ainda não alcançaram.

As mudanças da puberdade ocorrem em idades diversas, mesmo em crianças saudáveis. Os rapazes e as moças nada podem fazer além de esperar por elas. E essa espera impõe uma pressão considerável sobre todos, especialmente sobre aqueles cujo desenvolvimento é mais tardio. Estes podem acabar imitando os que se desenvolveram mais cedo, o que por sua vez conduz a um falso amadurecimento, cuja base é a identificação, e não o processo inato de crescimento. De qualquer maneira, a mudança sexual não é a única presente. Existem também um crescimento físico e o desenvolvimento de uma força real; portanto, surge um perigo real que dá novo significado à violência. A força vem acompanhada de astúcia e destreza.

É só com o passar do tempo e com a experiência de vida que o jovem ou a jovem pode gradativamente aceitar a responsabilidade por tudo o que está ocorrendo no mundo da fantasia pessoal. Enquanto isso não acontece, verifica-se uma suscetibilidade extrema de que a agressividade se manifeste como tendência ao suicídio; ou então a agressividade aparece na forma de uma busca por perseguição, que é uma tentativa de sair da loucura de um sistema persecutório delirante. Onde a perseguição é esperada delirantemente, há o risco de que ela seja provocada, numa tentativa de se livrar da loucura e do delírio. Um jovem (ou uma jovem) psiquiatricamente doente, com um sistema delirante bem formado, pode dar início a um sistema de pensamento grupal e levar a episódios baseados na perseguição *provocada*. Uma vez alcançada a deliciosa simplificação de uma posição persecutória, a lógica não tem mais efeito.

Porém, a pressão mais difícil de todas é a que se refere à fantasia *sexual inconsciente* e à rivalidade associada à escolha de objeto sexual.

O adolescente, ou o rapaz ou a moça que estão em processo de crescimento, ainda não pode assumir responsabilidade pela crueldade e pelo sofrimento, pelo matar e ser morto que o mundo oferece. Isso poupa o indivíduo que se encontra nesse estágio de uma reação extrema contra a agressividade pessoal latente, ou seja, o suicídio (uma aceitação patológica da responsabilidade por todas as coisas ruins existentes ou que poderiam ser imaginadas). Ao que tudo indica, o sentimento de culpa latente observado no adolescente é enorme. Gastam-se anos para desenvolver a capacidade de descobrir no self um equilíbrio entre o bem e o mal, o ódio e a destruição que acompanham o amor dentro de si. Nesse sentido, a maturidade faz parte de um período posterior da vida, e não se pode esperar que o adolescente enxergue além do estágio seguinte, que ocorre em torno dos vinte e poucos anos.

Presume-se, com frequência, que meninos e meninas que, como se diz, "pulam de cama em cama" e têm relações sexuais (e talvez até uma gravidez ou duas) alcançaram a maturidade sexual. Eles mesmos sabem que isso não é verdade e começam a desprezar o sexo como tal. É fácil demais. A maturidade sexual deve incluir todas as fantasias sexuais inconscientes, e o indivíduo, em última análise, precisa ser capaz de aceitar tudo o que aparece em sua mente com a escolha de objeto, a constância do objeto, a satisfação sexual e o entrelaçamento sexual. E há também o sentimento de culpa, adequado em relação à fantasia inconsciente como um todo.

4. A IMATURIDADE DO ADOLESCENTE

Construção, reparação, restituição

O adolescente ainda não tem como conhecer a satisfação que pode ser obtida por meio da participação num projeto que requer confiança. Ele não tem como avaliar quanto o trabalho, em função de sua contribuição social, diminui o sentimento pessoal de culpa (que se refere a impulsos agressivos inconscientes, intimamente ligados à relação de objeto e ao amor), ajudando, assim, a diminuir o medo dentro de si, a força do impulso suicida e o grau de propensão a acidentes.

Idealismo

Pode-se dizer que uma das características mais empolgantes dos adolescentes é o idealismo. Eles ainda não se familiarizaram com a desilusão, e o corolário disso é que estão livres para elaborar planos ideais. Estudantes de arte, por exemplo, acreditam que é possível ensinar arte bem e portanto reivindicam que a arte seja bem ensinada. E por que não? É que eles não levam em conta que são poucas as pessoas que podem dar boas aulas de arte. Ou então veem que as instalações físicas são inadequadas e limitadas, que poderiam ser melhoradas, e põem-se a gritar. Os outros que encontrem dinheiro para isso. "Pois bem", dizem, "abandonem os gastos com militares e invistam o dinheiro na construção de novos prédios para as universidades!". Não cabe ao adolescente ter uma visão de longo prazo, própria daqueles que já viveram muitas décadas e estão começando a envelhecer.

Tudo isso é absurdamente simplificado. Omite a relevância primordial da amizade. Omite uma afirmação da posição daqueles que vivem sem se casar ou cujo casamento é adiado. E deixa de lado o problema da bissexualidade, que acaba se resolvendo, embora nunca completamente, em termos de escolha e constância de objeto heterossexual. Também consideramos ponto pacífico grande parte do que se refere à teoria do brincar criativo. Além disso, tem a herança cultural; não se pode esperar que, na adolescência, o jovem ou a jovem comuns tenham mais do que uma vaga ideia da herança cultural do ser humano; as pessoas têm de se dedicar muito para conhecê-la. Aos sessenta anos, aqueles que hoje são rapazes e moças vão perder o fôlego tentando recuperar o tempo perdido em busca das riquezas da civilização e de seus subprodutos acumulados.

O principal é que a adolescência é mais do que a puberdade física, ainda que esteja fortemente ancorada nela. Adolescência implica crescimento, e o crescimento leva tempo. E enquanto esse crescimento está em curso, *a responsabilidade deve ser assumida pelas figuras parentais*. Se estas abdicam dessa responsabilidade, os adolescentes são obrigados a assumir uma falsa maturidade, perdendo seu maior bem: a liberdade de ter ideias e de agir por impulso.

RESUMO

Em suma, é empolgante que a adolescência tenha se tornado vocal e participativa, mas a luta do adolescente, que se faz sentir no mundo todo, não pode ser ignorada, precisa ser investida de realidade por meio de um ato de confrontação. O confronto tem que ser pessoal. Os adultos são necessários para que os adolescentes tenham vida e vivacidade. A confrontação refere--se a uma forma de contenção não retaliatória, não vingativa,

4. A IMATURIDADE DO ADOLESCENTE

mas dotada de força própria. É saudável lembrar que a turbulência estudantil atual e sua expressão manifesta podem ser, em parte, resultado de uma atitude que temos orgulho de ter alcançado nos cuidados do bebê e da criança. Que o jovem modifique a sociedade e ensine o adulto a ver o mundo com novos olhos; mas, onde houver desafio por parte do menino ou da menina em crescimento, que haja um adulto ali para dar conta do recado. Mesmo que isso não seja sempre agradável.

Na fantasia inconsciente, essas são questões de vida e de morte.

PARTE III

REFLEXÕES SOBRE A SOCIEDADE

1

O PENSAR E O INCONSCIENTE
[1945]

A meu ver, o Partido Liberal está ligado ao uso do cérebro e à tentativa de pensar sobre as coisas; com toda certeza é por essa razão que ele tende a atrair aqueles cujo trabalho envolve certa familiaridade com as ciências puras.[1] É natural que os cientistas desejem transportar para a política algo de sua própria disciplina. Ocorre, no entanto, que nos assuntos humanos o pensamento não passa de uma armadilha ou delírio, a menos que se leve em conta o inconsciente. Refiro-me aos dois significados da palavra, ou seja, "inconsciente" como algo profundo e não imediatamente disponível, e também como algo recalcado, ou ativamente indisponível, devido à dor decorrente da aceitação de que ele faz parte do self.

Os sentimentos inconscientes governam o corpo das pessoas em momentos críticos, e a quem cabe dizer se isso é bom ou ruim? É apenas um fato, que deve ser considerado o tempo todo por políticos racionais a fim de evitar choques desagradáveis.

---

1 Artigo escrito para *Liberal Magazine*, em março de 1945.

I. O PENSAR E O INCONSCIENTE

Na realidade, homens e mulheres pensantes só podem se libertar com segurança no campo do planejamento caso alcancem uma compreensão verdadeira dos sentimentos inconscientes.

Os políticos estão, como os artistas, acostumados a escavar as profundezas intuitivamente, descobrindo e trazendo à luz fenômenos terríveis ou maravilhosos que dizem respeito à natureza humana. Contudo, o método intuitivo tem suas desvantagens; uma das maiores é que pessoas intuitivas nem sempre comunicam de maneira efetiva aquilo que logram "saber" com tanta facilidade. Acho que sempre vamos preferir ouvir os pensadores falar sobre o que estão pensando a ouvir as pessoas intuitivas falar sobre o que sabem. Mas quando chega a hora de planejar nossa vida, que Deus nos ajude se os pensadores assumirem essa função. Em primeiro lugar, no fim das contas, é raro eles acreditarem na importância do inconsciente, e, em segundo, mesmo que acreditem, a compreensão que o ser humano tem da natureza humana ainda não é tão completa a ponto de nos permitir substituir totalmente os sentimentos pelo pensamento. O perigo é que os pensadores fazem planos que parecem maravilhosos. À medida que as falhas vão aparecendo, cada uma é administrada com mais uma demonstração brilhante de raciocínio, e no final algum detalhe que não havia sido levado em conta, por exemplo, a GANÂNCIA, derruba a obra-prima da construção racional. O resultado é uma nova vitória da irracionalidade, com sua consequência: o aumento da desconfiança pública em relação à lógica.

Na minha visão pessoal, a economia, da maneira como ela cresceu e nos tem sido apresentada na Inglaterra nos últimos vinte anos, é um exemplo dessa triste constatação. Isso porque, em termos de um pensamento claro em relação a um assunto de complexidade quase infinita, os economistas são imbatíveis. E o pensamento foi necessário. Entretanto, para alguém cujo trabalho o mantém o tempo todo em contato com o inconsciente, a economia muitas vezes parece uma ciência da Ganância, na qual toda e qualquer menção à Ganância é banida. Escrevo Ganância com inicial maiúscula porque me refiro a algo para além daquilo que rende às crianças um tapa. Refiro-me à Ganância, o impulso amoroso primitivo, a coisa que todos temos terror de assumir, mas que é básica em nossa natureza, sem a qual nada podemos fazer, a menos que desistamos da aspiração à saúde física e mental. Minha sugestão para uma economia saudável é que ela reconheça tanto a existência como o valor (assim como o perigo) da Ganância pessoal e coletiva, e tente fazer bom uso dela. A economia doente, por sua vez, fazendo de conta que a Ganância só existe em indivíduos patológicos, ou em gangues de indivíduos desse tipo, presume que tais indivíduos possam ser exterminados ou trancafiados e opera com base nesse pressuposto. Se esse pressuposto é falso, muito da economia inteligente é apenas inteligente; ou seja, divertidíssima de ler, mas perigosa como alicerce para qualquer tipo de planejamento.

O inconsciente pode ser um incômodo terrível para aqueles que pensam, mas até aí, o mesmo acontece com o amor para os bispos.

2
O PREÇO DE DESCONSIDERAR A PESQUISA PSICANALÍTICA
[1965]

Para termos uma ideia do preço que pagamos por negligenciar os achados da pesquisa psicanalítica, precisamos nos indagar primeiro sobre a natureza da pesquisa psicanalítica.[1] Será que é justamente aqui que a ciência se divide em pesquisas aceitáveis e pesquisas que dizem respeito ao inconsciente? É importante ressaltar que não devemos esperar que o público em geral se interesse pelas motivações inconscientes.

Pode-se dizer que existem dois caminhos para a verdade: o poético e o científico. Os dados de pesquisa relacionam-se com a abordagem científica. A pesquisa científica, que pode ser um trabalho imaginativo e criativo, está atrelada ao objetivo restrito e ao resultado do experimento, bem como às predições envolvidas em sua elaboração.

---

[1] Palestra proferida na conferência anual da National Association for Mental Health, intitulada "O preço da saúde mental", em Westminster, em 25 de fevereiro de 1965.

O vínculo entre a verdade poética e a verdade científica é encontrado, com certeza, nas pessoas – em mim e em você. O poeta que há em mim alcança a verdade num lampejo, e o cientista que há em mim busca uma faceta da verdade; à medida que o cientista alcança o objetivo imediato, um novo objetivo se apresenta a ele.

A verdade poética tem algumas vantagens. Para o indivíduo, ela oferece satisfações profundas, e na nova expressão de uma velha verdade existe a possibilidade de uma nova experiência criativa, em termos de beleza. É muito difícil, no entanto, usar a verdade poética. Trata-se de uma questão de sentimentos, e nem todos sentem o mesmo em relação a determinado problema. Com a verdade científica, cujo objetivo é limitado, esperamos fazer com que pessoas que usam a cabeça e podem ser influenciadas por considerações intelectuais cheguem a um acordo em certas áreas de atuação. Na poesia, algo verdadeiro se cristaliza; para planejar nossa vida, precisamos da ciência. Só que esta se equivoca no problema da natureza humana e tende a perder de vista o ser humano como um todo.

Era nisso que eu estava pensando enquanto assistia na TV ao funeral do *Sir* Winston Churchill. O que me deixou exausto, enquanto eu estava ali comodamente sentado, foi tanto o peso do caixão como a pressão suportados pelas oito pessoas que o carregavam em nome de todos nós. O fardo da cerimônia repousava nos ombros daqueles homens, apropriadamente ornamentados. A TV relatou bastidores a respeito do quase colapso de um ou outro carregador; também correu o boato de que o caixão, revestido de chumbo, pesava meia tonelada, depois reduzida para um quarto.

Bem, eu conheci um inventor, um homem que fazia ciência aplicada, que teve uma ideia. Inventou um caixão muito leve e

2. O PREÇO DE DESCONSIDERAR A PESQUISA PSICANALÍTICA

tentou comercializá-lo. Se esse homem tivesse consultado uma dúzia de psicanalistas, descobriria que todos concordariam com a ideia de que o peso sustentado pelos carregadores é o peso da culpa inconsciente, um símbolo do luto. Um caixão leve implica negação da tristeza e, por consequência, desaforo.

É verdade que qualquer pessoa sensível poderia ter reagido a isso poeticamente. Considere, porém, um comitê de planejamento composto de servidores civis de alto escalão, às voltas com mais um funeral oficial. Na área do processo intelectual do mais alto nível, é necessário encontrar uma alternativa para a verdade poética – é a isso que se dá o nome de pesquisa científica. Seria preciso invocar a ciência, e o primeiro experimento científico mensuraria as modificações na pressão sanguínea de homens que suportam fardos pesados. Uma centena de projetos aflora à mente. Mas (e esta é a questão) será que esses projetos, se combinados, nos levariam ao conceito de simbolismo inconsciente e ao luto? É para esse ponto que a psicanálise nos conduz. Tenho de perguntar: como se poderia usar a investigação psicanalítica? Que tipo de investigação poderia ser chamada de "pesquisa psicanalítica"?

(Acho que devo ignorar tudo aquilo que os psicanalistas escreveram uns para os outros.)

A pesquisa psicanalítica não deve tentar se conformar ao padrão adaptado à pesquisa nas ciências físicas. Todo analista faz pesquisa, mas não uma pesquisa planejada, uma vez que tem de seguir necessidades variáveis e os objetivos em processo de amadurecimento da pessoa em análise. Esse fato não pode ser contornado. O tratamento do paciente não pode ser adiado por necessidades de pesquisa, e jamais se pode repetir o *setting* da observação. O melhor é que o analista examine o que aconteceu, relacione o ocorrido com a teoria e a modifique conforme apropriado.

Não há dúvida de que se poderia delinear um projeto de pesquisa; posso apresentar um plano agora: um pesquisador adequado, com um conhecimento operante da teoria do crescimento humano, poderia fazer uma visita formal a dez analistas, munido de uma gratificação e de uma única pergunta, que bem poderia ser: "Como a ideia do NEGRO apareceu no material das análises que vocês realizaram no mês passado?".

Um trabalho valioso poderia ser elaborado como base nesse material, que incluiria a ideia do negro tal como ela aparece nos sonhos dos pacientes e no brincar das crianças. Esse trabalho revelaria algo do simbolismo que a ideia carrega, assim como as reações inconscientes que diferentes pessoas têm em relação ao negro. A segunda pergunta poderia ser: "Será que suas observações confirmam a teoria psicanalítica corrente ou elas demandam alguma modificação?". Um resultado poderia ser a descoberta de que ainda há muita coisa desconhecida a respeito do significado do negro no inconsciente. Mas também há muita coisa conhecida à espera de ser divulgada.

Qual é o preço de ignorar essa pesquisa que poderia ser feita com tanta facilidade? Um preço muito alto é a persistência do desentendimento das pessoas de pele branca em relação às de pele negra, e dos milhões de negros em relação aos brancos. Qual é o preço a pagar por nosso desperdício sistemático da observação sistemática daquilo que está sendo feito por todo analista praticante que mantém os olhos abertos enquanto trabalha?

Ainda será possível perceber que a pesquisa psicanalítica tem pouco ou nada a ver com ratos e cachorros, ou com jogos de salão, ou com análises estatísticas. O material da pesquisa psicanalítica é essencialmente o ser humano... sendo, sentindo, agindo, relacionando-se e contemplando.

2. O PREÇO DE DESCONSIDERAR A PESQUISA PSICANALÍTICA

Para mim, a pesquisa analítica é a experiência coletiva dos analistas, que só precisa ser organizada com inteligência. Cada um de nós realizou grande quantidade de observações detalhadas e está transbordando de conhecimento – conhecimento desperdiçado. Contudo, nosso trabalho se refere à motivação inconsciente, e isso nos afasta dos planejadores. Para encontrar um público que leia seus achados, o cientista (em assuntos humanos) infelizmente tem de ignorar o inconsciente.

Talvez devêssemos aceitar o fato de que a motivação inconsciente não é o prato preferido da sociedade, exceto quando se cristaliza em alguma forma de arte. Se aceitarmos isso, poderemos novamente encarar a questão: que preço pagamos...? E responder que o preço pago é o de permanecer onde estamos, joguetes da economia, da política e do destino. Pessoalmente, não tenho queixas.

O que se segue é uma enumeração de exemplos significativos da reação negativa da sociedade à união entre o conceito de inconsciente e a investigação científica, e eu os forneço sem ter a menor ideia de como poderão ser usados. Não tenho que provar aqui que a psicanálise é a melhor forma de tratamento. Sem dúvida, a psicanálise fornece um modo único de formação para o analista; isso ocorre mesmo quando o caso fracassa como procedimento terapêutico. Se eu estiver correto com relação ao tema simples abordado no presente estudo, então um treinamento e uma prática em psicanálise poderiam ser altamente valorizados quando um homem ou uma mulher desejam aprender a lidar com seres humanos, saudáveis ou doentes.

Vamos supor que, em vez de inquirir sobre o "negro", os pesquisadores fizessem perguntas sobre a guerra, a bomba e a explosão populacional.

Guerra. É quase um tabu a discussão acerca do valor inconsciente que a guerra tem para indivíduos ou grupos. No entanto, se deixarmos o assunto de lado, o preço que pagaremos não será nada menos do que o desastre de uma Terceira Guerra Mundial.

A bomba. O simbolismo inconsciente da física termonuclear e de sua aplicação em termos de bombas poderia ser examinado. Quem saberá fornecer informação sobre esse campo são os analistas que lidam com casos *borderline* (personalidades esquizoides). Penso na bomba como um exemplo, na física, daquilo que na psicologia dinâmica denominamos desintegração da personalidade.

Explosão populacional. A explosão populacional é geralmente estudada pela economia, mas há mais que pode ser dito a respeito do tema e o assunto não se esgota na palavra "sexualidade". Sem dúvida, as dificuldades no controle da superpopulação aparecem na prática psicanalítica diária. Entretanto, como eu já disse, o psicanalista tem que aprender a guardar aquilo que aprende, a se resignar diante do fato de que ninguém quer saber o que um exame minucioso e pessoal revela sobre os sentimentos humanos.

Permita-me olhar por um instante o vasto território da psiquiatria, ainda que eu não seja, estritamente falando, psiquiatra.

A PSIQUIATRIA DE ADULTOS

Em certos hospitais e clínicas para pacientes adultos, os psiquiatras têm acrescentado, à atitude humanista moderna, a tentativa de aplicar descobertas psicanalíticas. Outros hospitais se contentam com a atitude humanista, que já é difícil o suficiente numa instituição onde centenas ou até milhares de pacientes se encontram confinados.

Uma contribuição considerável para o entendimento dos fenômenos depressivos está esperando ser levada do campo psi-

2. O PREÇO DE DESCONSIDERAR A PESQUISA PSICANALÍTICA

canalítico para o psiquiátrico. Um aspecto disso (escolho apenas um detalhe) é a necessidade de as pessoas deprimidas terem o direito de estar deprimidas, de serem mantidas vivas e cuidadas durante um período durante o qual possivelmente resolverão os próprios conflitos íntimos, com ou sem psicoterapia.

Às vezes a palavra "sanatório" pode ter um efeito nostálgico – se ela tivesse o sentido de refúgio para onde certos tipos de pacientes depressivos pudessem se retirar em busca de abrigo. O preço, aqui, tem que ser medido em termos de sofrimento e desperdício humanos. Um detalhe prático é que o público deveria aceitar o suicídio como um acontecimento triste, e não encará-lo como indicativo de negligência por parte do psiquiatra. A ameaça de suicídio é uma espécie de chantagem que leva o psiquiatra jovem a superproteger e supertratar o paciente, atrapalhando, desse modo, a lida humana e humanista esperada no caso depressivo comum.

Um assunto muito mais controverso, como o discurso atual do aspecto biológico atesta, é o da pesquisa da esquizofrenia, sobretudo quando muitos pensam que se trata de uma doença, resultado da herança e de disfunção bioquímica no indivíduo. Pesquisas nessa linha recebem total apoio. No entanto, aqui também existe uma contribuição a ser dada pela psicanálise. Em função de erros de diagnóstico, os psicanalistas têm sido forçados a estudar pessoas esquizoides e agora começaram a ter coisas a dizer sobre pessoas que deixam uma sintomatologia esquizoide aos cuidados do analista. Nesse trabalho do psicanalista, a esquizofrenia aparece como um distúrbio da estruturação da personalidade.

Feliz do psicanalista que tem um amigo psiquiatra que recebe e cuida de seus pacientes analíticos quando eles entram em uma fase de surto e ainda convida o analista a dar continuidade ao tratamento, quer dizer, ao aspecto psicoterapêutico do tratamento. As suspeitas mútuas entre psiquiatras e psicanalistas já foram entrave para muitas investigações psicanalíticas. O valor da atividade interdisciplinar nesse campo não deve ser medido em termos de cura, mas em termos da formação do psiquiatra e do psicanalista.

De modo geral, a tendência na psicanálise é relacionar a etiologia da esquizofrenia a uma reversão dos processos de amadurecimento da primeiríssima infância, na época em que a dependência absoluta é um fato. Isso poderia conduzir a esquizofrenia à esfera da luta humana universal e afastá-la da dimensão do processo específico de uma doença. O mundo médico precisa urgentemente desse verdadeiro fragmento de sanidade, porque as doenças que surgem da luta humana não deveriam ser agrupadas com distúrbios secundários a processos degenerativos.

Não posso me referir ao meu próprio campo, a psiquiatria infantil, pois mesmo um comentário condensado sobre o tema exigiria um livro inteiro.

A PRÁTICA MÉDICA

Há uma área tão vasta de interação entre o campo da prática médica e o da psicanálise que só posso fazer uma breve referência a ela. A mesma integração que se mostra necessária nos dois aspectos da personalidade cindida do paciente, em que o distúrbio psicossomático esconde o distúrbio mental, também o é entre médicos e psicanalistas. Como é que o paciente psicossomático pode conseguir integração se aqueles que cuidam do caso não entram em acordo?

2. O PREÇO DE DESCONSIDERAR A PESQUISA PSICANALÍTICA

Em todos esses campos existem hoje organizações profissionais que tentam estabelecer pontes e integrar os resultados dos vários grupos de pesquisadores, incluindo os psicanalistas, que sempre acabam tentando vender a xepa da motivação inconsciente.

A EDUCAÇÃO

No campo da educação, o preço de se ignorarem os resultados da pesquisa psicanalítica poderia ser medido em termos da negligência da pré-escola, da escola primária, e em tudo aquilo que veio de Margaret McMillan, Susan Isaacs e outros. Poderia ser aferido com base na falta de espaço dado ao aprender criativo, em oposição ao ser ensinado, ou ainda em termos da interferência na educação de crianças normais, em função da falta de instituições que as mantenham separadas das crianças emocionalmente perturbadas, em especial daquelas oriundas de lares em dificuldades.

Apresentando um detalhe específico: a punição corporal em Eton, ou em qualquer escola destinada a crianças normais, vindas de lares intactos, não pode ser discutida do mesmo modo que se discute a ideia da punição corporal em escolas para meninos e meninas antissociais e deprivadas. Mesmo assim, as cartas para o *The Times* tendem a ignorar esse fato. Mas o significado inconsciente da ideia de punição corporal varia com base na categoria em que a criança se encontra, dos saudáveis ou dos doentes. Os professores devem conhecer a dinâmica do cuidado do bebê e da criança tão bem quanto a matéria que eles ensinam. Precisam, além disso, aprender a realizar diagnósticos educacionais.

A RELAÇÃO MÃE-BEBÊ

Vou fazer somente uma breve referência à área de relacionamento mãe-bebê e pais-criança, pois já contribuí o que tinha a contribuir, a partir da perspectiva psicanalítica, para esse tema. Vou lembrá-los, no entanto, de que a psicanálise tende a mostrar que a base da saúde mental não é só hereditária, tampouco se resume a uma questão de probabilidade; ela vai sendo ativamente estabelecida ao longo da primeira infância, quando a mãe é suficientemente boa em sua tarefa, e durante toda a infância que estiver sendo vivida numa família funcional.

A pesquisa psicanalítica, portanto, dá o máximo apoio à mãe suficientemente boa no manuseio naturalmente bom de seu bebê, e à cooperação parental, durante o tempo em que ela existir e funcionar de modo satisfatório. Também dá o máximo apoio à família como instituição em atividade, em especial em dois pontos nodais do desenvolvimento: a idade pré-escolar e a adolescência. O mesmo apoio é concedido à interação viva entre pais e professores, que caracteriza o que há de melhor na educação durante o período de latência.

A ADOLESCÊNCIA

A pesquisa psicanalítica contribui para uma teoria geral da adolescência e de sua relação com a puberdade, agregando seus esforços ao trabalho realizado por outros profissionais no que diz respeito a essa fase do desenvolvimento. Talvez o fato, atualmente universal, de que meninos e meninas adolescentes estão sendo adolescentes durante a adolescência seja, pelo menos em parte, um resultado positivo dos princí-

2. O PREÇO DE DESCONSIDERAR A PESQUISA PSICANALÍTICA

pios provenientes da pesquisa psicanalítica. Pessoalmente, é o que acho.

Aqueles que valorizam a família e pensam que o indivíduo requer um ambiente familiar podem encontrar na pesquisa psicanalítica mais apoio do que em qualquer outro lugar. A psicanálise revelou como o processo de amadurecimento no crescimento do indivíduo precisa de um ambiente facilitador, o qual já é, em si, muito complexo, com características de desenvolvimento próprias.

O MÉDICO DE FAMÍLIA

É tentador acrescentar um breve comentário, bastante atual, sobre a tarefa do médico de família. Um inquérito entre os psicanalistas à época em que o Serviço de Saúde foi instituído teria trazido à tona o conhecimento já disponível de que a comunidade tem um potencial ilimitado de hipocondria, com a correspondente ansiedade hipocondríaca do médico que abusa de receitas. Entretanto, não seria razoável esperar a solicitação de uma informação desse tipo à época do planejamento, já que este tem uma motivação inconsciente própria. A conta tem saído cara.

Além do mais, a informação já estava pronta: o público odeia e inveja os médicos, enquanto cada membro do público ama e confia no próprio médico; ou, inversamente, o público idealiza a profissão médica, mas ao mesmo tempo os indivíduos não conseguem achar o médico certo para si mesmos. Os sentimentos públicos e individuais tendem a ser opostos no que diz respeito aos médicos. E esses profissionais sucumbem ao mesmo conflito de motivações inconscientes. Os melhores, dentre os médicos, estão demasiadamente envolvidos com a clínica para fazer uma pausa e examinar seus problemas com objetividade.

UM CASO ESPECIAL DE TENDÊNCIA ANTISSOCIAL

Talvez o uso mais positivo das descobertas psicanalíticas pela sociedade tenha ocorrido na abordagem do problema do comportamento antissocial. Uma razão para isso pode residir no fato de que o exame da criança antissocial conduz a uma história de privação e à reação dela a um trauma específico. Desse modo, há menos resistência à pesquisa da dinâmica da tendência antissocial, pois o que se encontra nesse tipo de caso não é exatamente a motivação inconsciente. Sob circunstâncias adequadas, a criança com experiência real de privação é frequentemente recuperável, sem que para isso seja necessário lançar mão do processo analítico. A sociedade usou bastante o trabalho de Bowlby e dos Robertson sobre separação, e um resultado prático disso é a instituição de visitas facilitadas e a coabitação de pais e filhos em alguns hospitais infantis. Em relação a outras aplicações dessa pesquisa, poderíamos dizer que uma das razões da rápida aceitação, no pós-guerra, da adoção, no lugar do orfanato, foi que o regime de adoção é muito mais barato e, por esse motivo, recebe o apoio de altos funcionários do Tesouro.

O preço de ignorar coisas conhecidas sobre a delinquência pode ser medido pelos custos onerados à comunidade. Há aqui, porém, uma característica positiva: o *Children Act* [Lei das Crianças], de 1948 – o equivalente da medicina preventiva no que diz respeito à delinquência –, talvez o melhor ato isolado de toda essa área vasta que estou examinando.

2. O PREÇO DE DESCONSIDERAR A PESQUISA PSICANALÍTICA

DIVIDENDOS

Não é minha intenção ser inteiramente pessimista. Da mesma forma que Freud permeou a vida, a literatura e as artes visuais, assim também os princípios da psicologia dinâmica tiveram seus efeitos sobre o cuidado do bebê e da criança, a educação e a prática religiosa. Em todos os lugares, a pesquisa dos analistas fortaleceu todos que lidam com o crescimento emocional do indivíduo e que veem a saúde como o caminho que o indivíduo percorre da dependência para a independência e em termos do progresso da criança em identificar-se com a sociedade gradualmente e no devido tempo (isto é, mais tarde, não durante a adolescência), tomando parte, como adulto, em sua manutenção e modificação.

Com o tempo será mais fácil aceitar que as descobertas da psicanálise sempre estiveram alinhadas com outras tendências orientadas para uma sociedade que não viola a dignidade do indivíduo. Caso o mundo sobreviva às próximas décadas, descobriremos que a ideia impopular das motivações inconscientes tem sido um elemento essencial na evolução da sociedade, e que a pesquisa psicanalítica terá ajudado a resgatar o mundo daquilo que, sem o conceito de motivação inconsciente, se apresenta como destino. O ideal é que a motivação inconsciente seja mais aceita e estudada antes do dia em que o destino decidir mudar sua grafia para *fait accompli* [fato consumado].

3

ESTE FEMINISMO
[1964]

Esta é a coisa mais perigosa que fiz nos últimos anos.[1] Naturalmente, eu não teria escolhido esse título, mas estou disposto a assumir os riscos envolvidos e seguir adiante, fazendo uma afirmação pessoal.

Será que posso admitir como verdade que homens e mulheres não são exatamente iguais e que cada homem tem um componente feminino e cada mulher, um componente masculino? Preciso ter alguma base para elaborar uma descrição das semelhanças e das diferenças existentes entre os sexos. Deixei espaço para uma palestra alternativa, caso esta audiência não ache certo eu fazer suposições desse tipo. Caso vocês digam que *não há diferenças*, pauso minha fala aqui.

De qualquer maneira, o tema é amplo e não posso incluir tudo o que sei ou penso saber. Pode ser que algo que seja importante para alguém permaneça oculto naquilo que terei que deixar de lado.

---

1 Rascunho de uma palestra proferida em uma conferência da Progressive League, em novembro de 1964.

3. ESTE FEMINISMO

A ABORDAGEM DO DESENVOLVIMENTO

Tenho uma tendência natural a pensar nesse assunto em termos do desenvolvimento do indivíduo, aquele que começa na "largada" da vida e vai até o momento da morte, na velhice. Desenvolvimento é minha especialidade. Não estou preocupado em definir se o homem é melhor do que a mulher, ou se cabe usar o termo "bonitinha" do lado feminino que exija contrapartida do lado masculino, como "fortão". Tudo isso deve ser deixado para os poetas.

Na realidade (caso vocês saibam o que quero dizer com isso), o homem e a mulher têm formas próprias. É muito conveniente quando um rapaz quer ser, no conjunto, um homem, e uma moça, no conjunto, quer ser uma mulher. No entanto, isso não é, de modo algum, o que se pode constatar em todos os casos. E, se levarmos em consideração os sentimentos mais profundos e o inconsciente, não será difícil encontrar um homem durão morrendo de vontade de ser uma garota, e uma adolescente de vida sexual intensa nutrindo uma inveja permanente dos homens. Na verdade, pode-se esperar todo tipo de identificação cruzada, e os problemas resultam principalmente do modo como essas coisas inconvenientes podem estar escondidas no inconsciente recalcado. Problemas piores advêm do modo como, em pessoas esquizoides, uma cisão na personalidade pode separar os elementos masculinos e femininos, ou separar o funcionamento do todo do funcionamento das partes.

Permitam-me examinar isso em cinco níveis arbitrários:

1. A maioria dos homens torna-se homem e a maioria das mulheres torna-se mulher, mas precisamos considerar os vários tipos: heterossexuais, homossexuais ou bissexuais.

2. A adolescência caminha num ritmo lento e devemos contar com o fato de que, ao longo desses cinco anos ou mais, os adolescentes vão brincar com todas as variantes antes de se estabelecerem como homens masculinos ou mulheres femininas.
3. A pré-puberdade é uma idade em que alta proporção de crianças revela inclinação temporária por assumir o sexo oposto.
4. Antes disso, no período de latência, ninguém liga muito se uma moça vestir *jeans*, embora, por alguma razão, se espere que os meninos pareçam meninos e façam coisas de meninos, como brigar e juntar-se em pequenas gangues de amigos. Mas hoje em dia eles podem ser maternais e criativos, se quiserem. A moda se modifica e ninguém pode prever como será na década seguinte.
5. Ainda mais cedo, a idade crucial do fim do período pré-escolar encontra a maioria das crianças (exceto as que estão prestes a sucumbir a algum distúrbio psiquiátrico) num estado agudo de atração pelo pai do sexo oposto, com tensão em relação ao pai do mesmo sexo, por causa da ambivalência – ou seja, da coexistência de amor e ódio. Alguns encontram, e outros não, um elemento correspondente no pai ou na mãe.

Aqui, supõe-se uma vida de fantasia; as crianças sonham, brincam, imaginam e usam a imaginação alheia; sua vida é muito rica e seus sentimentos, violentos. Obviamente, muita coisa depende do acaso. Vejamos os exemplos.

- Um menino ama seu pai, que se intimida e não pode corresponder em função do recalque de sua homossexualidade natural. O menino fica então deprivado de pai. Isso sufoca sua heterossexualidade, pois ele não pode se liberar enquanto mantiver uma relação de ódio com seu pai.

3. ESTE FEMINISMO

- Ou uma menina ama seu pai, mas a mãe diminui todos os homens e estraga o show. Então a garota "perde o bonde" com o pai, mas "pega o bonde" com o irmão maior.
- Um menino ou uma menina sofrem com o fato de ela ser um ano mais velha, então os sexos precisam ser trocados.
- Um menino é o terceiro de quatro filhos homens. Esse terceiro menino percebe todo o desejo que os pais tinham de ter uma menina. Tende a se encaixar no papel designado, por mais que os pais se esforcem para ocultar seu desapontamento.

Em outras palavras: a natureza dos pais, o lugar da criança dentro da família e outros fatores afetam e distorcem o quadro clássico conhecido como complexo de Édipo.

E agora vamos mais fundo, em busca de mecanismos mais primitivos. Como é que um bebê se entende com o próprio corpo? Em parte, experimentando diferentes formas de excitação. Mas os meninos que experimentam ereções e as meninas que têm contrações vaginais em reação a certas pessoas, ao amor ou ao funcionamento do corpo, estão numa posição diferente daquela de meninos e meninas que não têm esse tipo de experiência integrativa. Muito depende da atitude dos pais em relação a todos esses fenômenos naturais. Alguns pais fracassam em espelhar aquilo que existe; outros estimulam aquilo que só existe de forma embrionária.

UM DETALHE ESPECÍFICO

Há um detalhe que precisa ser examinado separadamente. É a qualidade que o órgão masculino tem de ser óbvio, em contraste com a qualidade do órgão feminino de ser escondido. Não podemos falar em feminismo e deixar isso de lado.

Freud inventou o conceito de fase fálica, que é a que precede a genitalidade plena. Poderíamos chamá-la de fase de ostentação e exibicionismo. Não há dúvida de que as meninas sentem certo incômodo quando passam por essa fase, ou por aquilo que corresponde a ela nas meninas. Por um instante, elas se sentem inferiores ou mutiladas. O trauma disso varia de acordo com fatores externos (posição na família, natureza dos irmãos, atitude dos pais etc.), mas não podemos negar que, nessa fase, o menino *tem* e a menina não. A propósito: o menino pode urinar de uma forma que as meninas invejam, tanto quanto invejam a ereção dele. A inveja do pênis é um fato.

Na fase seguinte, da genitalidade plena, a menina se iguala; torna-se importante e invejada pelos meninos, pois pode atrair o pai, ter bebês (em algum momento, por si mesma ou por outros meios) e, na puberdade, tem seios e menstrua – todos mistérios que pertencem só a ela.

Freud, porém, insistiu até o fim da vida no fato de que perderemos algo importante se negligenciarmos o efeito que o trauma da "inferioridade" tem sobre as meninas na fase fálica. (Alguns analistas tentaram mostrar que Freud errou nesse ponto; que era ele quem estava se exibindo para as mulheres, plantando essa complicação na humanidade por razões pessoais.)

As consequências do trauma vivido pelas meninas durante a fase fálica são da seguinte natureza:

1 Supervalorização do pênis ereto em sua exibição e dominância.
2 Inveja de meninos entre as meninas.
3 Fantasia de um pênis escondido, que um dia vai se desenvolver e aparecer.
4 Fantasia da existência de um pênis que já existiu e não existe mais.

3. ESTE FEMINISMO

5 *Delírio* nas meninas de que existe um pênis e negação da diferença entre o homem e a mulher durante o estágio fálico; *delírio* nos meninos de que a menina tem um pênis, só que escondido. Isso contribui para o apelo do cancã, do *striptease* etc.

Tudo isso alimenta a organização sadomasoquista, e algumas perversões são uma tentativa elaborada de ocasionar alguma união sexual, apesar do delírio de que a menina tem um pênis.

Eis aqui uma raiz do feminismo. Se o feminismo vai muito além disso, e se muito do que o feminismo faz e diz é apoiado pela lógica, não cabe a mim discutir isso aqui. A raiz está no delírio generalizado, *tanto nas meninas como nos meninos*, de que há um pênis feminino, assim como na fixação especial de alguns homens e mulheres na fase fálica, ou seja, no estágio imediatamente anterior à aquisição da genitalidade plena.

Talvez a pior parte, do ponto de vista sociológico, seja o lado masculino desse delírio em massa que faz com que os homens enfatizem o aspecto "castrado" da personalidade feminina, o qual, por sua vez, ocasiona a crença na inferioridade feminina, que deixa as mulheres furiosas. No entanto, não se esqueçam (caso haja feministas aqui presentes) de que a inveja masculina em relação às mulheres é incalculavelmente maior, ou seja, a inveja que o homem tem da capacidade feminina plena – hoje mais do que nunca.

Espero ter deixado claro que esse é um problema universal, presente nos normais como nos anormais, só que não há espaço de manobra no anormal – na psiconeurose – para fantasiar e brincar, em decorrência de certo grau de recalque. Ou seja, alguns aspectos da totalidade não estão disponíveis para uso na autoexpressão e para incorporação na estrutura do desenvolvimento da personalidade. Deve-se notar, no entanto, que o crescimento saudável é uma precondição no desenvolvimento da criança para que ela alcance a inveja do pênis.

Pode-se dizer, então, que o feminismo envolve um grau maior ou menor de anormalidade. Num polo, o feminismo é o protesto feminino contra uma sociedade masculina dominada pela ostentação da fase fálica masculina; no outro, é a negação feminina de sua inferioridade real *numa certa fase* do desenvolvimento físico. Sei que uma afirmação simples como essa é inadequada, mas ela pode constituir uma tentativa de congregar grande complexidade em poucas palavras.

Do ponto de vista do desenvolvimento, qual é a situação do menininho ou da menininha quando a fase fálica entra em cena? Para crianças que foram assoladas pela pobreza durante as fases mais primitivas, como na amamentação, é normal que fiquem excitadas durante essa segunda chance que a fase fálica parece oferecer – tanto meninos como meninas. Desse modo, podem-se diferenciar dois grupos: meninos e meninas que alcançam a fase fálica depois de terem tido experiências plenas nos estágios anteriores, e aqueles que chegam a essa fase com deprivação relativa ou muito pronunciada. A fase fálica assume importância exagerada para os que a atingem já tendo sofrido deprivação. De uma forma ou de outra, há uma pré-história de problemas relativos a essa ou a qualquer outra fase, e obviamente não posso deixar de mencionar a existência de tendências patológicas hereditárias.

Tudo isso faz parte da prática cotidiana de um psicanalista e não tem muito valor em discussões gerais (como esta aqui) que não guarda relação com terapia. As pessoas têm que aceitar o que são e aceitar a história de seu desenvolvimento pessoal, assim como as atitudes e influências ambientais locais;

elas têm que continuar vivas e, vivendo, tentar se enredar na sociedade de modo a proporcionar contribuições cruzadas.

Essas coisas, que estão dadas nas condições anormais, também estão presentes no estado de saúde, mas há maneiras de esconder os elementos mais rudes sem incorrer em muita perda de contato com tais elementos. Por exemplo, mediante o uso da fantasia.

FANTASIA E REALIDADE PSÍQUICA INTERNA

Para algumas pessoas, a fantasia é algo manipulado, algo semelhante ao que um gibi representa para uma criança. Contudo, a fantasia entra a fundo na realidade psíquica interna, que é a parte vital da personalidade unitária, a não ser que uma doença determine que não pode haver um interior, inexistindo, portanto, uma realidade psíquica interna. É uma característica da maturidade, e consequentemente da saúde, que a realidade psíquica interna do indivíduo se enriqueça o tempo todo com experiências e faça com que as experiências reais que ele tem sejam ricas e reais. Desse modo, tudo o que existe sobre a face da Terra pode ser encontrado no indivíduo, que é capaz de sentir a realidade de tudo o que seja verdadeiro e passível de ser descoberto.

Sendo saudável, a mulher pode encontrar uma vida masculina em experiências imaginativas e identificar-se com homens. Na forma mais grosseira de identificação, ela pode usar um homem e assim ganhar o bônus de transferir sua masculinidade e experimentar aquilo que tem em si que a permite experimentar como mulher. Pode-se dizer o mesmo em termos do uso que um homem faz de uma mulher.

INVEJA DO SEXO OPOSTO

Isso me conduz à seguinte formulação: *para compreender plenamente o que significa ser mulher, a pessoa tem que ser um homem e, para compreender plenamente o que é ser homem, é necessário ser mulher.*

A inveja do sexo oposto explica grande parte da frustração de pessoas que vivem vidas fortemente dependentes dos instintos – ou seja, da maioria das pessoas entre a puberdade e os cinquenta anos. O alívio para esse tipo de frustração provém da vida cultural, em que a vinculação com o sexo é mínima.

Alguns casamentos se rompem no fim do período da paixão porque a identificação cruzada se enfraquece e então a inveja masculina do fato de a mulher ser mulher é correspondida pela inveja feminina de o homem ser homem. E esses dois seres que se amavam começam a atirar pratos um no outro. Em matéria de arremesso de pratos, o homem e a mulher são iguais. Uma nova parceria há de se seguir, em que a identificação cruzada se reestabelece, e durante certo tempo não se gasta dinheiro com a louça da casa.

É difícil para as crianças suportar isso nos pais, mas não há como evitá-lo. As forças podem ser tão intensas que só mesmo uma vítima entre os filhos faz com que os pais substituam o arremesso de pratos por uma relação sexual, ou se separem para poupar a louça.

É fácil perceber que um homem que é sempre-tão-doce pode levar a parceira a desejar, com força, um homem muito macho – mesmo que seja um macho horrível, um macho cruel e grosseiro de quem ninguém gosta ou poderia gostar –, ou pode fazer com que ela recaia na própria masculinidade, exagerando os ingredientes de seu feminismo latente. Mesmo assim, homens maternais podem ser muito úteis. São boas mães substitutas, o que é um alívio quando a mãe tem muitos filhos, ou quando adoece, ou quando quer voltar a trabalhar. Também ocorre que muitas mulheres querem que o marido seja maternal com elas. Quem não sofreu deprivação no que diz respeito à maternagem? E não é possível explorar plenamente amizades femininas sem o temor de complicações homossexuais.

Tudo isso mostra como a monogamia é difícil na prática. Ou será que ela é impossível, um preceito cristão que talvez ignore demais a realidade? Mesmo assim, as pessoas se perguntam se conseguiram manter uma relação íntima ao longo da vida, pois sabem que têm muito a ganhar com a acumulação de experiências compartilhadas. No entanto, se observarmos casais em dificuldades, verificaremos como pessoas com uma vida psíquica pessoal relativamente inexpressiva estão em desvantagem, porque têm uma elaboração fantasiosa da realidade relativamente restrita e um envolvimento cultural pouco desenvolvido. A vida cultural ajuda quando o homem ou a mulher se desapaixonam e seguem para a segunda fase do jogo do casamento.

MULHER E MULHERES

Passo agora a considerar um aspecto às vezes negligenciado desse assunto tão vasto. Há uma diferença entre homens e mulheres que é mais importante do que estar num dos polos da ação de dar ou de receber, seja na alimentação, seja no sexo. É a seguinte: não é possível esquivar-se do fato de que todo homem e toda mulher *vieram de uma mulher*. Não faltam tentativas de nos livrar dessa situação incômoda. Há a questão da *couvade*, e no mito original do arlequim existe um homem que dá à luz. Frequentemente se encontra a ideia de que se nasce da cabeça; sem dúvida é fácil pular da palavra "concepção" para o conceito de "conceber uma ideia". Sorte da criança que é concebida tanto intelectual como fisicamente.

Entretanto, todo homem e toda mulher crescem dentro de um útero, e todos nascem, nem que seja por cesariana. Quanto mais de perto examinamos isso, mais necessário se faz o termo MULHER, que possibilita a comparação entre homens e mulheres. Como tenho de ser breve, vou me aprofundar no assunto formulando dois estágios de nosso pensamento.

1 Descobrimos que o problema não está no fato de que todas as pessoas estavam lá dentro e depois nasceram, mas sim de que, no início, todas as pessoas foram *dependentes* de uma mulher. É necessário dizer que no começo todo mundo era *absolutamente* dependente de uma mulher e, mais tarde, mais ou menos dependente. Parece que o padrão de minha saúde mental, assim como a de vocês, foi, desde o início, estabelecido por uma mulher, que fez bem o suficiente aquilo que precisava fazer, num estágio em que, para ser significativo para o bebê, o amor só pode se expressar fisicamente. Todos nascem com tendências hereditárias para o amadurecimento, mas para que elas se concretizem é necessário um ambiente facilitador suficientemente bom. Isso significa uma adaptação inicial sensível da parte de um ser humano. Esse ser humano é mulher e, geralmente, mãe.
2 Mais profunda do que isso é a experiência de um bebê, que no início envolve essa mulher, que o bebê ainda não separou do self – não separou nem a mãe, nem a provisão ambiental, nem o segurar no colo, o alimentar e o manusear sensíveis. O self ainda não se diferenciou. Daí a dependência total.

3. ESTE FEMINISMO

É realmente muito difícil que um homem ou uma mulher aceitem de verdade a dependência absoluta e depois relativa, naquilo que toca ao homem e à mulher já adultos. Por essa razão, há um fenômeno separado que denominamos MULHER, que domina todo o cenário e afeta todos os nossos argumentos. Ela é a mãe não reconhecida dos primeiros estágios de vida de todo homem e de toda mulher.

Seguindo essa ideia, podemos encontrar um novo modo de especificar a diferença entre os sexos. As mulheres conseguem lidar com sua relação com a MULHER por meio de uma identificação com ela. Para toda mulher, há sempre três mulheres: 1) a menina-bebê; 2) a mãe; 3) a mãe da mãe.

As três gerações de mulher costumam aparecer em mitos, ou então despontam três mulheres com três funções distintas. Independentemente de ter bebês ou não, uma mulher está presente nessa série infinita: ela é bebê, mãe e avó; ela é mãe, menina-bebê e bebê do bebê. Isso a torna capaz de ser bastante enganadora. Pode ser um doce de pessoa até conquistar seu pretendente, transformando-se, então, em esposa-mulher dominadora e, por fim, em vovozinha graciosa. É tudo a mesma coisa, porque ela já começa sendo três, enquanto o homem começa com um impulso forte para ser um só. Um é um e completamente só, e o será cada vez mais.

O homem não pode fazer o que a mulher faz, esse fundir-se na linhagem, sem violar a essência de sua natureza. Isso pode ocorrer no caso de uma doença. Conheço um homem (um paciente) que se identificou muito cedo com a mulher, na verdade com o seio. Sua potência era uma função do seio. Não havia homens em sua vida, só ele mesmo "por dentro", com mulheres, emasculado até por seu próprio funcionamento físico masculino. Como ele jamais foi uma pessoa satisfeita, esforçou-

-se durante anos no tratamento para alcançar uma unidade masculina e conseguir se desvencilhar da figura da mulher. Ao encontrar seu self masculino, único, ele conseguiu se relacionar de forma diversa e nova com outros homens únicos – ou seja, ter amigos homens.

Eu diria que mulheres feministas parecem invejar esse aspecto dos homens: quanto mais amadurecem, mais únicos se tornam. Alguns homens invejam as mulheres porque elas não precisam resolver o problema de uma relação individual com uma MULHER por serem mulheres e encantadoras de homens e sedutoras e desamparadas solicitando – com sucesso – o cavalheirismo dos homens. (Clamores de "Onde está o cavalheirismo de antigamente?".)

Mas o fato incômodo persiste, para homens e mulheres: ambos em alguma época dependeram da mulher, e de alguma forma o ódio dessa situação tem que se transformar numa espécie de gratidão para a pessoa alcançar a maturidade plena.

OS AMANTES DO PERIGO

Peço agora que considerem um novo detalhe: por que os homens buscam o perigo? É inútil tentar cessar as guerras e os acidentes de trânsito, as expedições ao Everest e a Marte, ou proibir o boxe, sem observar o que os homens desejam.

As mulheres – em virtude de sua identificação com as mulheres do passado, do presente e do futuro – enfrentam o risco do parto. Não é aconselhável fingir que o parto não acarreta nenhum risco, ou seja, existe um perigo inerente à função natural da mulher. Os homens invejam esse perigo, além de se sentirem culpados por causarem a gravidez e depois ficarem lá sentados, bonitinhos, olhando a mulher passar por aquilo tudo – não me refiro somente ao parto, mas a todo o confinamento e às responsabilidades terrivelmente restritivas envolvidas nos cuidados do bebê. Portanto, também eles assumem riscos, e sempre o farão. Alguns se sentem compelidos a assumi-los de modo insano. São os que estão tentando ficar quites. Mas quando um homem morre, ele está morto, ao passo que as mulheres sempre estiveram e sempre estarão. O homem é como a grama.

Dessa forma, os homens também têm seus problemas. O terrível em relação à guerra é que, com frequência, os homens que sobrevivem admitem ter encontrado a maturidade, inclusive a maturidade sexual, enquanto arriscavam a vida. Portanto, se não houvesse mais guerras, os homens estariam em maus lençóis; mesmo assim, odeiam ser mortos, a menos que tenham certeza da causa.

ARREMATE

Fiz um apanhado geral dos assuntos que se concentram em torno da palavra "feminismo" e que se referem às interações universais entre homens e mulheres. Há muito mais para ser dito, e isso não deve ser motivo de vergonha. Quanto mais olhamos, mais enxergamos.

4

A PÍLULA E A LUA
[1969]

Sabe, eu nunca tomei pílula.[1] E sei muito pouco a respeito. Mas, quando me convidaram para falar sobre ela, a *ideia* foi simplesmente maravilhosa, e no começo parecia ser algo que eu queria fazer: falar sobre a pílula e o Eu Progressista.

---

1 A palestra que se segue foi proferida na Progressive League, em 8 de novembro de 1969 [em uma conferência intitulada "Os homens, as mulheres e a pílula"]. Sobreviveu apenas em forma de gravação, e o leitor perceberá a informalidade da linguagem. O dr. Winnicott gostava de falar à Progressive League, e eles gostavam de ouvi-lo; isso fica evidente na fita, pelos risos e pelo barulho de uma audiência muito viva. Infelizmente, há passagens em que os ruídos obscureceram algumas palavras do dr. Winnicott; outra dificuldade é que ocorrem repetições de frases e palavras, bem como interjeições que talvez se devam a uma hesitação em abordar em público um assunto tão difícil e, no fundo, tão sério. Assim, houve necessidade de algum trabalho de edição, que consistiu sobretudo em condensação; não se usou nenhuma palavra ou frase que o dr. Winnicott não tenha usado e se aderiu estritamente à ordem do material.
A palestra se chamava "A pílula". No entanto, o sonho que o dr. Winnicott relata no final e suas palavras ao fechar a palestra parece-

4. A PÍLULA E A LUA

Descobri que não tenho o menor jeito para fazer propaganda. É ótimo quando a pessoa tem essa inclinação e aí realmente pode "fazer a festa"; dependendo do que ela disser, ninguém mais vai nem sequer chegar perto da pílula, ou todo mundo vai querer tomá-la.

Uma vez, há alguns anos, me envolvi com algo que escrevi no *New Society*[2] sobre pessoas que vivenciavam depressões, em especial na adolescência, mas é claro que foi um ensaio muito avançado para a época, e as coisas mudam muito rápido, não é mesmo? Há mais ou menos dez anos, o que se dizia era que a pílula logo seria razoavelmente segura e estaria disponível, e que alteraria o meio adolescente, alteraria o meio de todos os pais. Bem, isso aconteceu, e é difícil lembrar de como as coisas eram antes dessa mudança. É interessante pensar como isso se encaixa imaginativamente no esquema de coisas. Eu apostaria que não fizemos nossa lição de casa no que diz respeito ao lado imaginativo disso.

Bem, outro dia fiz uma pausa – tinha poucos pacientes para atender – e me sentei no chão, que é o melhor lugar para se sentar, com uma esferográfica na mão e uma folha de papel, e pensei: agora vou fazer um esboço do que falarei no sábado. É fácil, porque sei o que vou dizer, conheço os limites e as coisas que vou incluir, *a*, *b*, *c* e assim por diante. Mas não saiu nada o dia inteiro! A única coisa que saiu foi um poema. Vou lê-lo porque

---

ram conduzir naturalmente ao poema que ele escreveu sobre a chegada do homem à Lua em julho de 1969. O poema foi incluído no final, e o título deste texto foi alterado em sua homenagem.
2   25 de abril de 1963. Ver também "Adolescence: Struggling Through the Doldrums", em *The Family and Individual Development*. London: Tavistock Publications, 1965.

ele me surpreendeu, mas, como não sei escrever poesia, não esperem nada dele. O título é "Assassinato silencioso":

> Ó Pílula indecente para quem não está doente!
> Por que não esperar até a hora chegar?
> O que está vazio tornará a se completar
> E uma colina grávida, reduzida a nada.
> Homens! Realizem sua fantasia, coloquem João em Maria;
> Moças! Bebam um copo da clorofila dele por dia.
> Sem medo de derramar – vocês sabem entornar,
> Vocês conhecem um assassinato calmo e silencioso... a Pílula.
> Então ouçam bem o que vou dizer, vocês não vão se arrepender:
> Não percam tempo com essa besteira de Pílula.
> O que tiver de ser, será!
> E depois não esqueçam das contas a pagar.[3]

Foi isso que me veio à cabeça quando comecei a escrever. Me lembrou do ato de fazer alguma coisa com um pedaço de madeira. É como se vocês pensassem: vou fazer uma escultura em madeira; aí arranjam uma goiva e um pedaço de olmo, e vão esculpindo assim e assado até descobrir que têm diante de si uma bruxa. Isso não implica que vocês tenham pensado numa bruxa, mas que a própria atividade com o material alterou

---

3   No original, "The Silent Kill": "*O silly Pill for folks not ill! / Why not wait till you know God's will? / What's empty will in time refill / And pregnant hill be razed to nil. / Men! have your will, put Jack in Jill; / Girls! drink your fill of his chlorophyll. / Fear not the spill you know the drill, / You know a still and silent kill... the Pill / So take my quill I surely will: / Don't dally dill with silly Pill, / Just wait until what happens will! / Then pay the bill*". [N.E.]

4. A PÍLULA E A LUA

aquilo que vocês faziam, e o resultado acabou por surpreendê-los. Vocês se descobrem fazendo uma feiticeira porque o olmo meio que os conduziu a seguir dessa maneira. Vocês podem traduzir isso da maneira que quiserem – em qualquer forma artística –, mesmo que termine em versinhos idiotas como os meus. Isso faz com que nos surpreendamos, porque acabamos por construir algo que não esperávamos. Portanto, vamos deixar o poema de lado e ver o que acontece com ele.

Voltemos agora ao outro lado das coisas: a lógica, a lógica consciente. Muita coisa na nossa vida é chata, e muitíssimo simplificada, porque esquecemos o inconsciente, nós o deixamos de lado; ou só recorremos a ele nas manhãs de domingo. Tentamos discernir o que é lógico, e temos de fazê-lo. Somos pessoas civilizadas, usamos nosso intelecto, nossa mente e nossa objetividade. Adquirimos a capacidade de calcular o número de pessoas que vai haver no mundo no ano 2000, e em que data a Índia vai ficar lotada. E nem precisamos ir até lá. Podemos pensar na data em que Londres vai ficar lotada – já estamos fazendo isso, com os automóveis.

Então podemos pensar em termos da lógica da situação: será que é lógico ter famílias enormes sem levar em conta se as pessoas terão condição de criá-las? Será que é lógico encher o planeta com crianças demais? Podemos responder: "Não, não é". Tudo bem! Vamos ter apenas dois filhos, ou três, por casal, ou só três quando um deles for deficiente ou morrer de poliomielite. Então vocês poderiam dizer: "Vamos ter quatro então, caso eu queira um menino e venham três meninas seguidas". De qualquer modo, chega um momento em que tudo volta à estaca zero, e vocês continuam a ter filhos na medida em que eles aparecem. Também pode ser que vocês percebam que estão começando a entender suas inibições – suas inibições sexuais, o que talvez resulte em não haver nenhuma criança na família –, e de repente notem que isso se trata de algo puramente inconsciente. Em certo sentido, as inibições sexuais são tão interessantes e construtivas quanto as compulsões sexuais, e contribuem para a sociedade na mesma medida que estas, de modo que estamos apenas nos descrevendo uns aos outros, torcendo para não nos sairmos muito mal.

Vocês já pensaram bastante sobre o assunto e não tem por que eu repetir o que já sabem. Estamos falando sobre a população mundial, sobre a capacidade de ganhar dinheiro e de educar os filhos, e se estamos apenas querendo jogá-los no sistema educacional, ou se podemos mandá-los para o que consideramos ser uma escola adequada para aquela criança em particular, mas que poderia não servir para mais nenhuma. É tudo questão de discernimento, e graças a Deus temos cérebro e *podemos* pensar e agir segundo aquilo que pensamos. A lógica nos leva direto ao fato de que evidentemente não somos capazes de lidar com um número ilimitado de crianças, e isso poderia ser dito mesmo por uma pessoa que tivesse uma dúzia de filhos. Há um jeito de trabalhar com essa questão do planejamento e daquilo que de fato acontece, e notamos que a correlação entre as duas não é muito alta. Planejamos as coisas e aí vemos o que acontece – e isso tudo adquire nova dimensão.

Vamos falar na sequência sobre o caso de uma garota de dezesseis anos, e o que ela queria de mim era que eu lhe dissesse que havia sido machucada ao nascer. Ela começou com uma desvantagem: nasceu muito azul, com o cordão umbilical enrolado no pescoço. Ela quase morreu, e sem dúvida, quando recobrou a consciência, suas células nervosas já haviam sofrido um belo estrago. Ela não tinha nenhum problema muito grave – o fato é que sua personalidade tinha uma profundidade limi-

4. A PÍLULA E A LUA

tada, e ela teve dificuldade de lidar com isso a vida toda. Assim que entrava em qualquer tipo de escola, todo mundo lhe dizia: "Se você se esforçasse mais, conseguiria fazer isso melhor". E aí ela tentava e tentava e tentava, mas ninguém lhe dizia: "Isso não tem tanta importância assim". Bela e atraente, era muito madura emocionalmente. Quando veio à consulta, trouxe consigo um livro: "Estou lendo isto aqui – é muito interessante"; e *era* mesmo um livro interessante. Mas dava para perceber que ela tinha problemas para entendê-lo, para entender o que eu e você entenderíamos, porque ela não conseguia captar o espírito da coisa, não conseguia "chegar lá".

Começamos a brincar de jogo do rabisco [*squiggles*], para lá e para cá, e um de seus desenhos obviamente se transformou numa cabeça e num corpo, e havia algo no desenho que parecia um cordão. Eu lhe disse: "Tem um cordão em volta dessa criança, tem uma corda em volta do pescoço dela". Isso me ocorreu por acaso no meio da brincadeira – e continuamos brincando. Então ela me disse: "A propósito, eu nasci com o cordão enrolado no pescoço". Alguém havia lhe contado. Eu disse: "Ah, olha só, agora temos um desenho disso". E ela: "É mesmo?". A jovem não havia pensado nesses termos. Só que foi assim que emergiu, com base em um material relacionado à brincadeira, e, quando fiz perguntas, descobri que era um fato, e não uma lenda familiar. Nós dois embarcamos nesse fato, e eu lhe disse: "Veja" (eu não a protegi de modo algum), "você nasceu com essa coisa em volta do pescoço; você ficou azul e sofreu danos ao nascer, mas está lutando para seguir em frente. Sua capacidade cerebral é limitada, mas com o tempo talvez melhore e, se tiver um pouco de paciência, poderá descobrir o que fazer em relação a isso – ainda não sei o quê. Seu problema não está em ficar se esforçando, e sim nesse cérebro danificado que você precisa carregar com você". Ela foi para casa e sua reação foi falar: "Sinto que finalmente alguém me compreendeu". E isso emergiu de uma situação bastante complexa, a partir da qual ela passou a agir de modo bastante diferente. Estabelecemos uma relação muito boa; ela agora pode me usar e eu estou providenciando que ela seja cuidada de uma maneira que a permita viver uma vida normal sem que ninguém fique esperando que ela faça o que não pode, uma vez que certas coisas requerem uma profundidade de personalidade e de intelecto que está além da capacidade dela.

Essa garota tem crises agudas terríveis com alguma frequência, e isso incomoda a família e todos ao redor – até os animais. Seus pais, apesar de gostarem muito dela, não podem mantê-la em casa, porque não suportam ver a estrutura da casa se esfacelar quando ela atinge o limite de sua capacidade de tolerância. Certo dia, me telefonaram. Fui vê-la imediatamente. Ela estava tendo uma crise aguda (agora voltamos à pílula): fora a uma festa – o que tentava não fazer, pois era muito atraente e sempre havia alguém que notava a presença dela de imediato, e em dez minutos os dois estavam se divertindo, a festa estava ótima, mas o que iria acontecer depois? Ela não conseguia segurar a barra. Ela tinha ideias muito claras a respeito do que gostava e do que não gostava, do que achava certo ou errado, além de instintos muito intensos. Só que, dessa vez, havia encontrado um homem que a agradara. Era isso que importava, e se tornou muito difícil para ela recusá-lo. Assim, quando acabou a festa, se ela não fosse para a cama com ele, não saberia como lidar com a frustração e todo o resto, e a jovem não tem a capacidade de lidar com isso em sonhos ou por outros meios. Ela continuou lá a noite inteira, mas acabou por não aceitá-lo – e o rapaz respeitou a decisão dela. Só que a moça ficou totalmente

4. A PÍLULA E A LUA

arrasada com o fato de ele não a ter estuprado e assumido a responsabilidade, e também por conta de seu respeito pelo rapaz, pois ela sabia que, se os amigos dele descobrissem que ele havia passado a noite com ela sem ter relações sexuais, iriam desprezá-lo. Assim, ela o deixou, e ele foi para casa com a opção de contar uma mentira ou dizer: "Bem, ela não quis"; e isso não seria bom. A jovem respeitou tudo isso, mas ficou arrasada, no estado mais terrível possível, e preocupou toda a família – eles não sabiam onde ela havia estado, embora de certa forma estivessem acostumados com esse comportamento. A propósito: o moço era um africano bem preto, o que não parecia fazer muita diferença para a família. Não era esse o problema principal, ainda que, para ela, fosse muito excitante ter um homem negro. Esse, porém, é outro assunto.

Então esse homem agiu corretamente. Ela ficou desesperada por ele ter agido assim e, no entanto, tremendamente aliviada; estava presa em um conflito que não conseguia resolver.

Ela me disse: "Veja só, o problema não tem nada a ver com sexo, tem a ver com a pílula. Todas as minhas amigas tomam. Se eu não puder tomar, vou me sentir inferior e infantil". Seus pais lhe diziam que ela não ia tomar pílula ou outro anticoncepcional, a não ser que entrasse em um relacionamento com alguém com quem fosse morar e se submetesse a algum tratamento. Eles acreditavam que essa era uma boa maneira de acabar com o assunto e foram assertivos ao dizer: "Ainda não é hora de usar pílula ou anticoncepcionais. Você precisa aprender a se conter". A questão era: para essa garota de dezesseis anos, a pílula era um símbolo de *status* muitíssimo importante. Se ela tomasse pílula, tudo estaria bem. Essas pessoas sentem que, se algo fosse diferente, então tudo estaria bem. A jovem disse: "Se eu tivesse a pílula, você sabe que eu não iria tomá-la, mas eu tenho que tê-la. Se o pessoal fica aí dizendo: 'você não pode tomar pílula, você tem só dezesseis anos', aí é que eu tenho que consegui-la. Vou conseguir, vou tomar e ponto final". É assim que essa moça pensa, e tudo se complica pelo fato de ela não ter uma realidade interna profunda para ajudá-la a elaborar essas coisas. Quando começou a caminhar em direção a esse local que frequentava, que é bastante bom e receptivo, ela veio me ver e disse: "Tive o dia mais *incrível* da minha vida". E eu: "*O que* você fez?". Eu achei que ela tinha tido um monte de homens negros! Então ela me diz: "Caminhamos ao longo de um riacho e apanhamos girinos". Mesmo assim, do ponto de vista dessa jovem, não tomar a pílula e não ter permissão para obtê-la era algo que ela não podia aceitar. Tudo era exagerado. Acho que às vezes podemos olhar para as coisas dessa forma, e ver.

Quero relatar mais um caso. Uma senhora muito inteligente, que sofreu deprivações quando criança, vinha me ver regularmente. Ela se casou e teve filhos, mas no momento está divorciada e se sente muito sozinha. Como resultado da melhora alcançada por causa do tratamento, começou a se soltar um pouco, e um homem a convidou para jantar. Tudo bem, agora ela é livre, pode sair para jantar, e ficou muito feliz com isso, pois havia gostado bastante dele. Então, é óbvio – não sei como isso acontece –, de alguma forma eles acabaram juntos em algum quarto em algum lugar. Essa senhora me disse: "Não sei o que as pessoas andam pensando hoje em dia; em 1969 parece que todo mundo acha que se deve viver em função da pílula. Não penso em sexo há uns dez anos e não vivo em função da pílula. Ele não tinha nenhum contraceptivo, por isso tive que apelar para a velha desculpa da menstruação". Mas essa ideia é muito estranha, vocês percebem? O que ela queria me dizer era: que coisa incrível. Eis aí um homem que quer dormir

4. A PÍLULA E A LUA

com uma mulher e presume que ela tome pílula. Essa é a linguagem de 1969, não é? Essas duas coisas são manifestações da mesma forma, até que lógica, de observar o problema, ainda que essa mulher tenha enorme profundidade e possa observá-lo de modos diferentes.

Estou tentando demonstrar a vocês que, do meu ponto de vista, há uma área não resolvida em que a lógica e os sentimentos, a fantasia inconsciente etc. não se juntam. Eles não se relacionam de maneira adequada, não se resolvem, embora seja necessário ter os dois, assim como tolerar as contradições. É claro que podemos resolver qualquer problema nos refugiando na área cindida do intelecto. De algum modo, estamos livres de sentimentos nesse local: poderíamos dizer "dialético"; colocamos isto contra aquilo e podemos resolver qualquer problema que exista. Ou, se não podemos, nos tornamos capazes. Mas, se nos refugiamos no intelecto cindido, vocês não acham que devemos dizer: "Certo, há problemas que não podem ser resolvidos e nós temos que tolerar tensões". É o que estou tentando ilustrar com a moça que tinha uma limitação decorrente de um dano na cabeça, ocorrido no nascimento. Ela descobriu como é difícil suportar as tensões que temos que levar conosco onde quer que formos e que nos deixam em dúvida sobre tudo e que nos fazem valorizar essa dúvida. Sim, porque a certeza e a sanidade soam terrivelmente entediantes. É claro que a insanidade também é entediante, embora haja uma situação passível de ser tolerada, até certo ponto – a incerteza.

Quero caminhar agora para algo surpreendente, só que é algo que vocês já disseram para si mesmos, de modo que nada do que vou falar é especial ou original. Nosso assunto é o assassinato de bebês. Não estamos falando de matar bebês porque são anormais, mongoloides, espasmódicos ou defeituosos. Estes, nós protegemos, eles recebem cuidados especiais, nós nos ajudamos mutuamente. Estamos falando do assassinato de bebês, complicações à parte. É um assunto muito difícil que imediatamente queremos evitar. Estamos falando da lógica malthusiana e do senso comum a respeito dessa linha de pensamento, e não queremos ser incomodados com nada disso. Mas eu lhes pergunto: será que não deveríamos nos incomodar?

Quando eu era pequeno e tinha ratos, se eu ficasse mexendo nos bebês ratinhos, a rata dizia: "É assim? Então vou pegá-los de volta"; ela então os comia e começava tudo de novo. Os gatos também são assim. Acho que os cachorros não fazem isso, mas eles foram treinados durante um milhão de anos para não serem lobos, e então foram domesticados – a não ser que tenham raiva. Parece que minha rata de estimação estava resolvendo o problema, ao dizer: "Não preciso da pílula; se eu achar que esses bebês não vão ter um ambiente apropriado para crescer, que esse menino não tira as mãos deles, então basta comê-los e começar tudo de novo". Tudo muito simples. Acredito, embora não tenha muita certeza – essas coisas se confundem facilmente com mitologia –, que os aborígines australianos costumavam comer algumas de suas crianças, em certa época.[4] Era assim que eles resolviam o problema populacional. E essa comilança de bebês nada tinha a ver com ódio. O que quero dizer é que, quando se percebe que o ambiente não consegue dar conta do número de crianças, desenvolve-se um novo método para lidar com o problema. Até recentemente, o mundo fez uso de um excelente método. As pessoas morriam de disenteria e de

---

4 James G. Frazer, em *The Golden Bough* [London: Macmillan, 1890], descreve tribos de Nova Gales do Sul que devoravam os primogênitos.

4. A PÍLULA E A LUA

outras causas como moscas, mas hoje os médicos aparecem e dizem: "Vocês não precisam morrer de disenteria, não precisam morrer de malária, não precisam morrer de doença nem de epidemias". Por isso a população precisa ser vista de outra forma, porque não podemos mais deixar para Deus a tarefa de matar todo mundo, ainda que, claro, possamos arranjar uma guerra para as pessoas matarem umas às outras.

Se quisermos ser lógicos, vamos ter que conversar sobre outro assunto difícil: que bebê vamos assassinar? Em que idade um bebê começa a ser humano? A maioria das pessoas concorda com a noção de que um bebê nascido após nove meses de gravidez é um ser humano. Não vamos matá-los. Então falamos sobre o período imediatamente anterior ao nascimento: "Não vamos matar bebês que sejam viáveis". Bem, aí consultamos um médico: "Em que idade um bebê é viável?". Eles dizem que é quando o peso é x ou y, dois quilos e meio, dois quilos e um quarto, dois quilos, e o peso vai baixando como num leilão. E aí aceitamos a opinião médica sobre o que é ou não assassinato, daí retrocedemos um pouco e dizemos: "Tudo certo. Aborto. Já decidimos".

Ultimamente tenho aconselhado uma moça que é feliz no casamento, mas que também é muito inquieta. Quando seu marido foi convocado para o Oriente, percebi que ela não seria capaz de segurar as pontas. Não me surpreendeu quando ela me telefonou e disse: "Estou grávida, mas não gosto do cara e detesto a ideia de romper meu casamento; tudo isso me deixa apavorada". Como não pude entrar em contato com o pai de imediato, tomei providências para que tirassem o bebê. É lógico que todo mundo ficou extremamente satisfeito com isso, e a jovem estava pronta para o marido quando ele retornou, e os dois tiveram dois filhos, e o lar não foi perturbado pela presença de um estranho nascido de um caso amoroso indesejado, que ela não pôde evitar por não ter uma capacidade profunda de tolerar as coisas.

Tudo isso é bem lógico. Mas e a moça? Ela ainda se sente péssima com relação ao assassinato da criança de três meses que trazia dentro de si, mas consegue tolerar o mal-estar, e eu posso conversar com ela a respeito, e ela sabe que se sente muito mal com isso. Então não é só uma questão de lógica, não é mesmo? O assassinato existe. Estamos falando sobre algo realmente espantoso.

Voltando um pouco atrás, falarei de uma moça que aos dezoito anos foi chamada para prestar auxílio num hospital psiquiátrico. O hospital estava muito preocupado em ajudar todos os jovens internados lá, então decidiu-se que essa moça ficaria em contato próximo com um rapaz esquizofrênico. Posso garantir que ela o ajudou muitíssimo. Só que nessa mesma época ficou grávida. Penso que a mãe da jovem achou que foi irresponsabilidade do hospital e a proibiu de continuar indo lá e de prestar auxílio à unidade. Todos nós dissemos: "Certo, é necessário tirar bem rápido o bebê dessa moça". Dei um jeito e insisti para que isso se consumasse, porque em geral os médicos costumam dizer "Vamos pensar mais um pouco"; e a mãe volta após dois meses, depois de já ter começado a se orientar para o bebê, de modo que, a essa altura, o aborto é traumático. E, não raro, já é tarde demais, e ela terá que carregar um bebê indesejado, e teremos um bebê indesejado no mundo – e aí sim teremos um problema terrível em nossas mãos. Seja como for, acelerei os procedimentos, e a garota se livrou do bebê antes de se ligar a ele. E ela está bem, não sente culpa nenhuma, porque está feito. Está planejando se casar com o rapaz que era esquizofrênico, e os dois querem formar uma família assim que se estabelecerem na vida.

4. A PÍLULA E A LUA

Estou pedindo para conservarmos o lado fantasioso, emocional, sem deixar de aproveitar o extremo da lógica, porque acredito na objetividade, em olhar para as coisas como elas são e em fazer algo quanto a isso; mas não em torná-las tediosas pelo esquecimento da fantasia, da fantasia inconsciente. Vocês bem sabem que essa opinião não é nada popular. Ninguém é menos tolerante com a fantasia inconsciente do que o público em geral. O extremo da lógica nos dá a pílula e seu uso, e sei que isso faz uma diferença inacreditável, e também tenho noção de que o mundo pode usá-la. Só acredito que vamos todos ficar muito insatisfeitos se nossos esforços se reduzirem a isso, e aí perceberemos que a pílula é aquilo que chamei de "Assassinato silencioso". Meu suposto poema contém boa dose de conflito, não resolve nada, mas mesmo assim me conduz inesperadamente àquilo que eu não sabia que iria falar: na imaginação, a pílula é o assassinato silencioso de bebês. As pessoas têm direito a reagir emocionalmente a isso.

Estou acostumado a esse assunto porque lido com crianças. Tome, por exemplo, o caçula de uma família. Descobri que ele – ou ela – matou todos os outros que não vieram depois dele. Descobri que muitos deles tiveram que lidar com sentimentos de culpa aterradores, por terem matado as demais crianças. Nós que estamos habituados com a fantasia que existe na vida das crianças nos acostumamos a tudo isso.

Vocês podem pensar que estou sugerindo algo na linha de: "Tudo bem, descobrimos que a pílula anda matando os bebês, portanto não vamos tomá-la". Mas eu não disse isso. O que estou querendo dizer é: "Claro que reconhecemos que há épocas em que dizemos 'Sim, nós matamos bebês'. Só que o fazemos com todo respeito". Não porque os odiamos – esse é o ponto. Matamos os bebês porque não podemos lhes proporcionar um ambiente adequado para o crescimento. Mas nos entranhamos em coisas muito primitivas, associadas com uma destruição própria da relação de objeto. Em certo sentido, antes do ódio, a relação de objeto envolve a destruição.

Não consigo tratar de um assunto sem me envolver, sem ficar tenso em relação a ele, e, quando estou falando sobre algum assunto em algum lugar, acabo, como outras pessoas, sonhando com ele. Tive dois sonhos na noite passada. No primeiro, eu estava numa conferência. Não como esta aqui, era algo mais parecido com a conferência psicanalítica que houve em Roma este ano, à qual não compareci. Havia lá uma família inteira: homens, mulheres, crianças. E uma quantidade imensa de pessoas. E as coisas estavam indo bem, quando de repente entrou em cena, como um tufão, a filha dessa família. Ela está correndo e telefonando para os lugares próximos e para o hotel, dizendo "Mamãe perdeu a bolsa!". Em seguida ela disse: "Quero que vocês compreendam isso. Pode ser que ela encontre a bolsa, mas, enquanto a bolsa estiver perdida, todo mundo aqui vai ter que ajudá-la a procurar!". E todo mundo largou o que estava fazendo – nada de conferência, tudo parou –, ficamos à procura da bolsa da mãe.

Eis aqui algo que devemos tolerar, se estamos pensando no conteúdo fantasioso do uso da pílula. Infelizmente, não podemos evitar que esse conteúdo envolva a fantasia de a mulher perder sua qualidade de mulher.

Acho que o outro era um sonho masculino. Despertou meu interesse porque havia um objeto branco simplesmente maravilhoso: a cabeça de uma criança. Só que não era esculpida, era a representação bidimensional de uma escultura. Eu dizia a mim mesmo, no sonho: "Veja, o jogo de luz e sombra foi tão bem feito que a gente quase esquece se esta é ou não uma representação

4. A PÍLULA E A LUA

precisa da cabeça de uma criança e se põe a pensar nas implicações desse fato, que é o significado da sombra e da luz". No sonho, antes de acordar, eu dizia: "Isto não tem nada a ver com o problema dos negros, de preto e branco – tem a ver com o que existe por trás desse problema. Com o preto e o branco que existe no ser humano individual". E assim era.

Foi então que percebi – ultimamente tenho me levantado muito durante a noite, e gosto de ficar admirando a Lua – que obviamente era a Lua. Eu sabia muito bem que era ela, porque de repente me veio à cabeça: "Diabos, tem uma bandeira dos Estados Unidos aqui!". E de repente me dei conta, quando comecei a recobrar a lógica, de que estávamos de volta ao assunto da menstruação e da mulher que havia dito "Tive que voltar atrás e usar outra vez a velha desculpa da menstruação". O fato é que cá estamos, participando de algo extremamente primitivo, relacionado à Lua e à sua ligação com as mulheres, bem como à maneira como o mundo se desenvolveu. Terminei comentando: "O teste de nossa civilização no momento – o teste muda a cada dia –, mas, enfim, o teste hoje é: será que nós, como poetas, vamos conseguir nos recuperar da chegada dos norte-americanos à Lua?". A música diz: "Eu lhe dei a Lua, você logo se cansará dela". Já estou cansado dela, sem dúvida. Mas, quando os poetas voltarem a escrever sobre a Lua, como se ninguém tivesse pousado nela, como se ela tivesse significado, do mesmo modo que tem um significado para mim e para vocês quando a vemos no céu, seu crescer e minguar, sua majestade e seu mistério, então podemos voltar para a época em que desvendamos o significado de tudo, quando entendemos o que significavam sombra e luz. Se pudermos retornar à poesia e nos recuperarmos da chegada dos norte-americanos à Lua, antes que o mesmo aconteça em Vênus, poderemos sentir que a civilização ainda tem alguma esperança.

É engraçado encerrar minha fala com esse comentário, quando na verdade estou falando sobre a pílula. Só que, do meu ponto de vista, já que eu nunca vi pílula nenhuma, e sem dúvida jamais ingeri uma, quem sabe, talvez a pílula se pareça com a Lua. Talvez seja só minha imaginação.

POUSO NA LUA

I
Eles dizem
Que chegaram à Lua
Fincaram uma bandeira
    bem firme, é claro
    (deus nenhum respira lá)

II
Diabos espertos eu recearia
                    eu me descontrolaria
                    eu duvidaria
                    eu erraria
                    eu desmaiaria
                    eu daria pulos, berros, risos, me despedaçaria
Eles não.

III
Que Lua?
Das próprias cabeças eles fizeram uma sala
Num computador inventaram
Uma complexidade quase infinita e então
    Exploraram sua finitude. E então
    Pisaram na Lua, fincaram uma bandeira bem firme

4. A PÍLULA E A LUA

E de lá levaram algumas bolinhas de gude para casa, mas não para as crianças brincarem.

IV
Mudou alguma coisa?
É essa a forma do triunfo do homem,
    a marca da grandeza do homem
    o clímax da civilização
    o ponto de crescimento da vida cultural do homem?
Será esse o momento para erigir um deus
    que julga bons seus esforços criativos?

V
Não, não para mim
Esta não é minha Lua
Este não é o símbolo da pureza fria
Esta não é a senhora das marés
Nem a governante das fases do corpo da mulher
    ou a lâmpada bruxuleante mas previsível
    para o pastor-astrônomo que de vez em quando ilumina
    a noite escura ou gera morcegos e fantasmas
    e bruxas e coisas que surdamente se trombam.

VI
Esta não é a Lua da janela mágica,
Do sonho pessoal de Julieta da sacada
    (Ama, já vou)

VII
Minha Lua não tem bandeira
Nenhuma bandeira firme

Sua vida está na sua beleza ativa
Sua luz variável
Sua luminosidade.⁵

---

5   No original, "Moon Landing": "I. *They say / They reached the moon / Planted a flag / a flag stiffened of course / (no gods breathe there)* // II. *Clever devils I would fear / I would panic / I would doubt / I would make a mistake / I would faint I would leap, scream, laugh, go to pieces. / Not so they.* // III. *What moon? / They made a room out of their heads / In a computer box they devised / Near-infinite complexity and then / Explored its finiteness. And then / They stepped on to it, planted a stiffened flag, / And took some marbles home, but not for children to play with.* // IV. *Has anything altered? / Is this the shape of man's triumph, / the mark of man's greatness / the climax of civilization / the growing point of man's cultural life? / Is this the moment for setting up a god / who is pleased with his creative efforts?* // V. *No not for me / This is not my moon / This is not the symbol of cold purity / This is not the tide-master / Nor the phase-determinant of women's bodies / the lamp fickle yet predictable to the / shepherd astronomer that variably lights up / the dark night or generates bats and ghosts / and witches and things that go bump.* // VI. *This is not the moon of the magic casement, / Of the personal dream of Juliet of the balcony, / (Nurse I come)* // VII. *My moon has no flag / no stiffened flag / Its life is in its active beauty / Its variable light / Its luminosity*". [N.E.]

5

DISCUSSÃO DOS OBJETIVOS DA GUERRA

[1940]

Para alívio de muitos, o primeiro-ministro tem se mostrado pouco disposto a discutir os objetivos da guerra. Nós lutamos para existir.[1]

Pessoalmente, não tenho vergonha da ideia de lutar apenas para existir. Não fazemos nada de extraordinário quando lutamos pelo simples motivo de não querermos ser exterminados ou escravizados. *Le méchant animal, quand on l'attaque il se défend.* A ética não faz parte disso, e, se formos suficientemente tolos para sucumbir, não vamos nem ter chance de tirar proveito de nosso erro.

Ao lutar para existir, não alegamos que somos melhores do que nossos inimigos. No momento em que dizemos que lutamos para possuir, ou para continuar possuindo, no entanto, introduzimos certas complicações; se formos imprudentes a ponto de afirmar que temos alguma qualidade que falta a nossos inimigos, e que deveria ser preservada, teremos dito algo difícil de justificar. Há algum sentido, portanto, em manter nossos objetivos o mais simples possível.

---

1   Escrito em 1940.

Nada indica que a capacidade de conduzir o país à vitória venha acompanhada da capacidade de discutir os objetivos da guerra, e pode ser importante não forçar o primeiro-ministro a fazer algo que está fora de sua alçada. Contudo, o que o sr. Churchill evita fazer, nós, cuja responsabilidade é menos direta, faremos até com proveito. Podemos investigar a possibilidade de estarmos defendendo algo valioso, e, se acharmos que é esse o caso, podemos tentar compreender o que viria a ser esse algo. E, quando as palavras "democracia" e "liberdade" aparecem na discussão, podemos tentar entender o que significam.

Com o intuito de preparar o terreno, eu pediria que vocês aceitassem o seguinte postulado: caso sejamos melhores que nossos inimigos, somos apenas um pouquinho melhores. Alguns anos após a guerra, até uma afirmação cautelosa como essa lhes parecerá presunçosa. Na minha opinião, não adianta nada fingir que a natureza humana é fundamentalmente diversa na Alemanha e na Grã-Bretanha, ainda que isso me deixe, admito, com a responsabilidade de explicar as reconhecidas dessemelhanças de comportamento entre os dois países. Acredito que essa dessemelhança pode ser explicada sem a necessidade de supor a existência de diferenças fundamentais. Poderíamos dizer: se é tão óbvio que o comportamento é diferente aqui e lá, não é o comportamento que interessa, no final das contas? Ora, sem dúvida, mas existe o comportamento e o comportamento total. Comportamento é uma coisa; comportamento total é outra. O comportamento total inclui a responsabilidade histórica; também leva em conta a ampliação da base da motivação mediante a identificação inconsciente com os inimigos. Inclui ainda a capacidade de o indivíduo conseguir gratificação em conexão com ideias, talvez agressivas e cruéis, e de obter alívio quando ideias intoleráveis que ameaçam se tornar conscientes são atuadas

5. DISCUSSÃO DOS OBJETIVOS DA GUERRA

[*acted out*]- ou seja, quando a responsabilidade por essas ideias é compartilhada com os outros membros de um grupo.

Dito de maneira simples, podemos nos sentir bons, ser bem-comportados, mas precisamos de um parâmetro para a consciência da bondade. O único parâmetro realmente satisfatório para a bondade é a maldade, e o comportamento total a inclui, mesmo que nosso inimigo é que seja mau.

No momento, estamos na posição aparentemente afortunada de ter um inimigo que diz: "Eu sou mau; tenho a intenção de ser mau", o que nos permite concluir: "Somos bons". Se nosso comportamento pode ser considerado bom, de modo algum fica claro que podemos escapar à nossa responsabilidade pela atitude alemã e pelo modo como os alemães tiraram partido das qualidades peculiares a Hitler. Na verdade, haveria um perigo real e imediato nessa complacência, já que a declaração do inimigo é honesta justamente onde a nossa é desonesta. Do meu ponto de vista, essa é uma das razões do poder que eles têm para quebrar os oponentes por dentro. Eles o impelem a uma posição de retidão moral que, por ser falsa, cai por terra.

Esquecemos com muita facilidade o fato de que, quando acontece uma guerra, ela tem um valor que se reflete no curso da política. É muito difícil manter a paz como fenômeno natural por mais do que alguns anos, e seria possível demonstrar que pressões e tensões internas estavam despontando na estrutura política do país quando a ameaça externa chegou e nos proporcionou alívio. (Isso não implica que a guerra tenha sido engendrada para prevenir uma revolução, como dizem alguns.)

Em outras palavras, a natureza humana, denominada coletivamente estrutura social, não é uma questão simples, e os sociólogos não ajudam em nada ao negar o poder da ganância e da agressividade que todo indivíduo tem que enfrentar dentro de si, se quiser parecer civilizado. A saída fácil para o indivíduo é ver suas partes desagradáveis apenas quando elas aparecem em outras pessoas. O difícil é ver que toda ganância, agressividade e embuste no mundo *bem poderiam* ter sido responsabilidade sua, mesmo que não o sejam de fato. Isso é verdade tanto para o Estado como para o indivíduo.

Se estivermos dispostos a nos instruir, os eventos da última década estão desejosos de nos ensinar. Um passo em nossa instrução veio de Mussolini, que falou com todas as letras, antes de Hitler surgir no cenário, que a única posse justificável era aquela garantida pela força física. Não temos que discutir, do ponto de vista ético, se isso é certo ou errado; devemos apenas notar que, qualquer um que esteja preparado para agir, ou mesmo para falar, baseado nesse princípio, acaba forçando o outro a agir segundo esse mesmo princípio. Mussolini insinuava que a Grã-Bretanha, a França, a Holanda e a Bélgica haviam assumido uma posição falsa ao reivindicar direitos territoriais, como se Deus assim tivesse ordenado, e discutiu-se que, ainda que as palavras dele fossem apenas blefe, ao nos forçar a decidir outra vez se valia ou não a pena lutar por nossa posição, Mussolini talvez nos tenha prestado um bom serviço.

Nossa tarefa fica muito mais simples se aceitarmos o fato de que, em nossa natureza, somos basicamente iguais aos nossos inimigos. Podemos então examinar sem temor nossa natureza, nossa ganância e nossa capacidade de nos iludir; se, acima de tudo isso, descobrirmos que defendemos algo valioso para o mundo, estaremos em posição de dar a isso a devida dimensão.

É preciso lembrar que, se descobrirmos que fazemos coisas boas com o poder que temos, isso não significa que podemos deter esse poder sem despertar inveja. Um inimigo pode inve-

5. DISCUSSÃO DOS OBJETIVOS DA GUERRA

jar não apenas o que possuímos, mas também a oportunidade que nosso poder nos dá de governar bem e de espalhar bons princípios, ou pelo menos de controlar as forças que poderiam ocasionar desordem.

Em outras palavras, se reconhecermos a importância da ganância nas questões humanas, poderemos encontrar algo além dela, ou então descobrir que se trata de uma forma primitiva de amor. Poderemos também descobrir que a compulsão para deter o poder provém do medo do caos e do descontrole.

Será que poderíamos descobrir outra justificativa possível para lutar, que seja fundamentalmente lutar pela vida? Na verdade, só existe um modo de sustentar a alegação de que somos melhores do que nossos inimigos sem nos envolver numa discussão interminável sobre o significado da palavra "melhor": se pudermos mostrar que nosso objetivo representa um estágio mais maduro do desenvolvimento emocional do que o objetivo de nossos inimigos. Se, por exemplo, fôssemos capazes de demonstrar que os nazistas se comportam como adolescentes ou pré-adolescentes, enquanto nós agimos como adultos. A título de ilustração, eu diria que a atitude de Mussolini, "lutar para possuir" (se for real, e não meras palavras), é relativamente madura, enquanto a atitude "com certeza você ama e confia no seu líder" só é normal para um rapaz imaturo e pré-adolescente. De acordo com essa ideia, Mussolini nos desafiou a nos comportar como adultos, enquanto os nazistas nos desafiaram como adolescentes e não puderam nos compreender porque não conseguiram enxergar a própria imaturidade.

Nossa reivindicação, provavelmente, é de que os nazistas são pré-adolescentes seguros, ao passo que nós estamos lutando para ser adultos. Estamos tentando nos sentir livres e também ser livres; estamos dispostos a lutar, sem ser belicosos, a fim de nos tornarmos potenciais lutadores interessados na arte da paz. Se alegamos isso, temos de nos preparar para defender a alegação e entender o que ela significa.

Costumamos partir do princípio de que todos amamos a liberdade e queremos lutar e morrer por ela. Poucos reconhecem que essa suposição é perigosa e infundada, mas tenho a impressão de que esses poucos não conseguem compreender aquilo que descrevem.

Na verdade, parece que gostamos da ideia de liberdade e admiramos quem se sente livre, mas ao mesmo tempo temos receio dela e tendemos, em certas ocasiões, a nos deixar controlar. A dificuldade em compreender isso está no fato de que o consciente e o inconsciente não são idênticos. Sentimentos e fantasias inconscientes conferem ilogicidade ao comportamento consciente. Também pode haver enorme discrepância entre aquilo de que gostamos quando estamos excitados e aquilo de que gostamos nos ínterins.

A interferência no exercício e no desfrute da liberdade aparece sob duas formas principais. Primeiro, o desfrute da liberdade só se aplica aos períodos entre as excitações corporais. Há bem pouca gratificação corporal, e nenhuma que seja intensa, a se extrair da liberdade; ao passo que as ideias de crueldade ou de escravidão estão notoriamente associadas com a excitação corporal e experiências sensuais, mesmo que separadas da perversão real em que tais coisas são atuadas como substitutivo da experiência sexual. Portanto, é esperado que os amantes da liberdade sintam, de tempos em tempos, o poder sedutor da ideia da escravidão e do controle. Pode não ser muito cortês mencionar os prazeres secretos do corpo e os pensamentos que os acompanham, mas os lapsos extraor-

5. DISCUSSÃO DOS OBJETIVOS DA GUERRA

dinários de liberdade que a história registra não podem ser explicados se permanecermos sob uma conspiração de silêncio e negação.

Segundo, a experiência da liberdade é cansativa, e em certos intervalos a pessoa livre procura um descanso da responsabilidade e dá boas-vindas ao controle. Há uma piada muito conhecida a respeito de uma escola moderna, onde um aluno diz: "Por favor, hoje a gente precisa mesmo fazer o que quer?". A resposta sensível implicada nessa anedota é: "Hoje eu vou lhe dizer o que fazer, pois você é uma criança, jovem demais para assumir responsabilidade plena por seus pensamentos e ações". Mas quando um adulto faz a mesma pergunta, às vezes dizemos: "Sim senhor, você tem que fazer sim. Isso é que é liberdade!". E provavelmente ele está muito disposto a fazer um esforço para exercitar sua liberdade e mesmo apreciá-la, desde que lhe seja concedido um feriado de vez em quando.

Aqui, outra vez, para nos sentirmos livres temos que ter um parâmetro. Como nos conscientizar da liberdade senão por meio do contraste com a falta dela? A escravidão dos negros africanos forneceu – e ainda fornece – um falso alívio pela nossa própria liberdade; e o reaparecimento do tema da escravidão em nossos livros, filmes e músicas é nosso modo de ter o sentimento de que somos livres.

Nossa civilização ainda não encarou o problema da liberdade a não ser no que se refere à existência da escravidão negra, se incluirmos, como de fato deveríamos fazer, a questão da emancipação dos escravizados. Talvez a Alemanha não tenha se envolvido tanto quanto nós ou os Estados Unidos nessas duas experiências, que são uma só em termos de comportamento total. Se for esse o caso, isso faria enorme diferença na maneira como o indivíduo alemão maneja a crueldade pessoal e o desejo de controle, incitando-o a atuar nos dias de hoje as experiências de crueldade e de escravização que os norte-americanos atuaram no escravismo dos negros, e que ainda estão atuando, por meio da grande emancipação.

A liberdade exerce pressão sobre toda a personalidade do indivíduo; o homem livre não se vê livre da ideia de que está sendo perseguido. Não lhe resta nenhuma desculpa lógica para justificar sua raiva ou seus sentimentos de agressividade, a não ser a insaciabilidade de sua própria ganância. E ele não tem ninguém que lhe dê ou negue permissão para fazer o que quiser – em outras palavras, que o poupe da tirania de uma consciência intransigente. Não é de admirar que as pessoas temam não somente a liberdade, mas também a ideia de liberdade e da concessão de liberdade.

O homem que recebe diretivas do que fazer sente grande alívio, e a única coisa exigida em troca é a adoração da pessoa no comando – o culto aos heróis. No momento presente, permitimos que o sr. Churchill e alguns outros elementos de seu gabinete mandem em nós com uma insensatez gritante que só pode ser explicada pelo pressuposto de que todos estamos completamente enjoados da liberdade e sedentos por um período de escravidão. No comércio, por exemplo, inventaram-se regras e regulamentos que estão além da compreensão do pequeno comerciante. No início, ele fica irritado, depois, desconfiado, e alguns dos melhores são gradualmente forçados a desistir, ou são levados ao colapso físico ou mental. O mesmo pode ser dito a respeito de muitos outros setores. Não há dúvida de que isso tem algum valor por causa da crueldade e da estupidez envolvidas, as quais só perdem em importância, do ponto de vista dos seres humanos, para a liberdade. Ao

5. DISCUSSÃO DOS OBJETIVOS DA GUERRA

associar liberdade com paz, e escravidão com guerra e esforço de guerra, alcançamos um estado de coisas favorável, o qual, no entanto, depende da conveniência de alguém entrar em guerra contra nós. Quando somos estimulados a lutar a cada duas ou três décadas, me parece que somos capazes de desfrutar a prática da democracia e a experiência de liberdade.

É muito raro conhecer um indivíduo que seja livre e que se sinta livre, e que possa assumir plena responsabilidade por suas ações e seus pensamentos sem se frustrar em demasia, ou seja, sem manifestar inibição no estado de excitação. Tanto a inibição como a licenciosidade são fáceis, e ambas podem ser compradas por um preço baixo, com a transferência da responsabilidade para um líder idealizado ou para um princípio; o resultado, entretanto, é a pobreza de personalidade.

Sendo a liberdade algo que deve ser imposto àqueles capazes de assumi-la, é necessário um vidente para avaliá-la e mostrar que vale a pena lutar e morrer por ela – e essa é uma verdade que se repete, geração após geração. Os mártires de Tolpuddle conquistam a liberdade para sua própria geração, não para os sindicalistas de todos os tempos. O amor à liberdade, por si só, não gera liberdade. E o fato de as pessoas submetidas à escravidão amarem a ideia de liberdade não significa que vão amar a liberdade em si quando estiverem livres. É sabido que, ao primeiro gostinho de liberdade, as pessoas ficam paralisadas de medo, sem saber o que fazer com ela. E aí com ela se reconciliam, o que implica, em maior ou menor medida, desistir dela.

Se é difícil sentir-se livre, não é menos difícil conceder liberdade. A guerra nos proporciona não apenas um período de alívio temporário da pressão de ser livre, mas também a oportunidade para que os ditadores tenham seu dia de glória. Ditadores se encontram em toda parte e não raro fazem coisas belíssimas, que jamais poderiam ser feitas com o método parlamentar. Quando se firma um acordo sobre o objetivo, a execução é tão somente uma questão de eficiência. Será que esses homens se sentirão plenamente satisfeitos ao final da guerra, e se contentarão em abrir caminho para a aurora de um novo dia democrático? Dizem que esta guerra está sendo levada a cabo pela liberdade, e eu acredito que alguns de nossos líderes podem alcançar esse nobre objetivo. Com o passar do tempo, vamos cedendo nossa liberdade tanto quanto o sr. Churchill julga necessário. Esperemos que restem pessoas que consigam se sentir livres e tolerar a liberdade alheia quando a batalha estiver ganha.

Democracia é exercício da liberdade, e o governo parlamentar é a tentativa de fazer com que a liberdade seja possível mediante a disposição dos indivíduos de tolerar o eclipse de suas opiniões, caso eles sejam menos votados. A disposição de tolerar que o resultado não seja o esperado, quando não se consegue obter o apoio da maioria, é uma conquista humana impressionante, que envolve muito desgaste e muita dor. Só é possível se for permitida, como recompensa, a defenestração periódica e ilógica do líder. Para assegurar a estabilidade geral, o rei é mantido, ilógica e permanentemente. Na verdade, a divisão da cabeça em rei e primeiro-ministro é a essência da democracia. A variação norte-americana desse tema investe um homem de permanência por um período limitado de tempo.

A mim causa extremo desconforto, nesta época solene, ouvir falar em democracia tão somente como o Estado servindo o povo, ao invés de o povo servindo o Estado. Sem dúvida, o essencial na democracia é que o povo não apenas eleja como também se livre de seus líderes e assuma essa responsabilidade. Os sentimentos justificam a mudança, ainda que a lógica e o raciocínio possam roubar a crueza a esses sentimentos.

5. DISCUSSÃO DOS OBJETIVOS DA GUERRA

> Não o amo, dr. Terrível.
> A razão disso é indizível...[2]

Por sorte, sendo a natureza humana como é, cedo ou tarde aparece alguma razão que justifique a remoção dos chefes, mesmo dos mais idolatrados e confiáveis; só que o motivo primário da remoção de um político é subjetivo, e será encontrado no sentimento inconsciente, de maneira que, se os políticos ficam paralisados, torna-se manifesta uma série de fenômenos que se agregam em torno de um ódio não expresso e de uma agressividade não satisfeita.

Uma grande ameaça à democracia, observada nos últimos anos, tem sido a tendência de os políticos desejarem se aposentar somente quando atingem uma idade avançada, ou de morrer trabalhando, em vez de sofrer uma derrota parlamentar. Morrer não é suficiente. Dizem que um bom membro da Câmara dos Comuns bate com força e espera receber o troco. O fato de Churchill ter substituído Chamberlain por meio de um procedimento parlamentar – se a remoção do sr. Chamberlain tivesse sido postergada alguns dias, ficaríamos com a impressão de que ela havia sido motivada por nosso temor do ataque inimigo – constituiu uma bela oportunidade para a democracia!

Na minha opinião, a maior contribuição de Lloyd George para a política das duas últimas décadas foi seu papel de chefe "assassinado", enquanto todos os outros de mais idade estavam evitando ser "assassinados", aposentando-se invictos. Lloyd George teve que ser mantido morto, e em algum momento deve ter se sentido desperdiçado, embora possamos constatar que

---

2 Verso de uma canção de ninar, no original: "*I do not love thee, Doctor Fell,/ The reason why I cannot tell...*". [N.T.]

estava ajudando a preservar a democracia da ruína oriunda do medo que os políticos têm da remoção ilógica.

O mesmo sentimento teve eco nas recentes eleições presidenciais por meio do grito "Não ao terceiro mandato". Preservar Roosevelt pode significar a decadência da democracia nos Estados Unidos, já que da próxima vez ele vai ter que se aposentar, motivo pelo qual nenhum presidente poderá ser sacrificado, derrubado ilogicamente, pelo menos pelos próximos oito anos. O resultado tem que ser um reforço da tendência à guerra, às revoluções ou à ditadura.

Os nazistas, que obviamente gostam de receber ordens, não se sentem responsáveis pela escolha de um líder, são incapazes de derrubá-lo, e nesse aspecto agem como pré-adolescentes. Podemos alegar que, no modo de vida democrático, nosso objetivo é a liberdade, se pretendemos um compartilhamento maduro de responsabilidades, em especial a responsabilidade pelo parricídio ilógico, que viabilizamos por meio da cisão de nossa figura paterna. Não devemos nos surpreender, no entanto, quando outros nos apontam nosso fracasso em alcançar tal liberdade. Podemos apenas dizer: é isso que pretendemos, ou é isso que, como nação, logramos alcançar, mesmo que por breves períodos, entre uma guerra e outra. Realmente é pedir demais que a liberdade pessoal e o sentimento de liberdade sejam alcançados por mais do que algumas poucas pessoas, poucos homens e mulheres valiosos de cada época, que nem sempre alcançam a fama.

Quando chegamos a uma declaração dos objetivos da guerra, podemos ter certeza de somente uma coisa: se quisermos sobreviver, precisamos estar dispostos a lutar. Também alegamos que esperamos mais do que só lutar, pois temos a pretensão de praticar a liberdade – que pode conferir muita

5. DISCUSSÃO DOS OBJETIVOS DA GUERRA

dignidade ao animal humano. Se pensarmos que defendemos a maturidade do desenvolvimento, mais do que o fazem nossos inimigos, teremos um argumento muito forte a nosso favor para atrair a solidariedade do mundo, embora isso não evite que tenhamos que lutar ou, se necessário, morrer.

Nosso primeiro objetivo é vencer a guerra. Supondo que a vençamos, vamos enfrentar a difícil tarefa de, primeiro, restabelecer nossa própria liberdade, nosso sistema parlamentar e o modo de vida democrático, inclusive o mecanismo de remoção ilógica dos políticos. Esse é nosso segundo objetivo de guerra. O terceiro é procurar ou estar preparado para dar as boas-vindas aos elementos maduros dos países inimigos. Espera-se que muitos alemães e italianos que hoje demonstram uma mentalidade desafiadoramente adolescente sejam capazes de realizar um avanço pessoal em direção à maturidade – ou seja, podemos esperar que muitos deles estejam seduzidos pela adolescência ou pré-adolescência de forma temporária, e não que estejam fixados num estágio imaturo de desenvolvimento em função de uma incapacidade pessoal para amadurecer. Pois somente na medida em que estiverem maduros é que nossa ideia de liberdade pode ser proveitosa para os alemães.

Para mim, ainda há algo a dizer a respeito de ganhar a guerra. Nesta em particular, ganhar significa apelar para todo e qualquer blefe na propaganda. Nosso trabalho é testar tudo aquilo que é lançado sobre nós na forma de palavras. É por isso que aqueles que advogam a propaganda de nossa parte despertam em nós mais suspeita do que admiração. Deve haver um lugar para a propaganda como parte da máquina de guerra, mas é importante que consigamos uma vitória militar, e não uma vitória moral.

A melhor esperança por um período de paz é que a guerra termine no momento em que a luta termina. Se o lado vencedor estabeleceu supremacia em armas, o vencido ainda pode manter a cabeça erguida. Lutar e perder não é pior para a alma do que lutar e vencer.

Podemos tentar ser mais claros ainda e dizer que, se os alemães vencerem, sua vitória terá sido em razão de sua superioridade em termos de luta, e não de espetáculo, e se nós vencermos, cenário pelo qual ansiamos confiantes, será de novo por nossa superioridade de luta.

Se, no entanto, uma paz artificial for celebrada antes de confirmada a supremacia pelas armas, então o velho problema da culpa pela guerra vai tornar a vicejar, e a paz que todos nós esperamos será deteriorada mais uma vez.

Ouvimos muito pouco a respeito do valor da guerra, o que não causa estranheza, já que conhecemos tão bem seus horrores. Mas com certeza é possível que a luta em si, travada entre alemães e britânicos, tenda aos poucos a fomentar maturidade em ambos os lados. Pretendemos chegar a um ponto de saturação, quando houver satisfação militar e respeito mútuo entre os combatentes, um respeito que não pode surgir entre propagandistas e contrapropagandistas nem – temo – entre pacifistas e pacifistas. Quanto ao respeito mútuo entre combatentes maduros, poderíamos chegar a um novo período de paz, que talvez durasse mais algumas décadas, até que uma nova geração crescesse e procurasse resolver ou obter alívio dos problemas à sua própria maneira. A atribuição de culpa pela guerra não entra nesse esquema – ela será compartilhada por todos, pois paz significa impotência, a não ser quando conquistada pela luta e pelo risco pessoal de morte.

6

OS MUROS DE BERLIM
[1969]

O Muro de Berlim é o exemplo mais notório de um fenômeno que pode ser encontrado em toda parte, mas que ganha significado especial pelo fato de o mundo ter se tornado um único lugar e de a raça humana ter alcançado uma espécie de unidade.[1]

Há muitas maneiras de olhar para esse fenômeno no mundo da política prática, e não seria possível uma única pessoa abordar todos os aspectos dessa discussão. Uma vez que estou partindo da prática psicanalítica, no entanto, me parece necessário mencionar alguns pontos, e pretendo desenvolver dois deles como temas separados.

O primeiro diz respeito ao desenvolvimento da unidade individual. Não é possível olhar com proveito para o estado clínico de um ser humano num momento qualquer. Ganhamos muito mais estudando o desenvolvimento que ele apresenta em relação ao ambiente, e isso inclui um estudo da provisão ambiental e de seu efeito no desenvolvimento do indivíduo. Os processos de amadurecimento herdados são potenciais; necessitam de um ambiente facilitador de determinada natureza

---
1 Escrito em novembro de 1969.

para sua viabilização, e o meio social sofre variações importantes de acordo com o local e a época. Deve-se presumir que o mundo, conforme se transforma numa unidade, em termos sociológicos, não pode ser melhor do que os indivíduos que o compõem. Pode-se fazer um diagrama do indivíduo humano, e a superposição de um bilhão desses diagramas representa, ao mesmo tempo, a soma total da contribuição dos indivíduos que compõem o mundo e um diagrama sociológico do mundo. Aqui nos deparamos com uma complicação: apenas determinada proporção de indivíduos adquire, em seu desenvolvimento emocional, algo que poderia ser chamado de estado unitário. É bem provável que o conceito de indivíduo seja relativamente moderno e que a existência de pessoas inteiras não remonte senão há poucos séculos; ou talvez tenha havido poucos indivíduos inteiros excepcionais nos últimos dois milênios. Hoje em dia é muito fácil assumir a existência do indivíduo como unidade e supor que essa unidade constitui o fundamento de tudo aquilo que é humano; e que todo indivíduo que não tenha conquistado a integração, alcançando o status de algo que poderia ser denominado unidade, ainda não preencheu o pré-requisito mínimo para a maturidade, seja lá qual for o significado dessa palavra.

Por conseguinte, o mundo precisa comportar uma porção de indivíduos que não conseguem atingir a integração – não conseguem se tornar uma unidade – e que, portanto, não podem contribuir, exceto de modo destrutivo, para a integração mundial. Para prosseguir nosso assunto, é necessário deixar de lado essa complicação e também considerar que o mundo sociológico é a superposição de milhões de indivíduos integrados. Ao que tudo indica, o que há de melhor no mundo pode ser encontrado também no ser humano.

6. OS MUROS DE BERLIM

Quando estudamos bebês, crianças e seres humanos em desenvolvimento – em todos os grupos, no mundo todo –, descobrimos que a integração em uma unidade não é sinônimo de paz. O indivíduo adquire um self que pode conter conflitos de toda espécie: alguns referentes aos instintos e às necessidades refinadas do espírito, outros de caráter ambiental, isto é, relacionados ao meio. É possível ver o diagrama do ser humano mais saudável que se pode conceber como uma esfera, ou mesmo como um círculo – e de imediato será necessário inserir uma linha que passe pelo centro da figura. O indivíduo que atingir esse grau de saúde é capaz de conter todos os conflitos que surgirem de dentro e de fora, e, embora sempre possa haver guerra ou uma guerra potencial na linha central, de ambos os lados da linha se organizam (pelas forças integrativas inerentes ao desenvolvimento humano) agrupamentos de elementos benignos e persecutórios.

Na realidade psíquica interna que estou descrevendo, nem sempre há guerra apenas por causa da linha e da separação dos elementos benignos e persecutórios. Ajuda o fato de que os elementos benignos podem ser exportados ou projetados – e o mesmo ocorre com os elementos persecutórios. Assim, os seres humanos estão constantemente inventando Deus e providenciando o descarte de produtos perigosos ou residuais.

Há dois extremos, do ponto de vista clínico, quando se examinam os seres humanos segundo o modo como eles lidam com essas questões. Num extremo, a totalidade do conflito que o indivíduo pode conhecer é reunida na realidade psíquica interna pessoal. Assume-se responsabilidade por tudo. Em face do perigo que cada movimento representa, automaticamente se estabelece controle sobre tudo. A disposição de ânimo, portanto, é a depressão. No extremo oposto, a guerra potencial na realidade psíquica interna não pode ser tolerada, e o indivíduo procura por um representante dela na sociedade, local ou geral, e em última análise no conceito social unificado do mundo em que vivemos. Dessa forma, não se trata somente do fato de sempre existir conflito no meio social, mas também de que os indivíduos que compõem a sociedade o inventam e o mantêm; e eles não apenas sofrem com os conflitos no mundo ao seu redor, como também se sentem aliviados quando o conflito externo ao indivíduo o desoprime do conflito interno – ou seja, da realidade psíquica interna pessoal.

Com frequência, os idealistas pressupõem a existência de indivíduos sem nenhuma linha no centro do diagrama, como se nele não houvesse nada exceto forças benignas subordinadas a fins bons. Na prática, no entanto, todos os que estudam essas questões descobrem que, se os indivíduos estão quase livres de forças e objetos persecutórios ou "maus", isso significa que algum mecanismo de bode expiatório está em operação, aliviando o indivíduo de uma perseguição real, imaginária, provocada ou delirante.

Da mesma maneira, é impossível conceber alguém que seja de todo mau – seja lá o que a palavra "mau" signifique. O que quero dizer é que é impossível conceber alguém que contenha somente elementos persecutórios. Isso pode ser observado, contudo, na psicopatologia: em certos casos de suicídio, o indivíduo reúne todos os objetos maus que encontra dentro do self e os elimina, depois de afastar ou projetar aquilo que considera bom. (Recordo-me aqui da biografia de Philip Hesseltine: ele pôs o gato para fora, fechou a porta e abriu o gás.) Cabe observar que no estado depressivo que provavelmente faz parte da estrutura da personalidade do indivíduo normal ou psiquiatricamente saudável há tolerância ao estado de guerra potencial. É como se houvesse um Muro de Berlim, ou o que hoje é deno-

6. OS MUROS DE BERLIM

minado linha de paz do exército, em Belfast. Essas questões são provincianas; no dia em que o presente estudo tiver encontrado um leitor, talvez elas tenham sido esquecidas, em função de algum exemplo melhor de linha divisória, o qual, na pior das hipóteses, posterga o conflito e, na melhor, mantém distantes as forças opostas por longos períodos, de forma que as pessoas possam brincar e perseguir a arte da paz. Essa arte da paz representa o sucesso temporário de uma linha divisória entre as forças oponentes, a calma que se instala entre os períodos em que o muro deixa de segregar o bem e o mal.

Em todos os lugares, sempre há alguma questão política se insinuando no pano de fundo. A solução temporária para essa questão, que envolve guerra ou guerra civil, serve de base para os momentos de paz e aquisição cultural. Isso dialoga com o fato bem reconhecido de que existem condições especiais que fazem de uma ilha (se ela não for muito grande) um lugar onde a arte da paz pode ser praticada. Em outras palavras, se uma comunidade não é uma ilha, ela tem fronteiras marcadas por um estado de tensão. O comportamento das pessoas, tanto de um lado da fronteira como do outro, determina a natureza da vida da população. Com isso, fica imediatamente escancarado, mais uma vez, quanto é produtivo tolerar o antagonismo sem negar o antagonismo em si. Ao mesmo tempo, a tolerância do antagonismo é o que há de mais difícil de conseguir na política. É sempre mais fácil fortalecer-se e expandir as fronteiras um pouquinho mais ou fazê-las passar por cima da cabeça do povo, dominando o grupo social, de modo que não haja liberdade para esse grupo – ainda que exista liberdade para o grupo maior e mais forte que instaurou seu domínio.

Isso reflete o tipo de coisa que pode acontecer quando o fascínio por um líder ou por uma ideia confere ao indivíduo certeza absoluta de suas ações e o transforma num ditador que não tem dúvidas, que não é hipocondríaco nem depressivo, mas que apresenta apenas e tão somente uma compulsão para manter o domínio. Esse é o domínio do bom sobre o mau, embora a definição de bom e mau seja privilégio do ditador, e não uma questão para ser discutida entre os indivíduos que compõem o grupo – seu significado, portanto, não é submetido a uma revisão constante. Pode-se dizer que, até certo ponto, a ditadura sucumbe porque o significado fixo atribuído ao bom e ao mau eventualmente se torna entediante, e as pessoas passam a desejar arriscar a vida pela causa da espontaneidade e da originalidade.

Podemos aplicar esse esquema a qualquer probleminha que aparecer pelo caminho. Por exemplo: se o muro na Irlanda do Norte separa o catolicismo e o protestantismo, não sobra espaço para um agnóstico saudável. Todo mundo que estiver na Irlanda do Norte no presente momento tem que ser ou protestante ou católico – embora o significado de ambos os termos não esteja aberto a discussão e tenha sido estabelecido pelas raízes históricas que conferem a essa discussão um significado local, específico para a Irlanda do Norte. De certa maneira, talvez a Irlanda do Norte seja o Muro de Berlim permanente entre a Inglaterra e o Eire [Estado Livre Irlandês]. Se o Eire incluísse a Irlanda inteira, então o muro seria a água que separa as duas ilhas. Na verdade, não restam muitas dúvidas de que apareceria uma linha irregular dividindo as populações em Glasgow, Liverpool e outras áreas no oeste desta ilha, e isso poderia exacerbar a tensão entre protestantes e católicos em Londres.

Atualmente, na capital inglesa e na Grã-Bretanha de modo geral, a estabilidade da bandeira protestante facilita a tolerância ao catolicismo. Igualmente, na Irlanda católica há certa tolerância em relação ao protestantismo, pois o catolicismo é

6. OS MUROS DE BERLIM

tido como parte do clima. É quando os dois climas de opinião se encontram que ocorre o choque.

Não é difícil fazer afirmações dessa espécie em relação a outros países, embora em todo caso qualquer colocação breve corra o risco de ser muito pobre em termos de veracidade, já que a verdade é complicada, e, portanto, interessante, além de enraizada na história. No entanto, para efeito de ilustração, podemos exercitar nossa imaginação e ampliar nosso conhecimento de alguns fatos.

O denominador comum de todos esses problemas é o estado de guerra potencial entre facções que aparecem aos pares. Esse tema, ou seja, o tema que me interessa neste ensaio, gira em torno do ponto de encontro entre as facções e da organização no lugar em que as fronteiras se encontram ou se encontrariam, não fosse pela terra de ninguém que as mantém separadas. Muito daquilo que chamamos de civilização se mostra impraticável à medida que nos aproximamos da barreira alfandegária, de tal sorte que os que viajam com passaporte ficam maravilhados com a facilidade com que o fazendeiro ara seu campo e cruza a fronteira várias vezes por dia, quase sem se dar conta de que o faz, ao passo que, se fôssemos segui-lo, levaríamos um tiro. Nas áreas em que os fazendeiros não podem brincar com a fronteira desse modo, reconhecemos um estado de guerra potencial, e aí não buscamos a arte da paz nem a criatividade do brincar.

É interessante comparar o rico desenvolvimento que se observa nos dois lados da fronteira entre a Inglaterra e a Escócia, apesar de haver poucas indicações de onde começa a Inglaterra e onde termina a Escócia, ou vice-versa. Podemos apreciar a modificação gradual do sotaque e da ênfase na história, que ganha um colorido diferente quando vamos um pouco mais para o norte ou para o sul. Sem dúvida, o estreitamento dessa parte da ilha ao sul de Edimburgo é de grande ajuda, pois nos permite inferir, com alguma certeza, que estamos na Escócia quando estamos na Escócia, sem que ninguém nos diga.

A fronteira entre a Inglaterra e o País de Gales tem que ser observada com relação à geografia e às montanhas. A fronteira entre Berlim Ocidental e Berlim Oriental é um muro construído pelo homem que precisa necessariamente ser feio, pois nenhum significado na palavra "beleza" pode ser vinculado ao reconhecimento de que ali, exatamente naquele ponto, é o lugar onde, se não houvesse muro, haveria guerra. Mas o aspecto positivo do Muro de Berlim é o reconhecimento do fato de que a natureza humana não é capaz de totalidades, exceto no humor depressivo, na aceitação de que existe conflito na realidade psíquica interna do indivíduo, e na disposição de postergar a resolução do conflito e tolerar o desconforto provocado por esse humor. Naturalmente, quanto ao tempo, observa-se alternância entre a resolução do conflito, que significa guerra ou conquista, e a tolerância do estado de tensão, que significa a aceitação de um Muro de Berlim ou de algo equivalente.

Tem-se aí uma psicose maníaco-depressiva em termos do tempo e da sociologia, que é o mesmo que psicose maníaco-depressiva com alternância de humor no indivíduo, que, enfim, é o mesmo que o humor deprimido de uma pessoa inteira que aceita a existência de conflito na realidade psíquica interna pessoal.

7

LIBERDADE
[1969]

Esta é uma ocasião propícia para colocar em pauta o significado da liberdade.[1] Não será feita nenhuma referência à vasta literatura, tanto dentro como fora da psicanálise, que aborda essa ideia. Não é possível, no entanto, eu me eximir da responsabilidade de propor uma nova visão da liberdade, à luz dos conceitos de saúde e de criatividade que venho enfatizando.

A questão da liberdade já foi introduzida quando me referi ao fator ambiental que torna a criatividade inútil, ou que a destrói no indivíduo ao produzir um estado de desesperança.[2] Essa é a liberdade em termos de sua ausência e da crueldade envolvida tanto na restrição física como na aniquilação da existência pessoal de um indivíduo por meio da dominação, como no caso de uma ditadura. Ressaltei que essa dominação pode ser encontrada em casa, e não apenas no cenário político.

Sabe-se que pessoas corajosas descobriram, no decorrer dos séculos, que tinham senso de liberdade, e mesmo um

---

[1] Fusão de dois ensaios escritos por volta de 1969.
[2] "A criatividade e suas origens", em *O brincar e a realidade* [1971], trad. Breno Longhi. São Paulo: Ubu Editora, 2019, pp. 108–40.

senso mais incrementado quando se encontravam em situação de restrição física. Em algum outro lugar, citei o conhecido verso: "Muros de pedra não fazem uma prisão; nem barras de ferro, uma jaula".[3]

No indivíduo que tem alguma medida de saúde psiquiátrica, o senso de liberdade não fica totalmente dependente da atitude ambiental. É possível que as pessoas tenham pavor da liberdade quando esta lhes é outorgada depois de ter sido barrada. Observou-se algo assim no cenário político durante o último meio século, quando tantos países por fim alcançaram a liberdade e não sabiam o que fazer com ela.

Em um livro que não se ocupa essencialmente de política, o estudo deve focar no senso de liberdade que integra a saúde psiquiátrica do indivíduo. Aqueles que entram em contato com a teoria psicanalítica pela primeira vez sentem, com alguma frequência, que, por mais interessante que possa ser, ela é de certo modo assustadora. A própria existência de uma teoria do desenvolvimento emocional do indivíduo relacionada ao ambiente, aliada ao fato de que essa teoria pode ser ampliada para explicar perturbações no desenvolvimento e estados de doença, deixa muita gente realmente perturbada. A pessoa que dá palestras para grupos de estudantes mais velhos a respeito do desenvolvimento emocional da criança e da dinâmica dos distúrbios mentais e psicossomáticos espera, de tempos em tempos, abordar a premente questão do determinismo. É claro que não existe nenhuma teoria dos estados emocionais, ou da saúde e dos distúrbios da personalidade, ou dos caprichos do comportamento que não se baseie em algum pressuposto determinista. Não

---

3 "*Stone walls do not a prison make nor iron bars a cage*", de Richard Lovelace. [N.E.]

7. LIBERDADE

ajuda muito se o conferencista tenta fazer concessões a alguma área que esteja fora do determinismo. O estudo da personalidade que está especialmente associado ao trabalho de Freud, o qual constituiu enorme avanço na tentativa do homem de entender a si mesmo, é uma extensão da base teórica da biologia, que por sua vez é uma extensão da base teórica da bioquímica, da química e da física. Há um *continuum* nas afirmações teóricas sobre o universo, se começarmos com a teoria da estrela pulsante e terminarmos com a teoria do distúrbio psiquiátrico e da saúde no ser humano, incluindo a criatividade ou a visão criativa do mundo, que é a evidência mais importante de que o homem está vivo e de que aquilo que está vivo é o homem.

É óbvio que é muito difícil para alguns seres humanos, talvez para todos, aceitar o determinismo como um fato básico, e há muitos caminhos bem conhecidos para escapar a ele. Sempre que olhamos para uma dessas saídas de emergência, sentimos alguma esperança de que ela não vai estar bloqueada. Por exemplo, se alguém examinar a percepção extrassensorial, vai perceber uma tentativa de provar que ela existe, mas vai sentir ambivalência no que tange ao desfecho, já que, ao se provar que ela existe, bloqueia-se uma possibilidade de escape ao determinismo, e o resultado é mais um exemplo de materialismo grosseiro. O materialismo não é bonito nem agradável, mas também não podemos dizer que desejamos ficar permanentemente à procura de uma rota de fuga do determinismo.

O conferencista em psicologia dinâmica que por repetidas vezes encontra esse tipo de objeção à totalidade de seu campo – por parte de um estudante perturbado pelo determinismo implícito nele – logo percebe que esse problema não aflige constantemente todos os estudantes. Na verdade, a maioria das pessoas não fica incomodada pelo entendimento – na medida em que este for possível – de que a vida tem uma base determinista. De repente, o assunto adquire importância vital para o estudante, ou pode vir a ser importante por um momento para qualquer pessoa, mas o fato é que em geral as pessoas se sentem livres para escolher a maior parte do tempo. É esse sentimento de ser livre para escolher, e de ser capaz de criar e recriar, que torna a teoria determinista irrelevante: sentimo-nos livres grande parte do tempo. O determinismo pode ser apenas um aspecto ocasionalmente incômodo da vida.

O que não pode ser ignorado é o fato de que muitas pessoas – homens, mulheres e crianças – sentem-se intensamente perturbadas por algo, e isso pode, sem muita dificuldade, tomar a forma de uma revolta contra o determinismo. Precisamos investigar o que esse medo representa e encará-lo com seriedade. O sentimento de liberdade contrasta a tal ponto com o sentimento de não ser livre que um estudo desse contraste se torna imperativo.

Uma coisa muito simples que pode ser dita sobre esse assunto complexo é que o distúrbio psiquiátrico é sentido como uma espécie de prisão, de modo que uma pessoa doente do ponto de vista psiquiátrico pode se sentir ainda mais restringida na doença do que uma que esteja realmente numa prisão. É necessário compreender o que a pessoa doente descreve em termos de falta de liberdade. Há uma maneira de considerar essa questão, baseada em teorias já bem gastas provenientes da prática psicanalítica. Vale lembrar que, enquanto em relação à saúde a teoria psicanalítica tem muito a aprender, no que diz respeito a doenças ela já sabe muito. Ao investigar esse problema, é útil fazer um balanço da saúde psiquiátrica e da falta de saúde no que diz respeito às defesas que se organizaram na personalidade humana, as quais assumem muitas formas

7. LIBERDADE

e foram enunciadas em toda a sua complexidade por vários autores ligados à psicanálise. Não há dúvida, no entanto, de que as defesas são parte essencial da estrutura da personalidade humana e que, sem a organização das defesas, só existem o caos e a organização de defesas contra o caos.

Um conceito útil aqui é que na saúde psiquiátrica há *flexibilidade* na organização das defesas, ao passo que, na doença psiquiátrica, pelo contrário, as defesas são relativamente rígidas. Podemos detectar senso de humor na saúde psiquiátrica como parte da capacidade de brincar, em que o senso de humor consiste em uma espécie de jogo de cintura na área da organização das defesas. E esse jogo gera uma sensação de liberdade tanto para o sujeito como para aqueles que estão envolvidos ou que desejam se envolver com o indivíduo em questão. No extremo da doença psiquiátrica, não há jogo de cintura na organização defensiva, razão pela qual o indivíduo se entedia com a própria estabilidade na doença. É essa rigidez na organização defensiva que faz as pessoas se queixarem de falta de liberdade. Trata-se de uma questão muito diferente do tema filosófico do determinismo, uma vez que tanto as alternativas oferecidas pela liberdade como a falta de liberdade são inerentes à natureza humana, e esses problemas constantemente exigem resolução imediata na vida de qualquer pessoa. São particularmente urgentes na vida do bebê e da criança pequena, e por consequência na vida dos pais, que estão o tempo todo se alternando entre adaptação e treinamento, na esperança de dar à criança aquela liberdade de impulso que faz com que a vida seja sentida como real e valha a pena – e que conduz a uma visão criativa dos objetos e também à alternativa representada pelo aprendizado e pela necessidade de os pais retomarem sua vida privada, mesmo à custa dos gestos impulsivos da criança e de suas reivindicações de autoexpressão.

Hoje em dia, na nossa cultura, colhemos as recompensas de uma era em que não se poupam esforços para dar às crianças os primórdios de um senso da liberdade de existir por si só, o que produz alguns resultados desconfortáveis quando a criança chega à adolescência. Pode-se observar uma tendência social de reagir a isso, de tal maneira que aqueles que assumem a responsabilidade pelo trato de adolescentes difíceis tendem a questionar a validade das teorias que fizeram com que toda uma geração tentasse garantir um bom começo para as crianças. Em outras palavras, a sociedade está sendo estimulada, pelas pessoas que amam a liberdade, a adotar medidas severas, que uma hora podem resultar em ditadura. Esse é o perigo. Nos deparamos aqui com problemas administrativos enormes e com um grande desafio à teoria que constitui a espinha dorsal de nosso trabalho.

A AMEAÇA À LIBERDADE

Ao considerar o conceito de liberdade somos levados, portanto, a examinar a ameaça a ela. Não há dúvidas acerca da existência dessa ameaça, e o único momento adequado para investigá-la é antes de a liberdade ser perdida. Na medida em que a liberdade é uma questão da economia interna do indivíduo, ela não pode ser facilmente destruída; ou seja, se associamos liberdade com flexibilidade, em vez de rigidez, na organização defensiva, então o que se enfatiza é um aspecto da saúde do indivíduo, e não do tratamento a ele dispensado. No entanto, ninguém é independente do meio, e existem condições ambientais que destroem o sentimento de liberdade mesmo naqueles que poderiam desfrutá-lo. Uma ameaça prolongada pode minar a saúde mental

7. LIBERDADE

de qualquer pessoa e, como eu tentei enunciar, a essência da crueldade é destruir no indivíduo aquele grau de esperança que dá sentido ao impulso criativo e ao viver e pensar criativos. Supondo que exista ameaça à liberdade, então é necessário dizer, antes de mais nada, que o perigo advém do fato de que aqueles que são livres tanto internamente como no contexto social são passíveis de tomar a liberdade como certa. O que ocorre aqui é comparável à necessidade de avisar mães e pais que estão lidando de maneira satisfatória com seus bebês e crianças que tudo o que estão fazendo tem importância, e é agradável ou satisfatório em alguma medida. Se tudo está correndo bem, então tudo isso é tido como certo e passa despercebido o fato de que estão sendo lançadas as bases da saúde mental de toda uma nova geração. São muito facilmente empurrados para o lado ou para trás, por qualquer pessoa que tenha um sistema de pensamento, ou seja, algum tipo de convicção que precisa ser difundido, ou uma religião a que as pessoas devem ser convertidas. São sempre as coisas naturais que acabam estragadas; é o que acontece quando uma nova autoestrada é construída no isolamento do campo, onde antes se podia encontrar serenidade. A serenidade não sabe lutar por si mesma; o impulso ansioso pelo avanço e pelo progresso, por sua vez, parece conter toda a dinâmica. A ideia está contida na frase de John Maynard Keynes, "O preço da liberdade é a eterna vigilância", adotada como lema pela *New Statesman*.

Existe, portanto, uma ameaça à liberdade e a todos os fenômenos naturais, simplesmente porque estes não contêm o impulso da propaganda; por isso, serão atropelados, e quando forem, já será tarde demais. Embora pareça mínimo, ainda é importante mostrar, para as pessoas livres, o valor da liberdade e do senso de liberdade, mesmo que seja necessário chamar a atenção delas para o fato inegável de que "sentir-se livre" pode provocar precisamente as restrições que as permitem desfrutar da liberdade. É claro que isso se refere a restrições no ambiente, mas há um valor limitado para a liberdade interior, que descrevi como flexibilidade na organização das defesas, se ela for experimentada de maneira consciente em circunstâncias persecutórias.

Com base nisso, é interessante, além de valioso, examinar outros motivos pelos quais tudo aquilo que é natural sofre ameaças. O que estou tentando sugerir é que, quando descrevemos algo dizendo que é natural, referente aos seres humanos e à personalidade humana, nosso intuito é descrever algo relacionado com a saúde. Em outras palavras: a maioria das pessoas é razoavelmente saudável e goza de saúde sem dar muita importância a isso, ou mesmo sem se dar conta disso. No entanto, sempre há na comunidade indivíduos cuja vida é dominada em alguma medida por algum distúrbio psiquiátrico, ou por uma infelicidade de origem desconhecida, ou por não saberem se estão ou não felizes por estarem vivos ou mesmo se fazem questão de continuar vivos. Busquei resumir isso ao afirmar que essas pessoas sofrem de rigidez de defesas. Nem sempre se percebe que aqui há algo mais profundo até do que as distinções de classe social. Mais profundo do que o contraste entre pobres e ricos, ainda que os problemas práticos associados a qualquer desses dois extremos produzam efeitos poderosíssimos, que acabam facilmente dominando o cenário.

Quando o psiquiatra e o psicanalista observam o mundo, não podem deixar de perceber esse terrível contraste entre os que são livres para desfrutar a vida, e que vivem criativamente, e os que não o são por estar o tempo todo lidando com a ameaça da ansiedade ou de um colapso, ou com a ameaça de um distúr-

7. LIBERDADE

bio comportamental, que só faz sentido quando se conhece o contexto global. Em outras palavras, para aqueles que têm mais do que certo grau de perda de liberdade por terem de enfrentar os efeitos de uma falha ambiental, ou talvez hereditária, a saúde só pode ser observada à distância, não pode ser alcançada, e aqueles que a alcançam devem ser destruídos. A quantidade de ressentimento acumulado nessa área é imensa e corresponde à culpa que aquele que está bem sente por estar bem. Nesse sentido, as pessoas que estão bem são "aquelas que têm", e os doentes são "aqueles que não têm". Quem está bem se organiza febrilmente para ajudar os doentes, os infelizes e os insatisfeitos, e os suicidas em potencial, do mesmo modo como ocorre na esfera econômica, em que os que têm dinheiro suficiente têm o impulso da caridade, como se tentassem barrar o fluxo de ressentimento esperado dos membros da comunidade que não têm o alimento nem o dinheiro que lhes conferiria liberdade para se mover e talvez para encontrar algo cuja procura valesse a pena.

Só é possível observar o mundo de um jeito de cada vez, e, ainda que os contrastes econômicos e psiquiátricos tenham muitas afinidades, aqui só se pode chamar atenção para um aspecto de classe: o da saúde e o da doença mental. Poderíamos fazer referência ao mesmo assunto em termos de educação, ou de beleza física, ou de quociente de inteligência. No momento é suficiente enfatizar o desentendimento entre os que estão bem o suficiente e os que não estão, no sentido psiquiátrico. Aqueles que estão bem o suficiente sentem facilidade em desenvolver uma espécie de respeito próprio, o que sem dúvida provoca um ódio ainda maior naqueles que não estão.

Recordo-me aqui de um amigo, uma ótima pessoa, que fez muito em sua carreira médica, e que era bastante respeitado em sua vida privada. Ele era um sujeito um tanto depressivo. Lembro-me de uma discussão a respeito de saúde em que ele surpreendeu um enorme grupo de médicos, todos empenhados na eliminação de doenças. Iniciou sua contribuição com as palavras: "Acho a saúde repulsiva!". E não era brincadeira. Continuou (mobilizando seu senso de humor) descrevendo o modo como um amigo, com quem vivera quando estudante de medicina, acordava bem cedo, tomava banho frio e se exercitava, começando o dia cheio de ânimo. Em contraste, ele ficava deitado na cama, deprimido, incapaz de se levantar a não ser quando temia as consequências de não fazê-lo.

Para considerar em sua totalidade a questão do ressentimento da pessoa psiquiatricamente doente em relação àquelas que estão bem o suficiente, e não comprometidas por defesas rígidas ou pela sintomatologia de alguma doença, é necessário examinar a teoria da doença psiquiátrica. É sempre estranho quando um psicanalista enfatiza o fator ambiental. Vale ressaltar que foram os psicanalistas que chamaram a atenção para o conflito que forma a base da psiconeurose e da doença mental. A contribuição da psicanálise tem se mostrado extremamente valiosa e possibilitado que pessoas qualificadas tratem dos indivíduos, em vez de focar em culpar o ambiente. Os indivíduos gostam de sentir que a doença pertence a eles e ficam aliviados quando veem o analista tentando buscar as raízes dessa doença em si mesmos. Em graus variáveis, essa busca é bem-sucedida. É importante, contudo, que o analista ou a analista responsável pelo tratamento seja criteriosamente selecionado(a) e treinado(a) para usar a técnica; ajuda muito o fato de ele ou ela ter experiência com esse tipo de trabalho. Em nenhum caso, portanto, descarta-se por completo o fator ambiental. Na busca pela etiologia da doença, os próprios psicanalistas descobriram

7. LIBERDADE

que é mister regressar às questões da interação entre o bebê ou a criança pequena e o ambiente. Aquilo que Heinz Hartmann chamou de "ambiente médio esperado",[4] eu chamei de "mãe dedicada comum", e outros têm feito uso de termos parecidos para descrever um ambiente facilitador que requer determinadas qualidades para que o processo de amadurecimento na criança pequena seja efetivo e a criança se torne uma pessoa real – que se sente real num mundo real.

Sem abrir mão da importância de se descobrirem as origens do desconforto de alguém em si mesmo, em sua história pregressa e em sua realidade interna, tornou-se necessário admitir ou afirmar que, em questões de etiologia, em última análise, o importante é o ambiente. Em outras palavras, se o ambiente for suficientemente bom, então o bebê, a criança pequena, a criança em crescimento, a criança mais velha e o adolescente têm chance de crescer de acordo com o potencial herdado.

Do outro lado da linha, em que a provisão ambiental não é suficientemente boa, o indivíduo, em alguma medida, ou talvez em grande medida, não é capaz de realizar plenamente seu potencial. Há, portanto, uma afirmação verdadeira a se fazer, em cada caso, a respeito "daqueles que estão bem" e "daqueles que não estão bem" em termos psiquiátricos, e pode-se ver o ressentimento agindo em função dessa distinção. Estou sugerindo que, embora todas as outras espécies de distinção de classe tenham validade e produzam ressentimentos de toda sorte, acredito que esta que descrevo é a mais significativa de todas. É verdade que muitos indivíduos que se deram excepcionalmente bem, ou que mobilizaram o mundo, ou que fizeram

---

4 H. Hartmann, *Ego Psychology and the Problem of Adaptation*, New York: International Universities Press, 1939.

alguma contribuição notável, pagaram um preço alto por terem sido o que foram, como se estivessem na fronteira entre os que "têm" e os que "não têm". Essa contribuição excepcional foi pautada na infelicidade, ou então a percepção de uma ameaça interna mobilizou esses indivíduos. No entanto, isso não altera o fato de existirem dois extremos nessa área: os que têm a capacidade de se bastar a si próprios e os que, em função de falhas ambientais nas primeiras fases da vida, não são capazes disso. Deve-se esperar que os últimos se ressintam da existência dos primeiros. Os infelizes vão tentar destruir a felicidade. Aqueles confinados na prisão da rigidez das próprias defesas vão tentar destruir a liberdade. Aqueles que não podem desfrutar do próprio corpo vão tentar interferir no gozo do corpo, mesmo no caso dos filhos, a quem amam. Aqueles que não amam tentarão destruir, por meio do cinismo, a simplicidade das relações naturais; e aqueles (do outro lado da fronteira) demasiadamente doentes para se vingar, que passam a vida em hospitais psiquiátricos, fazem com que os sadios se sintam culpados por serem sadios e livres para viver em sociedade e participar da política local e mundial.

Há muitas maneiras de descrever tudo isso, ou seja, o perigo para a liberdade que é gerado pela própria liberdade. Aqueles que estão bem e livres o suficiente precisam ser capazes de suportar o triunfo inerente a seu estado. Ainda assim, a chance de ser saudável lhes foi concedida por um mero golpe de sorte.

8

**ALGUMAS REFLEXÕES
SOBRE O SIGNIFICADO DA
PALAVRA "DEMOCRACIA"**

[1950]

Inicialmente, permitam-me dizer que tenho ciência de que vou fazer comentários a respeito de um assunto fora da minha especialidade.[1] Pode ser que os sociólogos e os cientistas políticos se ofendam com minha impertinência. Mesmo assim, me parece valioso que os pesquisadores de vez em quando cruzem as fronteiras, desde que saibam (como eu) que suas observações vão inevitavelmente parecer ingênuas aos conhecedores da literatura relevante ao tema e familiarizados com um jargão profissional que o intruso ignora.

Hoje em dia, a palavra "democracia" tem grande importância. Assume todo tipo de sentido; aí vão alguns:

1 Um sistema social em que é o povo que manda.
2 Um sistema social em que o povo escolhe o líder.
3 Um sistema social em que o povo escolhe o governo.
4 Um sistema social em que o governo dá ao povo liberdade de:

---

1 Escrito para o *Human Relations*, em junho de 1950.

a) pensamento e expressão de opiniões;
b) empreendimento.
5 Um sistema social que, gozando de boa sorte, pode se dar ao luxo de conceder aos indivíduos liberdade de ação.

Podemos estudar:

1 A etimologia da palavra.
2 A história das instituições sociais – grega, romana etc.
3 O uso da palavra nos vários países e culturas contemporâneas – Grã-Bretanha, Estados Unidos, Rússia etc.
4 O uso abusivo que ditadores e outros fazem da palavra, por exemplo, para enganar o povo.

Em qualquer discussão de um termo como "democracia", é obviamente muito importante chegar a uma definição que seja adequada para o tipo específico de discussão em pauta.

A psicologia do uso do termo

É possível estudar o uso desse termo pela via da psicologia? Aceitamos e nos acostumamos com estudos psicológicos de outros termos difíceis, tais como "juízo normal", "personalidade saudável", "indivíduo bem ajustado à sociedade", e esperamos que tais estudos se revelem valiosos na medida em que concedem plena importância aos fatores emocionais inconscientes. Uma das tarefas da psicologia é estudar e apresentar as ideias latentes no uso desses conceitos, sem restringir a atenção ao significado óbvio ou consciente.

Faz-se aqui uma tentativa de iniciar um estudo psicológico.

8. ALGUMAS REFLEXÕES SOBRE O SIGNIFICADO DA PALAVRA "DEMOCRACIA"

A definição operacional do termo

Parece possível encontrar um significado latente importante no termo "democracia", a saber, o de que uma sociedade democrática é "madura", ou seja, apresenta uma qualidade aliada à maturidade individual que caracteriza seus membros saudáveis.

Portanto, neste estudo, a democracia é definida como "uma sociedade bem ajustada a seus membros *saudáveis*". Essa definição está de acordo com a visão expressa por R. E. Money-Kyrle.[2]

É o modo como as pessoas usam o termo que tem importância para o psicólogo. Um estudo psicológico é justificado se o elemento da *maturidade* estiver implícito na palavra. A sugestão é que em todos os seus usos está contida a ideia de maturidade, ou de maturidade relativa, por mais que seja difícil definir esses conceitos adequadamente.

A saúde psiquiátrica

No âmbito psiquiátrico, o indivíduo maduro é aquele considerado normal ou saudável. Determina-se um grau apropriado de desenvolvimento emocional de acordo com sua idade cronológica e contexto social. (A maturidade física é um pressuposto desse argumento.)

Saúde psiquiátrica, portanto, é uma expressão que não tem significado fixo. Tampouco o termo "democrático" precisa de significado fixo. Utilizado por uma comunidade, pode indicar os *indivíduos mais maduros, e não menos maduros, na estrutura da sociedade*. Dessa forma, podemos esperar variação no

---

[2] Congresso de Saúde Mental. *Bulletin*, 1958.

significado cristalizado da palavra na Grã-Bretanha, nos Estados Unidos e na União Soviética, e ainda assim descobrir que ele retém algum valor por pressupor, em todas as variantes, o reconhecimento da maturidade como saúde.

Como estudar o desenvolvimento emocional da sociedade? Tal estudo deve ter uma ligação íntima com o estudo do indivíduo, e ambos devem ser conduzidos simultaneamente.

A MÁQUINA DEMOCRÁTICA

Devemos tentar enunciar as qualidades aceitas da máquina democrática. A máquina precisa existir para que ocorra a *eleição* de líderes por meio do voto livre e verdadeiramente secreto. A máquina precisa existir para que as pessoas *se livrem* dos líderes por meio do voto fechado. A máquina precisa existir para permitir a eleição *ilógica* e a remoção de líderes.

A essência da máquina democrática é o voto livre (secreto). O ponto aqui é que ela garante a liberdade do povo de expressar seus sentimentos mais profundos, *separados dos pensamentos conscientes*.[3]

No exercício do voto secreto, toda a responsabilidade pela ação é assumida pelo indivíduo, se ele for suficientemente saudável para isso. O voto expressa o desfecho de uma luta dele consigo mesmo, em que a cena externa é internalizada e asso-

---

3   Em relação a isso, a representação proporcional é antidemocrática, ainda que seja secreta, por interferir na expressão livre dos *sentimentos*. Além disso, só tem utilidade em condições especiais, quando pessoas inteligentes e educadas desejam realizar um teste de opiniões *conscientes*.

8. ALGUMAS REFLEXÕES SOBRE O SIGNIFICADO DA PALAVRA "DEMOCRACIA"

ciada ao interjogo de forças em curso em seu mundo interno pessoal. Isto é, a decisão de como votar é a expressão da resolução de uma luta interna. O processo parece ser mais ou menos o que descrevo a seguir. O indivíduo torna pessoal a cena externa, com seus muitos aspectos sociais e políticos, ao se identificar de forma gradual com todas as partes em conflito. Isso significa que ele percebe a cena externa como uma luta interna própria, e permite que ela seja travada temporariamente na cena política externa. Esse processo de vaivém envolve trabalho e tempo e faz parte da máquina democrática, no sentido de que requer tempo de preparação. Uma eleição súbita produziria um senso agudo de frustração no eleitorado. O mundo interno de cada votante tem que ser transformado em arena política durante um período limitado de tempo.

Se houver dúvidas quanto ao sigilo da eleição, a única coisa que o indivíduo, por mais saudável que seja, pode expressar por meio do voto são suas *reações*.

A máquina democrática imposta

Seria possível impor a máquina democrática a uma comunidade, mas isso não seria criar uma democracia. Teria que haver alguém para cuidar da manutenção da máquina (para assegurar o voto secreto etc.) e também para forçar as pessoas a aceitarem os resultados.

A TENDÊNCIA DEMOCRÁTICA INATA

A democracia é a conquista de uma sociedade limitada, isto é, uma sociedade que, em certo momento, tem alguma fronteira natural. Pode-se dizer de uma democracia de verdade (como o termo é usado hoje): *Nesta sociedade, neste momento, há maturidade suficiente no desenvolvimento emocional de uma proporção suficiente de indivíduos que a compõem, a ponto de existir uma tendência inata*[4] *em direção à criação, à recriação e à manutenção da máquina democrática.*

Seria importante descobrir que proporção de indivíduos maduros é necessária para haver uma tendência democrática inata. Para colocar de outra maneira: qual proporção de indivíduos antissociais uma sociedade pode conter sem que a tendência democrática inata acabe submersa?

Suposição

Se a Segunda Guerra Mundial, e o esquema de evacuação em particular, fizesse a proporção de crianças antissociais na Grã-Bretanha saltar de x por cento para, digamos, $5x$ por cento,

---

4 Por "inato", quero dizer o seguinte: as tendências naturais na natureza humana (hereditárias) desabrocham e florescem no modo de vida democrático (maturidade social), mas isso só ocorre com o desenvolvimento emocional saudável dos indivíduos; apenas parte dos indivíduos em um grupo social vai ter a sorte de se desenvolver até a maturidade, portanto é somente por meio dela que se pode implementar a tendência inata (herdada) do grupo em direção à maturidade social.

isso poderia facilmente ter afetado o sistema educacional, de modo que a orientação educacional seria direcionada para os $5x$ por cento antissociais que clamavam por métodos ditatoriais, e não para os $100 - 5x$ por cento de crianças não antissociais.

Uma década depois, esse problema seria assim enunciado: a sociedade pode dar conta de x por cento de criminosos, segregando-os em prisões, mas $5x$ por cento deles tenderiam a produzir uma reorientação geral em direção aos criminosos.

A identificação imatura com a sociedade

Caso, em determinado momento numa sociedade, x indivíduos demonstrem falta de senso social e desenvolvam tendência antissocial, há uma quantidade z de indivíduos reagindo à insegurança interna com a tendência alternativa – identificação com a autoridade. Essa identificação é doentia, imatura, pois não emerge da autodescoberta. É o senso da moldura sem o senso do quadro, um senso da forma sem retenção da espontaneidade. É uma tendência pró-sociedade, mas anti-indivíduo. As pessoas que se desenvolvem dessa maneira podem ser chamadas de "antissociais ocultas".

Os antissociais ocultos não são "pessoas inteiras", não mais do que os antissociais manifestos, já que cada um deles precisa encontrar e controlar a força conflitante no mundo externo, fora do self. Em contraste, a pessoa saudável, que tem a capacidade de ficar deprimida, consegue encontrar tanto o conflito inteiro dentro do self como vê-lo por inteiro fora do self, na realidade externa (compartilhada). Quando pessoas saudáveis se juntam, cada uma contribui com um mundo inteiro porque cada uma traz uma pessoa inteira.

Os antissociais ocultos proporcionam um tipo de liderança sociologicamente imatura. Além disso, numa sociedade, esse elemento fortalece muito o perigo que deriva de seus elementos francamente antissociais, sobretudo porque as pessoas comuns não criam empecilhos para que os indivíduos sedentos para liderar ocupem postos-chave. Uma vez nessa posição, esse líder imaturo imediatamente começa a se rodear de indivíduos antissociais óbvios – que lhe dão boas-vindas, como se ele fosse seu chefe natural (falsa resolução da divisão).

Os indeterminados

Nunca é tão simples assim, pois, se houver $(x + z)$ por cento de indivíduos antissociais numa comunidade, não é verdadeiro dizer que $100 - (x + z)$ por cento são "sociais". Há os que ocupam uma posição indeterminada. Poderíamos formular isso da seguinte maneira:

Antissociais	x por cento
Indeterminados	y por cento
Pró-sociedade porém anti-indivíduo	z por cento
Indivíduos saudáveis, capazes de contribuição social	$100 - (x + y + z)$ por cento
TOTAL	100 por cento

Toda a responsabilidade democrática recai sobre os $100 - (x + y + z)$ por cento de indivíduos que estão amadurecendo e gradualmente se tornando capazes de acrescentar um sentido social a seu bem fundamentado desenvolvimento pessoal.

8. ALGUMAS REFLEXÕES SOBRE O SIGNIFICADO DA PALAVRA "DEMOCRACIA"

Que porcentagem representa $100 - (x + y + z)$, por exemplo, na Grã-Bretanha de hoje? Talvez bem pequena, digamos 30%. Se houver 30% de pessoas maduras, talvez 20% dos indeterminados possam ser suficientemente influenciados a ponto de serem contabilizados como maduros, elevando então o total para 50%. Se, no entanto, a porcentagem madura cair para 20%, pode-se esperar uma queda ainda maior na porcentagem dos indeterminados capazes de agir com maturidade. Se 30% de indivíduos maduros da comunidade angariarem 20% de indeterminados, ou seja, um total de 50%, talvez 20% dos membros maduros da comunidade só conseguiriam angariar 10% de indeterminados, ou seja, um total de 30%.

Enquanto um total de 50% indicaria uma tendência democrática inata suficiente para efeitos práticos, 30% não seriam suficientes para evitar uma submersão pelos antissociais (ocultos e manifestos) somados aos indeterminados, que, por fraqueza ou medo, seriam persuadidos a se associar aos antissociais.

Segue-se uma tendência antidemocrática, uma tendência para a ditadura, caracterizada no início pelo inchaço febril da fachada democrática (função enganosa do termo).

Um sinal dessa tendência é a instituição correcional – a ditadura localizada –, campo de treinamento para líderes pessoalmente imaturos que são antissociais invertidos (pró-sociais, porém anti-indivíduos).

Tanto a prisão como o hospital psiquiátrico de uma sociedade saudável estão perigosamente próximos da instituição correcional. É por essa razão que os médicos de criminosos e insanos têm que estar sempre alerta se não quiserem ser usados, sem se dar conta, como agentes da tendência antidemocrática. Na verdade, sempre deve haver uma linha fronteiriça na qual não é clara a distinção entre o tratamento corretivo do oponente político ou ideológico e a terapia da pessoa insana. (Aqui reside o perigo social dos métodos físicos empregados na terapia do paciente psiquiátrico, comparado com a verdadeira psicoterapia ou mesmo com a aceitação de um estado de insanidade. Em psicoterapia, o paciente está em pé de igualdade com o médico, que tem o direito de estar doente, e também o direito de reivindicar saúde e responsabilidade plena por visões pessoais, políticas ou ideológicas.)

A CRIAÇÃO DO FATOR DEMOCRÁTICO INATO

Se democracia é maturidade, e maturidade é saúde, e a saúde é desejável, então queremos encontrar algo que possa promovê-la. Com toda certeza, impor uma máquina democrática a um país não ajuda em nada.

Temos que voltar ao grupo dos 100 − $(x + y + z)$ indivíduos. Tudo depende deles. Os membros desse grupo podem instigar a pesquisa.

Em qualquer época, nada podemos fazer para aumentar o valor do fator democrático inato, em comparação com o que foi feito (ou não) pelos pais e lares dos indivíduos quando bebês, crianças e adolescentes.

Podemos, no entanto, evitar comprometer o futuro. Podemos evitar interferir nos lares que conseguem dar conta – que de fato estão dando conta – de lidar com suas crianças e adolescentes. Esses *bons lares comuns* fornecem o único ambiente que permite a criação do fator democrático inato.[5] Essa é de

---

5 O bom lar comum desafia a investigação estatística. Não tem valor de notícia, não é espetacular, e não produz homens e mulhe-

fato uma declaração modesta da contribuição positiva desses lares, mas a aplicação disso envolve um grau de complexidade surpreendente.

Fatores adversos ao funcionamento do bom lar comum

1 É muito difícil as pessoas reconhecerem que a essência de uma democracia repousa de fato no homem comum, na mulher comum e no lar comum.
2 Mesmo que uma política governamental sábia confira aos pais a liberdade para conduzir seu lar a seu modo, isso não significa que os responsáveis pelas políticas oficiais vão respeitar a posição dos pais.
3 Bons pais comuns precisam, sim, de ajuda. Precisam de tudo o que a ciência tem a oferecer em termos de saúde física e de prevenção e tratamento de doenças físicas; também querem alguma orientação quanto ao cuidado das crianças e ajuda quando os filhos apresentam doenças psicológicas ou problemas de comportamento. Mas, caso procurem essa assistência, será que podem ter certeza de que não serão privados de suas responsabilidades? Se isso ocorrer, eles deixarão de ser os criadores do fator democrático inato.
4 Muitos pais não são bons pais comuns. São casos psiquiátricos, ou são imaturos, ou são antissociais num sentido mais amplo, ou socializados apenas em sentido restrito; ou

---

res cujos nomes são conhecidos publicamente. Meu pressuposto, baseado nos 20 mil casos que acompanhei pessoalmente ao longo de 25 anos, é que na comunidade em que trabalho o bom lar comum é deveras comum.

não são casados, ou têm uma relação instável, ou vivem discutindo, ou são separados, e assim por diante. Esses pais atraem a atenção da sociedade por causa de seus defeitos. A questão é: será que a sociedade percebe que não se pode permitir que o foco nos lares comuns seja desviado para essas características patológicas?

5 De qualquer modo, a tentativa dos pais de proporcionar aos filhos um lar no qual eles possam crescer como indivíduos e em que cada um *gradualmente adquira* a capacidade de se identificar com os pais, e em seguida com agrupamentos cada vez maiores, começa bem no começo, quando a mãe entra em acordo com seu bebê. O pai, aqui, é o agente protetor que liberta a mãe para que ela se dedique ao bebê.

Há muito se reconhece a importância do lar, e recentemente os psicólogos fizeram novas descobertas sobre como um lar estável não apenas capacita as crianças a encontrarem a si mesmas e aos outros, como também permite que elas comecem a se qualificar como membros da sociedade, num sentido mais amplo.

A questão da interferência na relação inicial mãe-bebê exige atenção especial. Em nossa sociedade, a interferência nesse aspecto é crescente, e há o perigo extra de alguns psicólogos defenderem o ponto de vista de que a única coisa importante no início da vida é o cuidado físico. Isso quer dizer que, na fantasia inconsciente do público geral, as fantasias mais terríveis são imantadas pela relação mãe-bebê. Na prática, a ansiedade inconsciente é representada por:

1 Ênfase exagerada nos processos *físicos* da saúde, por parte de médicos e até de psicólogos.

8. ALGUMAS REFLEXÕES SOBRE O SIGNIFICADO DA PALAVRA "DEMOCRACIA"

2 Várias teorias de que amamentação faz mal, de que o bebê precisa ser treinado assim que nasce, de que os bebês não deveriam ser manuseados pelas mães etc.; e (na forma negativa) de que a amamentação *tem de* ser instituída, de que não se deve fazer nenhum treinamento, de que não se deve deixar os bebês chorar nunca etc.

3 Uma interferência no acesso da mãe ao bebê nos primeiros dias e quando a mãe apresenta a realidade externa pela primeira vez ao bebê. Afinal de contas, essa é a base da capacidade que o novo indivíduo tem para eventualmente se relacionar com uma realidade externa cada vez mais ampla; caso se estrague ou se impeça a imensa contribuição da mãe, realizada *por meio de sua dedicação*, não restará nenhuma esperança de que o indivíduo um dia passe para o grupo 100 $- (x + y + x)$, o único responsável por gerar o fator democrático inato.

DESENVOLVIMENTO DE TEMAS SUBSIDIÁRIOS: A ELEIÇÃO DE PESSOAS

Outra parte essencial da máquina democrática é o fato de eleger uma *pessoa*. Há muita diferença entre: 1) o voto em uma pessoa; 2) o voto em um partido com tendência definida; e 3) o apoio a um princípio nítido, por meio de eleições.

1 A eleição de uma pessoa implica que os eleitores acreditam em si mesmos como pessoas, e, por conseguinte, acreditam na pessoa que nomeiam ou na qual votam. O eleito tem a oportunidade de agir como pessoa. Como pessoa inteira (saudável), o eleito traz o conflito total dentro de si, o que

o capacita a ter uma visão, ainda que pessoal, da situação externa total. É claro que ele pode pertencer a determinado partido e ser conhecido por determinada tendência. No entanto, tem a capacidade de se adaptar, de maneira delicada, a situações variáveis; se ele de fato modificar sua tendência principal, poderá se reeleger.

2 A eleição de um partido ou de uma tendência grupal é relativamente menos madura. Não requer que os eleitores confiem num ser humano. Para as pessoas imaturas, contudo, é o único procedimento lógico, porque a pessoa imatura não pode conceber nem acreditar num indivíduo realmente maduro. O resultado do voto em partidos ou tendências, ou seja, em uma coisa e não em uma pessoa, consiste no estabelecimento de uma perspectiva rígida, mal adaptada a reações delicadas. A *coisa* que foi eleita, que não pode ser amada nem odiada, é bastante adequada para indivíduos com senso de self mal desenvolvido. Poderíamos dizer que um sistema de votação é menos democrático, por ser menos maduro (em termos do desenvolvimento emocional do indivíduo), quando se vota a favor de um princípio ou partido no lugar de uma pessoa.

3 A votação de um ponto específico se encontra ainda mais afastada de qualquer coisa que possa estar associada à palavra "democracia". Num referendo, quase não há maturidade (apesar de ele poder se ajustar, em situações excepcionais, a um sistema maduro). Exemplo de referendo inútil: o plebiscito sobre a paz da Grã-Bretanha realizado no período entreguerras. A população foi solicitada a responder a uma pergunta específica: "Você é a favor da paz ou da guerra?". Grande número de pessoas se absteve de votar por entender que a pergunta não era razoável. Dentre aqueles que votaram, uma proporção enorme assinalou com um xis a pala-

vra "paz", embora, na verdade, quando as circunstâncias se modificaram, estivessem a favor da guerra, quando ela começou, e tomassem parte na luta. A questão é que, nesse tipo de questionário, só há espaço para a expressão dos desejos *conscientes*. Não há a menor relação entre assinalar a palavra "paz" numa cédula e votar numa pessoa que é conhecida por sua luta em favor da paz, desde que o fracasso em lutar não signifique o abandono indolente de aspirações e responsabilidades nem a traição de amigos.

A mesma objeção também pode ser feita às pesquisas Gallup de opinião pública e a outros questionários, ainda que se tome muito cuidado para evitar essa armadilha. De qualquer maneira, o voto por um ponto específico é realmente um substituto muito pobre do voto a favor de uma pessoa, a quem, uma vez eleita, é concedido um espaço de tempo para utilizar o próprio julgamento. Referendos nada têm a ver com democracia.

APOIO A UMA TENDÊNCIA DEMOCRÁTICA: RESUMO

1 O apoio mais valioso é dado de forma negativa, por meio da não interferência organizada na boa relação comum mãe-criança e no bom lar comum.
2 Para um apoio mais inteligente, mesmo que do tipo negativo, é necessária muita pesquisa tanto sobre o desenvolvimento emocional do bebê e de crianças de todas as faixas etárias como sobre a psicologia da mãe que amamenta, e sobre a função do pai nos vários estágios.
3 A existência desse estudo atesta minha crença no valor da educação para o procedimento democrático; sem dúvida,

ela só pode ser fornecida se houver compreensão, e só pode ser útil se fornecida ao indivíduo emocionalmente maduro ou saudável.
4 Outra contribuição importante é a prevenção de tentativas de implantar a máquina democrática em comunidades totais. O resultado não pode ser outro senão o fracasso e o retrocesso do crescimento democrático verdadeiro. A alternativa valiosa é apoiar os indivíduos emocionalmente maduros, mesmo que sejam poucos, e deixar o resto a cargo do tempo.

PESSOA: HOMEM OU MULHER?

Eis o aspecto a ser considerado: é possível substituir a palavra "pessoa" por "homem" ou "mulher"?

O fato é que os comandantes políticos da maioria dos países são homens, ainda que haja cada vez mais mulheres ocupando cargos de responsabilidade. Talvez se possa supor que homens e mulheres tenham capacidade igual, *como* homens e mulheres – ou, dito de outro modo, não é possível afirmar que apenas os homens servem para liderar, sob pretexto de maior capacidade intelectual ou emocional para os cargos políticos mais altos. No entanto, isso não elimina o problema. É tarefa do psicólogo chamar atenção para os fatores *inconscientes* que são prontamente deixados de lado, mesmo em discussões sérias sobre assuntos dessa natureza. Deve-se considerar o sentimento inconsciente popular em relação ao homem ou à mulher eleito ou eleita para a posição de chefe político. Se houver diferença na fantasia, a depender de a pessoa ser homem ou mulher, isso não pode ser ignorado nem posto de lado com o comentário de que as fantasias não devem ser levadas em conta por serem "apenas fantasias".

8. ALGUMAS REFLEXÕES SOBRE O SIGNIFICADO DA PALAVRA "DEMOCRACIA"

No trabalho psicanalítico e em outros trabalhos associados, descobre-se que todos os indivíduos (homens e mulheres) têm certo medo da MULHER.[6] Alguns em maior grau do que outros, mas pode-se dizer que esse medo é universal. É muito diferente de dizer que um indivíduo teme uma mulher em particular. Esse medo da MULHER é um agente poderoso na estrutura da sociedade, responsável pelo fato de a mulher não manter as rédeas políticas em quase nenhuma sociedade. Também é responsável pelo enorme volume de crueldade contra as mulheres, que pode ser encontrado em costumes arraigados em quase todas as civilizações.

A raiz desse medo da MULHER é conhecida. Está relacionada com o fato de que na história mais remota de todo indivíduo que se desenvolve adequadamente e é são, e que conseguiu encontrar a si mesmo, existe um débito para com uma mulher – aquela que se dedicou a ele quando ele era bebê, e cuja dedicação foi essencial para seu desenvolvimento saudável. Essa dependência original não é recordada e o débito, portanto, não é reconhecido, a menos que consideremos o medo da MULHER como o primeiro estágio desse reconhecimento.

---

6   Seria inoportuno discutir isso em detalhe aqui, mas podemos entender melhor a ideia se nos aproximarmos dela gradualmente: a) medo dos pais nas primícias da primeira infância; b) medo da figura combinada: uma mulher com muitos poderes, incluindo a potência masculina (feiticeira); c) medo da mãe, que teve um poder absoluto no início da existência do bebê: o poder de prover ou de fracassar em prover as bases para o estabelecimento incipiente do self individual. [Ver também "A contribuição da mãe para a sociedade" e "Este feminismo", neste volume].

O alicerce da saúde mental do indivíduo é estabelecido logo no início, quando a mãe está se dedicando a seu bebê, e quando o bebê é duplamente dependente, por não ter consciência alguma da dependência. Não há relação com o pai que tenha essa qualidade – e é por isso que o grupo avalia de modo mais objetivo um homem que, no sentido político, está acima de uma mulher numa posição similar.

As mulheres frequentemente dizem que, se ocupassem postos de comando, não haveria guerras. Há razões para duvidar disso como verdade absoluta, embora, mesmo que a reivindicação se justificasse, homens ou mulheres não tolerariam o princípio geral de as mulheres ocuparem a maioria dos postos políticos de maior poder. (A Coroa, por estar fora ou além da política, não é afetada por essas considerações.)

Como desdobramento disso, pode-se considerar a psicologia do ditador, que está no polo oposto de qualquer significado que a palavra "democracia" possa apresentar. *Uma das raízes da necessidade de ser um ditador pode ser a compulsão para lidar com esse medo da mulher, que leva a pessoa a abrangê-la e atuar em seu lugar.* O curioso hábito de o ditador exigir não apenas obediência absoluta e dependência absoluta, mas também "amor", pode derivar dessa fonte.

Adicionalmente, a tendência de grupos de pessoas de aceitar ou mesmo ir atrás da dominação *real* vem do medo de serem dominados por uma *mulher da fantasia*. Em razão desse temor, eles procuram ser dominados por um ser humano conhecido, a ponto de receber a pessoa de braços abertos, sobretudo quando se trata de alguém que tomou para si o encargo de personificar – e, portanto, de limitar – as qualidades mágicas da mulher todo-poderosa da fantasia, credora do débito imenso. O ditador pode ser derrubado, e até morrer; mas para a existência ou o poder da figura feminina da fantasia inconsciente primitiva não há limites.

A RELAÇÃO PAIS-FILHOS

O conjunto democrático proporciona algum grau de estabilidade para governantes eleitos; contanto que consigam exercer o trabalho sem alienar os eleitores, eles persistem. Assim, as pessoas conseguem alguma estabilidade; o que não seria possível obter por meio do voto direto em políticas específicas, mesmo que ele fosse viável. A consideração psicológica aqui é que na história de todo indivíduo consta o fenômeno da relação pais-filhos. Apesar de supormos que na vida política democrática madura os eleitores são seres humanos maduros, não podemos assumir que não sobre lugar para algum resíduo da relação pai-filho, com vantagens óbvias. De certo modo, na eleição democrática as pessoas maduras elegem pais temporários, o que significa que os eleitos também reconhecem o fato de que, em alguma medida, os eleitores continuam a ser crianças. Mesmo os pais temporários eleitos, ou seja, os governantes do sistema político democrático, são eles próprios crianças quando estão fora do trabalho político profissional. Se, ao dirigir um automóvel, ultrapassarem a velocidade máxima permitida, serão submetidos à penalidade comum, visto que dirigir um carro não faz parte do encargo de governar. Como líderes políticos, e só nessa capacidade, são pais temporários – assim que são exonerados do cargo, revertem à condição infantil. É como se fosse conveniente brincar de pais e filhos porque as coisas funcionam melhor dessa maneira. Em outras palavras, por haver vantagens na relação pais-filhos, alguma parte disso se mantém; mas, para que isso seja possível, uma parcela suficiente da população precisa ser crescida o bastante para não se importar de brincar de ser criança.

Da mesma forma, é ruim que as pessoas que estão brincando de ser pais não tenham, elas mesmas, pais. Nesse jogo, geralmente se pensa que poderia haver outra câmara de representantes, perante a qual os governantes eleitos pelo povo teriam que responder. Neste país, essa função pertence à Câmara dos Lordes, composta de pessoas que detêm um título hereditário e dos que conquistaram uma posição por terem se destacado em várias áreas do serviço público. Uma vez mais, os "pais" dos "pais" são pessoas, capazes de contribuições positivas como seres humanos. Faz sentido amar, odiar, respeitar ou desprezar as pessoas. Se uma sociedade é avaliada de acordo com a qualidade de sua maturidade emocional, não pode haver substituto para o ser ou os seres humanos que a encabeçam.

Além disso, num estudo do contexto social na Grã-Bretanha, constatamos que os lordes são crianças em relação à Coroa. Em todo caso, aqui nos deparamos novamente com uma pessoa que alcançou determinada posição por meios hereditários, e também por conseguir sustentar o amor do povo por sua personalidade e por suas ações. E, sem dúvida, fica tudo mais fácil quando o monarca, sem muita dificuldade e de maneira sincera, leva a questão um passo à frente ao proclamar uma crença em Deus. Aqui chegamos aos assuntos inter-relacionados do Deus Moribundo e do Monarca Eterno.

AS FRONTEIRAS GEOGRÁFICAS DE UMA DEMOCRACIA

Para que seja possível o desenvolvimento de uma democracia, no sentido de uma estrutura madura da sociedade, parece

8. ALGUMAS REFLEXÕES SOBRE O SIGNIFICADO DA PALAVRA "DEMOCRACIA"

necessário haver alguma fronteira geográfica natural. Até recentemente, e mesmo hoje, é óbvio que o fato de a Grã-Bretanha ser cercada pelo mar (exceto no que se refere ao Eire) tem sido o grande responsável pela maturidade de nossa estrutura social. A Suíça tem limites montanhosos (que não são tão satisfatórios). Até pouco tempo atrás, os Estados Unidos tinham a vantagem de um Oeste que oferecia exploração ilimitada; isso significa que foi só nos últimos tempos que o país, intraconectado por laços positivos, começou a sentir, em pleno vigor, as lutas internas próprias de uma comunidade fechada, unida apesar do ódio e por causa do amor.

Um Estado sem fronteiras naturais não pode relaxar na adaptação ativa aos vizinhos. Em certo sentido, o medo *simplifica* a situação emocional, porque muitos dos y indeterminados e dos casos menos severos de x antissociais podem se identificar com o Estado por meio de uma reação coesa diante de uma ameaça de perseguição externa. Tal simplificação, no entanto, é feita à custa do desenvolvimento em direção à maturidade – o que é algo difícil, que envolve o reconhecimento pleno do conflito, e o não emprego de nenhuma outra saída ou desvio (defesas).

Em todo caso, a base para uma sociedade é toda a personalidade humana, e a personalidade tem limites. O gráfico de uma pessoa normal é um círculo (esfera), de modo que tudo o que não é o self pode ser descrito como situado ou dentro ou fora da pessoa. Pessoas que não avançaram no próprio desenvolvimento pessoal não podem seguir adiante com a construção da sociedade.

Por essas razões, encaramos com suspeita o uso de expressões como "cidadania do mundo". Talvez apenas uns poucos homens e mulheres realmente notáveis e razoavelmente experientes consigam chegar tão longe em seu próprio desenvolvimento, a ponto de justificar que pensemos em termos tão amplos.

Se nossa sociedade fosse o mundo inteiro, então seria necessário, de tempos em tempos, ficar deprimido (como uma pessoa inevitavelmente fica de tempos em tempos), e ser capaz de reconhecer plenamente o conflito essencial dentro de si mesmo. O conceito de uma sociedade global implica tanto a ideia do suicídio do mundo como a ideia da felicidade do mundo. Por essa razão, é esperado que os protagonistas militantes do Estado mundial sejam indivíduos que se encontram no polo maníaco de uma psicose maníaco-depressiva.

A EDUCAÇÃO NA TRADIÇÃO DEMOCRÁTICA

A tendência democrática, da maneira como ela existe, pode ser fortalecida por um estudo da psicologia da maturidade tanto individual como social. Os resultados de um estudo desse tipo devem ser fornecidos numa linguagem que seja inteligível para as democracias existentes e os indivíduos saudáveis de todo o mundo, a fim de que eles se tornem *conscientes de si mesmos, de modo inteligente*. A menos que tenham consciência de si mesmos, não podem saber o que atacar ou o que defender, nem reconhecer quando surge um ataque à democracia. "O preço da liberdade é a eterna vigilância": uma vigilância realizada por quem? Dois ou três dos $100 - (x + y + z)$ por cento de indivíduos maduros. Os demais estão ocupados sendo bons pais comuns, passando aos filhos a tarefa de crescer e de ser adulto.

8. ALGUMAS REFLEXÕES SOBRE O SIGNIFICADO DA PALAVRA "DEMOCRACIA"

A DEMOCRACIA NA GUERRA

A pergunta que deve ser feita é: existe democracia na guerra? Com toda certeza, a resposta não é um simples "sim". A rigor, durante um período de guerra há algumas razões para anunciar uma suspensão temporária da democracia. É claro que indivíduos saudáveis, maduros, que coletivamente formam uma democracia, deveriam ser capazes de ir à guerra a fim de: 1) abrir espaço para crescerem; 2) defender algo valioso que já é possuído etc.; e 3) lutar contra tendências antidemocráticas enquanto existirem pessoas dispostas a sustentar tais tendências por meio da luta.[7]

No entanto, as coisas raramente transcorrem assim. Conforme a descrição acima, uma comunidade nunca é 100% composta de indivíduos maduros e saudáveis.

Tão logo a guerra se aproxima, há um rearranjo de grupos, de sorte que, quando o conflito está em curso, os saudáveis não são os únicos na linha de frente. Eis os quatro grupos:

1. Muitos antissociais, assim como paranoicos leves, sentem-se melhor por causa da guerra, e dão boas-vindas à ameaça persecutória real. Encontram uma tendência pró-social por meio da luta ativa.
2. Dos indeterminados, muitos se aferram ao que deve ser feito, utilizando talvez a triste realidade da guerra para crescer, algo que não poderiam fazer de outra forma.

---

[7] Um comentário mais completo acerca dessas ideias encontra-se em "Discussão dos objetivos da guerra", neste volume.

3   Dentre os antissociais ocultos, talvez alguns encontrem nas várias posições-chave criadas pela guerra uma oportunidade para dar vazão à compulsão para dominar.
4   Os indivíduos maduros e saudáveis não se saem necessariamente tão bem como os outros. À diferença destes, não têm tanta certeza de que o inimigo seja ruim. Têm dúvidas. Têm, também, uma participação positiva maior na cultura mundial, na beleza e na amizade, e dificilmente acreditam que a guerra seja necessária. Comparados com os quase paranoicos, demoram para pegar a arma na mão e puxar o gatilho. Na verdade, perdem o bonde para a linha de frente, por mais que, uma vez lá, sejam o fator confiável e os mais aptos a se adaptar à adversidade.

Além disso, alguns dos que são saudáveis em tempos de paz se tornam antissociais na guerra (oponentes conscientes) – não por covardia, e sim por uma dúvida pessoal genuína, da mesma forma que os antissociais dos tempos de paz tendem a empreender ações corajosas durante a guerra.

Por esses e outros motivos, quando uma sociedade democrática está lutando, é o grupo inteiro que luta, e seria difícil encontrar um exemplo de guerra conduzida exclusivamente por aqueles que garantem à comunidade, em tempos de paz, o fator democrático inato.

Quando uma guerra perturba uma democracia, pode ser que o melhor a dizer é que, naquele momento, a democracia acabou, e aqueles que gostam desse modo de vida vão ter que recomeçar, lutando dentro do grupo para restabelecer a máquina democrática depois que o conflito externo chegar ao fim.

Esse é um assunto amplo, que merece a atenção de pessoas de mente aberta.

8. ALGUMAS REFLEXÕES SOBRE O SIGNIFICADO DA PALAVRA "DEMOCRACIA"

RESUMO

1. O uso da palavra "democracia" pode ser estudado do ponto de vista psicológico, com base no que esse uso implica em termos de maturidade.
2. Nem a democracia nem a maturidade podem ser implantadas numa sociedade.
3. A democracia é a conquista de uma sociedade que em certo momento foi limitada.
4. Numa sociedade, o fator democrático inato deriva do funcionamento do bom lar comum.
5. A principal atividade para promover a tendência democrática é negativa: evitar a interferência no bom lar comum. O estudo do que já se sabe em psicologia e educação fornece ajuda adicional.
6. Devemos reconhecer que a dedicação da boa mãe comum a seu bebê é especialmente importante, uma vez que a capacidade para a maturidade emocional futura é fundada como resultado dessa dedicação. Uma interferência maciça nesse aspecto, numa sociedade, poderia rápida e efetivamente diminuir seu potencial democrático e a riqueza de sua cultura.

9

O LUGAR DA MONARQUIA
[1970]

Proponho examinar o lugar da monarquia na Grã-Bretanha.[1] Tenho que fazer isso sem conhecer a literatura especificamente relacionada com a monarquia e sem ter uma especialização em História, mas talvez seja válida a desculpa de que a monarquia é algo com que convivemos, e sobre a qual nos mantemos o tempo todo informados, por meio da televisão e da imprensa popular, e em conversas com motoristas de táxi e amigos na mesa do bar. Por coincidência, moro perto do Palácio de Buckingham, cuja bandeira, desfraldada ou recolhida, informa se a rainha está em casa ou não. Mas para todas as pessoas neste país resta uma questão permanente e vital: será que Deus salvou a rainha?[2] Por trás disso há o dito popular "O rei está morto, viva o rei!", que é significativo na medida em que implica que a monarquia sobrevive ao rei. Eis aí o xis da questão.

Ainda que eu não seja particularmente sentimental quanto à realeza e às famílias reais, encaro com seriedade a existência

---

1 Escrito em 1970.
2 Alusão ao hino nacional da Inglaterra: *God Save the Queen* [Deus salve a rainha]. [N.E.]

9. O LUGAR DA MONARQUIA

da monarquia, por acreditar que a Grã-Bretanha seria um lugar muito diferente se ela não existisse – deixando de lado outra questão: diferente para melhor ou para pior? Também não me apego a nenhuma consideração complexa que pretende avaliar objetivamente o caráter pessoal do rei ou da rainha atual.

Primeiro, para fazer um balanço da monarquia e do lugar que ela ocupa na comunidade, é natural que formulemos a seguinte pergunta: o que dizem as pessoas comuns quando são abordadas de forma adequada e têm oportunidade de expressar uma opinião pessoal? É óbvio que a maioria das pessoas demonstra dois tipos de atitude: uma sentimental e outra conversacional.

A atitude conversacional é expressa pelo jogo que se chama falar. A verbalização nos dá liberdade para uma exploração ampla de possibilidades; pode ser que sustentemos pontos de vista conflitantes numa mesma discussão e argumentemos pelo simples prazer de argumentar. Nesse tipo de exibição de atitude, que é muito valiosa, também é verdade que a maioria das pessoas ignora a terrível complicação que é a motivação inconsciente. O inconsciente é considerado um incômodo, uma espécie de estraga-prazeres que diz respeito à psicanálise e à terapia de gente doente. Que, no *pub*, nos permitamos falar o que pensamos saber e apresentar racionalizações disfarçadas de razões. E que não sejamos sérios demais, senão vamos acabar surpreendidos pelo amor ou pela guerra antes que consigamos pronunciar "Jack Robinson". Mesmo assim, conversa séria é indício de civilização, e os locutores deveriam ser convidados a dar espaço ao inconsciente. A atitude sentimental, por ser uma resposta inteira, inclui o inconsciente, mas as pessoas não conseguem fazer justiça aos sentimentos de imediato, como pessoas inteiras.

Na atitude verbalizada em relação ao lugar da monarquia na nossa cultura, descobrimos que tudo o que diz respeito à realeza é quase sempre tratado como conto de fadas. Pode ser que contos de fadas sejam encarados como algo aconchegante, que traz alegria e enriquece a vida diária. Ou pode ser que sejam sentidos como um exercício escapista, que enfraquece nossa determinação para alterar as coisas ruins da economia, a moradia ruim ou inadequada, a solidão dos idosos, o desamparo dos deficientes físicos, o desconforto da miséria e da pobreza, a tragédia das perseguições baseadas em preconceitos. A palavra "escapista" resume essa atitude, e é com base nisso que se condena o conto de fadas.

Correspondente a isso, há a palavra "sentimental", que diz respeito à atitude daqueles que nunca acordam de verdade, que não conseguem ver a monstruosidade de uma favela e que já se retiraram para o mundo do faz de conta.

Aqueles que usam a palavra "escapista" desprezam os sentimentais; os sentimentais não sabem exatamente o que fazer com quem a eles se opõe, até que chega o dia em que se veem completamente desnorteados, envolvidos em uma situação política – talvez uma revolução – que não tem o menor significado para eles.

O USO INCONSCIENTE DA MONARQUIA

O pressuposto que subjaz ao que estou discutindo aqui é difícil de entender ou de assumir. Vai direto à raiz da existência do indivíduo e ao aspecto mais fundamental da relação de objeto. Esse pressuposto pode ser enunciado da seguinte maneira: *o que é bom está sempre sendo destruído*. Isso envolve o conceito de

9. O LUGAR DA MONARQUIA

intenção inconsciente. Sua verdade é mais ou menos semelhante à do ditado popular: "A beleza está nos olhos de quem vê".[3]

Esse é um dos fatos da vida. Aparece em nosso hino nacional: "Deus salve a rainha/o rei!". Salvar do quê? É fácil pensar em salvar o rei e a rainha dos inimigos, ainda que as últimas linhas do hino façam jus a essa ideia. (É muito engraçada a expressão "suas artimanhas de velhaco",[4] mas sabemos que esse não é o ponto central.) Os seres humanos não conseguem deixar quieto aquilo que é bom. Precisam obtê-lo e destruí-lo.

SOBREVIVÊNCIA ALÉM DE PRESERVAÇÃO

Esta é uma questão pertinente: por que será que as coisas boas existem, se sua existência e sua bondade incitam as pessoas e podem conduzir à sua própria destruição? Há uma resposta que apela para as qualidades da coisa boa. A coisa boa *pode sobreviver*. A sobrevivência pode ser um fato decorrente das propriedades da coisa boa que está sempre em destruição. Então a coisa boa é amada, valorizada e quase adorada de uma nova maneira. Ela passou pelo teste de ter sido usada cruelmente e de ter sido objeto de nossos impulsos (e ideias) mais primitivos, um objeto que não protegemos.

---

3   O enunciado principal das ideias expressas aqui encontra-se em "O uso de um objeto e a relação por meio de identificações" [1968], em *O brincar e a realidade*, op. cit., pp. 141-53.

4   No original, *"Their knavish 'tricks'"*, provável referência à frase *"Remember that all tricks are either knavish or childish"*, de Samuel Johnson. [N.T.]

A monarquia está sempre sendo testada. Pode sobreviver às fases difíceis por causa de apoio monarquista ou legalista, mas, no fim, tudo depende dos reis e das rainhas que se encontram, para além de sua escolha pessoal, no trono, na posição do rei.

É justamente aqui que o princípio de hereditariedade entra em ação. Esse homem (ou essa mulher) encontra-se no trono não por escolha – dele ou nossa –, nem por voto político, nem por mérito; mas em razão da hereditariedade.

Olhando para o assunto dessa maneira, descobre-se que é quase um milagre a monarquia ter sobrevivido no nosso país por mais de mil anos. Houve momentos precários, fracassos em gerar herdeiros, pessoas não amadas ou não amáveis empurradas para a posição do rei, e houve a morte de reis. Porém, a interrupção da monarquia foi um fenômeno raro, e tanto é assim que logo pensamos em Cromwell, que talvez tenha ajudado o país a perceber que um bom ditador pode ser pior do que um soberano ruim.

Duas considerações importantes derivam da constatação da sobrevivência de uma coisa boa que foi submetida, sem proteção, a toda gama de sentimentos, o que implica inibição do impulso e postergação do momento da verdade, o teste verdadeiro.

Uma dessas considerações diz respeito aos indivíduos envolvidos em determinado momento. A sobrevivência da coisa (nesse caso, da monarquia) a torna valiosa e permite que pessoas de todos os tipos e idades se deem conta de que a vontade de destruir nada teve a ver com raiva – estava relacionada, sim, com um amor primitivo, e a destruição ocorre na fantasia inconsciente, ou no sonho pessoal que faz parte do estar adormecido. A coisa é destruída apenas na realidade psíquica interna pessoal. Na vigília, a sobrevivência do objeto, seja lá

9. O LUGAR DA MONARQUIA

qual for, proporciona um senso de alívio e um novo senso de confiança. Agora fica claro que é *em razão de propriedades que são suas* que as coisas podem sobreviver, a despeito de nosso sonho, a despeito do pano de fundo de destruição em nossa fantasia inconsciente. O mundo começa agora a existir por si próprio: um lugar onde viver, não um lugar para recear ou ao qual obedecer ou no qual ficamos perdidos; tampouco um lugar com o qual lidamos apenas em devaneios ou nos entregando à fantasia.

Muito da violência no mundo corresponde a uma tentativa de alcançar a destruição que não é, em si, destrutiva – a menos, é claro, que o objeto não consiga sobreviver ou seja levado à retaliação. Há, portanto, grande valor, profundo até, para o indivíduo quando as coisas centrais sobrevivem – um exemplo delas, em nosso país, é a monarquia. A realidade se torna mais real e o impulso pessoal de exploração primitiva, menos perigoso.

A segunda consideração se refere à política. Num país não muito grande, que tenha uma história e que, se possível, seja uma ilha (nenhuma fronteira fora o mar), é possível manter uma dualidade, um sistema político em que o governo pode ser periodicamente destruído, enquanto a monarquia permanece indestrutível ("O rei está morto, viva o rei").

Algo óbvio, mas que sempre precisa ser reiterado, é que o funcionamento do sistema democrático parlamentar (em oposição à ideia da ditadura) depende da sobrevivência da monarquia, e *pari passu* a sobrevivência da monarquia depende do sentimento de que o povo realmente pode, por meio do voto, derrubar um governo em uma eleição parlamentar ou livrar--se de um primeiro-ministro. Presume-se aqui que a derrubada de um primeiro-ministro ou de um governo tem de ser feita na base do sentimento, expressa em votação secreta, e não com base em pesquisas de opinião pública (tipo Gallup), que não conseguem dar vazão ao sentimento profundo, à motivação inconsciente ou às tendências que parecem ilógicas.

Livrar-se de uma figura política ou de um partido envolve algo menos imediato, ou seja, a eleição de um líder político alternativo. No caso da própria monarquia, isso é resolvido com antecedência. Assim, a monarquia pode originar um sentimento de estabilidade num país em que o cenário político é tumultuado – como, aliás, deveria ser periodicamente.

O LUGAR DA PESSOA NA POSIÇÃO DO REI

Felizmente é verdade que a sobrevivência da monarquia não depende da psicologia nem da compreensão lógica, tampouco de alguma palavra hábil pronunciada por um líder político ou religioso. No fim das contas, ela depende mesmo do homem ou da mulher que estiver no trono. Valeria a pena verificar qual é a teoria que se poderia construir em torno de fenômenos tão interessantes.

Estamos conscientes que se pode destruir num dia uma monarquia alicerçada em mil anos de história. Ela poderia ser destruída por teorias falsas ou por um jornalismo irresponsável. Poderia ser ridicularizada por aqueles que só veem na monarquia contos de fadas ou um balé ou uma peça de teatro, quando na verdade o que estão vendo é um aspecto da vida. E esse aspecto precisa ser dito com todas as letras, pois em geral não é permitido em conversas descritivas. Diz respeito a uma área intermediária, na qual ocorre a transição do sono para a vigília e da vigília para o sono. É o lugar do brincar e da experiência cul-

9. O LUGAR DA MONARQUIA

tural, ocupado também pelos objetos e fenômenos transicionais, todos os quais constituem evidências de saúde psiquiátrica.[5]

É surpreendente que, embora a teoria da personalidade e da vida humana seja descrita principalmente como uma alternativa ao sonho pessoal e à realidade existente ou compartilhada, quando olhamos sem viseiras, percebemos que a maior parte da vida de adultos, adolescentes, crianças e bebês transcorre nessa área intermediária. A própria civilização poderia ser descrita nesses termos.

A melhor maneira de estudá-la é observando bebês que vivem sob os cuidados de mães e pais suficientemente bons, com uma vida doméstica adequada. Enunciei do modo mais claro possível que a característica dessa área é a *aceitação do paradoxo* que vincula a realidade externa à experiência interna. Esse é o paradoxo que nunca deve ser resolvido. Com relação ao bebê com um pedaço de pano ou um ursinho – essenciais para a segurança e a alegria e simbólicos de uma mãe ou de um elemento materno (ou paterno) sempre disponível –, jamais lançamos o desafio: você criou isso ou encontrou algo que já estava lá? A *resposta* não tem importância, ainda que a *pergunta* seja relevante e significativa.

Quanto à monarquia, o homem ou a mulher que está no trono encarna o sonho de todo mundo, e *ainda assim* é um homem ou uma mulher real, com todas as características humanas.

Só se estivermos longe dessa mulher, a rainha, poderemos nos permitir sonhar e inseri-la na área do mito. Se vivermos próximos dela, é muito possível que tenhamos dificuldade em manter o sonho. Para milhões, entre os quais me incluo, essa mulher encena um sonho meu e ao mesmo tempo é um ser humano que

---

5   Ver *O brincar e a realidade*, op. cit., particularmente o cap. 1, "Objetos transicionais e fenômenos transicionais", pp. 13-51.

eu talvez veja dentro de seu carro, enquanto espero sentado num táxi que ela saia do Palácio de Buckingham para desempenhar alguma função que é parte do papel que o destino lhe designou, e no qual a maioria de nós a mantém. Enquanto estou praguejando por causa da demora – que significa que vou me atrasar para meu compromisso –, sei que precisamos da formalidade, da deferência e da parafernália do sonho tornado realidade. É muito possível que a mulher que é rainha também esteja odiando isso tudo, mas *jamais saberemos*, por não termos quase nenhum acesso aos detalhes da vida e da pessoa que é essa mulher em particular; e esse é o modo de manter seu valor de sonho. Sem esse valor, ela não passa de uma vizinha.

É claro que poderíamos tentar tirar o véu. Gostamos de ler sobre a rainha Vitória e inventamos histórias que são ao mesmo tempo sentimentais e obscenas, porém, no centro disso tudo, existe uma mulher (ou um homem) que tem ou não tem a capacidade de sobreviver, de existir sem reagir à provocação ou à sedução, até que um sucessor hereditário assuma essa terrível responsabilidade, quando ela (ou ele) morrer. É uma responsabilidade medonha, justamente por ser irreal em sua dura realidade, porque onde há vida pode haver morte, porque no momento crucial existe isolamento, um grau sem paralelo de solidão.

Ao examinar essa área intermediária em que vivemos e brincamos, onde somos criativos, o paradoxo tem que ser tolerado – nunca resolvido. Para deixar esse aspecto mais evidente, podemos examinar os retratos reais. Eles têm enorme valor artístico e foram colecionados pela rainha e seus antecessores ao longo dos séculos, e pertencem a ela. Ao mesmo tempo, entretanto, pertencem à nação – a cada um de nós –, pois a rainha é nossa rainha, a encarnação de nosso sonho. Imagine uma liquidação da monarquia: imediatamente essa linda coleção se transformaria em uma lista de produtos precificados e inventariados, e iríamos perdê-la para alguém que tenha, nesse momento, tantos libras ou dólares para gastar.

Do jeito que está, com a rainha nos representando como proprietária, nem precisamos pensar em termos falsos de valor monetário.

RESUMO

A sobrevivência da monarquia depende, portanto, de suas próprias qualidades; de seu lugar lado a lado da arena política no parlamento e nos procedimentos eleitorais, que são conduzidos sobretudo verbalmente; de nossos próprios sonhos ou potencial inconsciente total; de quem é de fato o homem ou a mulher que ocupa a posição do rei, assim como da natureza da família real e de questões aleatórias de vida ou morte por acidente ou por doença; da saúde psiquiátrica geral da comunidade, composta de uma proporção não muito grande de pessoas ressentidas pela deprivação; de fatores geográficos; e assim por diante.

Seria um erro pensar que nós mesmos vamos preservar aquilo que consideramos bom. No final, o que vai decidir a questão é a capacidade de sobrevivência do próprio monarca. No momento, parece que temos sorte. Podemos apreciar profundamente a tensão que acompanha a grande honra e privilégio de estar no trono deste país, um país que não é muito grande, que é cercado pelo mar e que já inspirou uma canção: "A Nice Little Tight Little Island".[6]

---

6   Canção de Thomas John Dibdin, "The Tight Little Island", de 1818: "Uma ilha pequena, boa e apertada". [N.E.]

CONCLUSÃO

Minha tese é de que a questão não consiste em salvar a monarquia. Pelo contrário. A existência contínua da monarquia é uma das indicações de que aqui e agora existem condições nas quais a democracia (um reflexo das questões familiares num contexto social) pode caracterizar o sistema político, e nas quais provavelmente não vai surgir uma ditadura, nem benigna nem maligna (ambas se baseiam no medo). Sob tais condições, os indivíduos, se forem saudáveis do ponto de vista emocional, podem desenvolver um senso de existência, podem realizar parte de seu potencial pessoal e podem brincar.

ÍNDICE REMISSIVO

Aborto 242-43
adaptação (ao bebê) 23, 29, 44, 55, 67, 71-72, 109, 135, 154, 158, 161, 170-72, 178, 227, 276, 297; *falha de* 23, 72, 109, 122-26, 161
adoção 215
adolescência 25-27, 32, 76, 79, 95, 100-01, 104, 122, 152, 165, 168, 177-78, 185-97, 213, 216, 218-19, 232, 254, 261-62, 277, 282, 293, 316
afeto 27, 134; *distúrbio* 82, 85
agressividade 37, 97, 110-12, 116, 166, 185, 187, 194-96, 251, 253, 257, 260
aleitamento por mamadeira *ver* mamadeira; por seio *ver* amamentação
alma 68, 263
amadurecimento, processo de 22, 32, 41, 63, 83-85, 92, 140, 188-89, 194, 206, 211, 214, 227, 229, 262, 264, 282, 291
amamentação 150, 184, 223, 296, 298
ambiente 14, 22-24, 29, 34, 39, 44, 64, 70-71, 83-85, 107-11, 121-23, 126-28, 140, 146, 158-59, 169-74, 178-79, 183, 186, 214, 227, 241, 245, 264, 266, 272-73, 277, 279, 281-82, 293; *facilitador* 24, 83-84, 140, 169-70, 178, 183, 186, 214, 227, 264, 282; *falha do* 15, 34, 107-08, 122, 126, 280-81, 283
amor 17, 27, 45, 53, 86-89, 95-98, 100-03, 110, 123, 136-37, 148, 165, 174-75, 195-96, 203, 219-20, 227, 254, 258, 301, 303-04, 310, 313
ansiedade 14, 16, 28, 34-36, 49, 65, 88, 108, 111, 124, 137, 171, 214, 279, 295
apercepção 46, 59
arte 31, 36, 46, 48-49, 61, 130, 196, 202, 208, 255, 268, 270
assassinato 78-79, 186-89; *de bebês* 240-44
autismo 56, 61

BALDWIN, James 138
BBC 138, 145
bebê 14-15, 18, 23, 29, 30-32, 42, 44, 46, 53-57, 67, 71-73, 83-85, 104, 107, 122-26, 140, 145, 147, 149-52, 163, 169-73, 175, 182-85, 188, 198, 212-13, 216, 220, 227-28, 230, 242-43, 276, 282, 295-96, 298, 300-01, 308, 316
BEETHOVEN, Ludwig van 40
bissexualidade 197, 218
borderline 30, 119, 209
BOWLBY, John 183, 215

brincar 18, 26, 39-40, 65, 70, 73, 83, 102, 107, 109, 129-30, 138, 158-59, 163-65, 174, 177, 188-89, 197, 207, 219, 222, 236, 268, 270, 272, 276, 302-03, 312, 315-16, 319

CALVERLEY, Charles Stuart 63
caos 70, 113, 137, 180, 254, 276
casamento 17, 49-54, 60-61, 189, 192, 197, 226, 242-43
cérebro 69, 175, 201, 236
choque, tratamento de 89, 119
CHURCH, Richard 161
ciência 4, 11-13, 16, 36, 81, 133, 141, 148, 150, 193, 201, 203-08, 252, 257, 284, 294
cisão 77, 90, 92, 155, 218, 261
colapso 14-15, 34-36, 74, 96, 106, 205, 257, 279
compulsão 51, 53, 104, 109-10, 130, 235, 254, 269, 301, 307
comunicação 115-16, 173, 202; *falha de* 105
conceber 44, 54, 132, 227, 227, 266-67, 297
concepção 59, 146-48, 227
confiança 28, 30, 40, 57, 110-11, 129, 134, 137, 161, 171-72, 196, 314
confiabilidade 57, 71, 121, 124, 133, 135, 172-74; *objetal* 28; *falta de* 72, 172

conflito 13, 26, 29, 79, 124, 162-63, 168, 170, 210, 214, 238, 266-68, 271, 281, 288, 290, 296, 304-07
consciência 22, 64, 82, 94, 107-08, 122, 127, 146-48, 152, 235, 301, 305
continuidade 14, 23, 29, 74, 156, 170-71, 173, 176, 183
controle 28, 57, 86, 92, 111, 116, 124, 154, 209, 255-57, 266
convulsoterapia *ver* choque, tratamento de
corpo 12, 14, 31-32, 38, 54, 68, 97, 102, 106, 116, 119, 126, 128, 137, 149-50, 169, 171, 189, 201, 220, 236, 248, 255, 283
crença 85-86, 121, 184, 222, 298, 303
crescimento 12, 24-25, 37, 44-46, 55, 60, 66, 77, 85, 121, 126, 140-41, 150, 154-55, 162, 165-70, 174-75, 178-81, 185-90, 193-98, 216, 223, 241, 245-46, 248, 282, 295, 299, 305-06
criança 4, 14-15, 23, 24, 37, 40, 44-47, 56-57, 60, 62, 64, 66-68, 70-74, 77, 81, 85, 89, 95-96, 107-16, 120, 125-26, 129, 135, 140, 145-75, 183, 185-89, 198, 212, 215-16, 220, 223-24, 227, 235-36, 239, 243, 245-46, 256, 273, 276-77, 282, 298, 303
criatividade 31, 33, 39-40, 42-61, 73, 102, 109, 116, 124, 126, 150, 153, 157, 163-65, 175, 192, 197, 204-05,

212, 219, 248, 270, 272, 274, 276, 278-79, 317; *impulso criativo* 16, 31, 73, 189, 278
cuidar-curar 139-41
culpa 4, 29, 37, 83, 87, 92-95, 102, 104, 195-96, 206, 229, 243-44, 263, 280, 283
cultura 40, 42, 80, 130, 154, 169, 178, 197, 225-26, 248, 268, 277, 307-08, 311; *experiência cultural* 39-40

Defesa, mecanismo de 14-16, 28, 30-31, 34, 36-39, 65, 82, 91, 124, 172, 275-76, 279, 281, 283, 304; *maníaca* 36, 82, 91; *psicótica* 90
deficiência 63-64, 156, 234, 311
delírio 72, 114, 129, 194, 201, 222; *persecutório* 194, 267
delinquência 105-06, 113, 122, 127-30, 215
dependência 14-16, 22, 29, 35, 58, 64, 71, 85, 101, 121, 125, 133, 135, 138, 140, 147, 148-49, 161, 169, 178-79, 183, 211, 216, 227-28, 273, 300-01
depressão 4, 36-37, 82-92, 103, 122-23, 266
deprivação 37, 107-16, 122, 126-27, 161, 174, 179-80, 212, 215, 219, 223, 226, 318
desejo 27, 54, 83, 87, 99, 114, 119, 220, 225, 229, 257, 298

desenvolvimento 12, 14, 22, 29-31, 34-35, 41, 52, 55, 62-66, 69, 71, 73-74, 83-85, 93-96, 102, 107, 111-12, 121-23, 126-27, 147-48, 150, 152, 157-59, 162, 164, 168-78, 185, 194, 213, 218, 223, 254, 262, 264-66, 270, 273, 286-91, 296, 298, 300, 303-04
desilusão 26, 53, 196
desintegração 13, 30-31, 70, 72, 90, 116, 209
destruição 38, 41, 92, 94, 98-100, 103, 174, 195, 245, 278, 283, 312-15; *destrutividade* 89, 93-95, 97, 99-104, 111, 124, 174
distorção 47, 63-64, 91, 107-08, 123, 137, 181, 220
distúrbio 28, 72, 82, 85, 107, 121, 123, 129, 210-11, 219, 273-75, 279
ditador 113, 148, 190, 258, 269, 285, 290, 301, 313; *ditadura* 261, 269, 272, 277, 292, 314, 319
doença 4, 14, 19, 25, 27-28, 30, 32-37, 41-42, 77, 85, 96, 101, 106, 119, 122-24, 128, 132-38, 141, 179-83, 190-91, 210-11, 224, 228, 242, 273, 275-76, 280-81, 318

Educação 164, 168-69, 177, 185, 190, 212-13, 216, 235, 280, 290, 298, 305, 308
ego 22, 26-27, 29, 41, 72, 85, 87-88, 90-92, 122; *apoio egoico* 72, 85

323

empatia 53
escola 60, 68, 77-78, 87, 118, 153, 161, 164, 178, 191, 212, 235-36, 256
escravidão 255-58
espontaneidade 111, 116, 124, 178, 180, 269
esquizofrenia 14, 31, 49, 77, 90, 96, 123, 136, 180, 210-11, 243
esquizoide 30, 32, 35, 42, 49, 90, 180, 209-10, 218
EU / NÃO EU 15, 23, 65, 72, 179
excitação 36, 59, 164-65, 220, 255, 258
experiência 23, 31-33, 39-40, 43-49, 52-62, 73, 93, 97, 102, 106-08, 116, 131, 134, 150, 154-69, 173, 177, 192, 194, 205, 208, 215, 220, 227, 255-58, 281, 315-16

Facilitação 22, 45, 135, 140, 215; *ver também* ambiente facilitador
família 17, 22, 24, 28-29, 42, 50-51, 68-69, 110-11, 119, 125-26, 140, 143-46, 151-56, 159-165, 172, 177-78, 182-83, 186, 189, 213-14, 220-21, 235-38, 243, 244-45, 318
fantasia 16, 24, 39, 110, 120, 158, 186-88, 194-95, 198, 219, 224, 233, 240, 244-45, 255, 295, 299, 301-02, 314
felicidade 160, 179, 183, 283, 305
feminino 26-27, 187, 217-23

feminismo 5, 217, 220, 222-25, 230
fracasso 13, 16, 31, 33, 41, 53, 61, 67, 72, 95, 107, 185, 208, 261, 298, 299, 313; *de organização do ego* 90
FREUD, Sigmund 11-14, 16-18, 21, 24, 58, 62, 86, 93-94, 129, 216, 221, 274
frustração 23, 67, 95, 225, 237, 288

Gratificação 84, 207, 251, 255
gratidão 135, 138-39, 146-47, 229
gravidez 88, 150, 170, 195, 229, 242-43
GREENACRE, Phyllis 71
guerra 5, 38, 85, 88-89, 208, 230, 242, 250-52, 258-59, 261-63, 266-671, 297-98, 306-07, 310

HAMLET 76
HARTMANN, Heinz 158, 282
HESSELTINE, Philip 267
hipocondria 82, 91, 214, 269
HORÁCIO 65, 188

Id 24-29, 41
identificação 17, 26, 28, 33, 47, 61, 64, 69, 79, 111, 138, 170-71, 178-79, 188, 194, 224-25, 229, 251, 290
ilusão 52, 53
imaginação 47-48, 54, 102, 124, 129, 138, 164-65, 190, 204, 219, 224, 232, 244, 247, 267, 270

imaturidade 4, 25, 27, 33, 111, 121, 133, 140, 177-79, 189-93, 254, 262, 291-92, 294
impotência 27, 263
impulso 16-18, 24, 28, 31, 43, 49, 51-52, 59, 73, 97, 99-100, 108, 175, 189, 196, 197, 203, 228, 276, 278, 280, 313-14
inconsciente 15-16, 86, 120, 124, 129-30, 134, 168, 184, 187-90, 195, 198, 201-09, 212, 214-16, 218, 234, 240, 244, 251, 255, 260, 295, 299, 302, 310-15, 318
independência 15, 22, 64, 85, 161, 179, 216, 277
inibição 27, 87, 234-35, 258, 313
insight 100
instinto 14, 18, 26-28, 41, 46, 84-88, 97, 122, 124, 171, 225, 237, 266
integração 30-32, 37, 42, 63, 70, 88, 95, 125-26, 169-70, 211, 265-66
interpretação 11, 16, 62, 86, 98-100, 129, 134, 165
introjeção 53, 56, 60, 84
inveja 99-100, 184-85, 214, 218, 221-23, 225, 253
ISAACS, Susan 212

KEYNES, John Maynard 278
KING, Truby 65
KLEIN, Melanie 86, 93-94

Latência 24, 26, 50, 53, 139, 187, 195, 213, 219, 225, 285-86
lesão 44, 60, 124
liberdade 5, 28, 130, 186, 188, 196-97, 239, 251, 254-59, 261-62, 267-69, 272-80, 283-85, 287, 294, 305, 310
linguagem 26, 66, 72, 79, 87, 150, 157, 162, 188, 231, 305
LLOYD GEORGE, David 260
LOOS, Anita 38
Lua 5, 47, 232, 246-48

Mãe 17, 23-24, 27, 32, 40, 44-45, 47, 50, 55, 57, 67, 71-72, 80, 85-87, 109-10, 120, 123, 125, 140-41, 145-50, 154-63, 169-73, 177, 182-83, 185, 191, 213, 219-20, 226-28, 243, 245, 278, 295-96, 298, 300-01, 308, 316; *dedicada comum* 282; *suficientemente boa* 169-70, 213; *mãe-ambiente* 108
mamadeira 184
manusear 18, 29, 31, 126, 172, 174-75, 182, 213, 227, 296
masculino 100, 182, 217-18, 220, 222, 229, 245
maternagem 140, 145, 149-50, 171, 182, 226
maturidade 21-22, 27, 77, 83, 92, 123, 140, 162, 172, 178-79, 189-90, 192-93, 195, 197, 224, 229, 230,

254, 261-63, 265, 286-87, 289, 292-93, 297, 299, 302-08
McMILLAN, Margaret 212
medicina 83, 131, 133-34, 137-39, 141, 215, 281
medo 12, 30, 41, 50, 51, 54, 69-70, 72, 78, 91, 95, 108, 121, 136, 147-48, 160, 162-63, 196, 233, 254, 258, 261, 275, 292, 300-01, 304, 319
memória 31, 91, 115, 130, 171
metapsicologia 14, 118
mitos 39, 228
MOISÉS 65
monarquia 5, 309-11, 313-19
morte 45, 70-71, 78, 86, 87, 134, 168, 172-73, 186-90, 198, 218, 234, 242, 255, 258, 260, 262-63, 301, 313, 317-18
Muro de Berlim 87-88, 264, 267, 269, 271
MURRAY, Gilbert 182
MUSSOLINI, Benito 253-54

Nascimento 146-47, 169, 185, 227, 235-36, 240, 242
natureza humana 13, 52, 93, 106, 150, 168, 174, 188, 202, 205, 251-52, 260, 271, 276, 289
nazismo 254, 261
negação 38, 82, 149, 206, 222, 223, 256

Objetividade 59, 163, 215, 244
objeto 32-33, 42, 46-47, 55, 57, 63, 72, 84, 87-88, 94-95, 98-100, 104, 109, 111, 114, 116, 123, 126, 154, 156-57, 159, 169, 172, 180, 195-97, 245, 267, 276, 311-14; *transicional* 57, 156, 316
onipotência 23, 32-33, 44-45, 55-57, 126, 154
oral 24, 97-98

Pai (parentagem) 17, 27, 54, 78-79, 80, 86, 109-10, 116, 140, 150, 155-56, 158, 162-63, 169-70, 172, 182, 219, 220-21, 242, 295, 298, 301
paradoxo 32, 83, 175, 316-17
parto 147, 229-30
pênis, inveja do 221-23
personalidade 13, 17, 23, 27-28, 30, 37, 63, 68-69, 77, 92, 107, 116, 122, 138, 154-55, 167, 169, 209-11, 218, 222-24, 235, 237, 257-58, 267, 273, 275-76, 279, 304, 316
perversão 222, 255
PLAUT, Fred 40
poesia 81, 141, 205, 233, 246
política 36, 140, 178, 190, 201, 208, 252, 260, 264, 268, 273, 283, 288, 294, 301-02, 311, 314-15, 318
ponto de vista 12, 21, 36, 54, 58, 61, 68, 74, 107-08, 111, 165, 175, 193, 222-23, 239-40, 247, 252-53, 257, 266, 275, 295, 308, 319

potencial 26, 36, 37, 55, 88, 104, 134, 152, 185, 214, 266-67, 270, 280, 282, 308, 319
privação 108, 112
projeção 31, 56, 60, 84, 89, 96, 103, 266-67
psicanálise 11-17, 30, 62, 77, 83-84, 106, 118-20, 124, 134, 137, 151, 184, 206, 208, 210-11, 213, 216, 272, 276, 281, 310
psicologia 11, 14, 22, 26, 29, 86, 118, 134, 148, 153, 209, 216, 274, 285, 298, 305, 308, 315
psiconeurose 121, 123-24, 222, 281
psicose 122, 271, 305
psicossomático 31, 67, 211
psicoterapia 61, 72, 83, 96, 107, 113, 117-21, 124-25, 128-29, 134, 188, 210, 293
psique 31, 67-68, 126
psiquiatria 17, 31, 62, 77, 83, 85, 134, 180, 183, 209, 211
puberdade 25-26, 165, 186-87, 194, 197, 213, 221, 225
punição 112, 115, 126; *corporal* 212

Raiva 23, 95, 172, 241, 257, 313
reação 45, 95, 112, 113, 115, 183-84, 195, 208, 215, 220, 237, 304
realidade 16, 18, 23, 26, 28, 32-33, 39, 44, 52-53, 56-57, 59-60, 83, 85, 87, 90, 101, 110, 112, 115-16, 120, 124, 126, 130, 137, 154, 156, 158, 161, 166, 170, 177, 179-80, 197, 202, 218, 224, 226, 239, 266-67, 271, 272, 282, 296, 306, 312-14, 316-17
rebeldia 26, 190
regressão 30, 101, 116, 147
relacionamento 46, 51, 156-57, 162, 170, 238
religião 12, 15, 36, 39, 81, 86, 121, 125, 130-32, 141, 158, 167-69, 182, 216, 278, 315
representação 39, 245, 287
resistência 86, 97, 215
responsabilidade 9, 29, 61, 83, 95, 103, 107, 147, 180, 189, 191-92, 197, 251-52, 256, 258-59, 261, 266, 277, 287, 291, 293, 299, 317
ressentimento 124, 280-82, 318
RICKMAN, John 128
ROBERTSON, James 215
ROBINSON, Jack 310
ROOSEVELT, Franklin Delano 261
roubo 100, 109, 112, 116, 124, 175, 259

Satisfação 109, 150, 195-96, 263
saúde 19, 22-42, 51-52, 54, 57, 69, 77, 83, 85, 92, 94-95, 132, 138, 140, 149, 165, 170, 179, 181-83, 190, 203-04, 213, 216, 224, 227, 266, 272-81, 286-87, 293-95, 301, 316, 318
sedução 129, 229, 255, 262, 317

ÍNDICE REMISSIVO

segurança 32, 88, 110-111, 116, 183, 202, 316, 254; *insegurança* 68, 73, 111, 290
segurar [*holding*] 29, 85, 125-26, 128, 140-41, 172, 174-76, 227, 242
self 17, 22-26, 28-29, 33, 36, 46, 66-70, 72, 75-77, 79-81, 84-85, 87, 111, 123, 146, 154, 162, 195, 201, 227, 229, 266-67, 290, 297, 300, 304
separação 40, 111, 154, 158, 183, 215, 218, 266
setting 11, 120, 124, 129, 134, 141, 206
sexualidade 53, 209
simbolismo 206-07, 209
sobrevivência 49, 70, 174, 189, 230, 261, 312-15, 317-18
sociedade 9, 15, 22, 26, 28, 36, 41-42, 80-81, 110, 112, 126-27, 130, 133, 145, 147, 152, 165-66, 178-79, 18-82, 184, 188, 190-92, 198-99, 208, 215-16, 223-24, 235, 267, 277, 283, 285-87, 289-91, 295, 300, 303-05, 307-08
sofrimento 32, 34, 52, 115-16, 122, 127, 138, 152, 195, 210
sonhar 16, 27, 30, 39, 78-79, 87, 107, 129-30, 137, 158, 193, 207, 237, 245-46, 313-14, 316-18
sorte 33, 185, 260, 270, 282-83, 285, 289, 306, 318

subjetivo 15, 23, 33, 154, 156-57, 159, 260
suicídio 25, 37, 180, 189, 191, 194-96, 210, 267, 280

Tradição 305
transferência 16, 84, 114, 120, 129, 134, 137, 258; *delirante* 114
transicional 41, 57, 156, 158-59, 316
trauma 23, 34-36, 91, 160, 215, 221, 243

Unidade 63, 65-66, 69-70, 72, 84-85, 87, 171, 177, 179, 181, 229, 243, 264-66

Verbalização 66-67, 131, 173-75, 193, 310-11, 318
vida 14-16, 26-27, 29-34, 37-39, 43-44, 47, 48, 50-57, 60, 64, 67, 69, 77, 80-82, 84, 87-88, 92, 97, 100, 102, 104, 107, 110, 111, 116, 120-25, 128-30, 133, 136-37, 139, 141, 145-46, 149, 154-55, 160-61, 163-71, 173, 178, 180, 183-90, 192, 194-95, 197-98, 202, 205, 216, 218-19, 221, 224-26, 228, 230, 234, 236, 237, 239, 243-44, 248-49, 254, 261-62, 268-69, 272, 275-76, 279, 281, 283, 289, 295, 302, 307, 311-12, 315-18
vingança 137, 139, 197, 283

SOBRE O AUTOR

Donald Woods Winnicott nasceu em 7 de abril de 1896, em Plymouth, na Inglaterra. Estudou ciências da natureza na Universidade de Cambridge e depois medicina na faculdade do hospital St. Bartholomew's, em Londres, onde se formou em 1920. Em 1923, foi contratado pelo Hospital Infantil Paddington Green – onde trabalhou pelos quarenta anos seguintes –, casou-se com a artista plástica Alice Taylor e começou sua análise pessoal com James Strachey, psicanalista e tradutor da edição Standard das obras de Sigmund Freud para o inglês. Em 1927, deu início à sua formação analítica no Instituto de Psicanálise, em Londres. Publicou seu primeiro livro em 1931, *Clinical Notes on Disorders of Childhood* [Notas clínicas sobre distúrbios da infância]. Em 1934, concluiu sua formação como analista de adultos e, em 1935, como analista de crianças. Pouco depois, iniciou uma nova análise pessoal, desta vez com Joan Riviere. Durante a Segunda Guerra Mundial, Winnicott trabalhou com crianças que haviam sido separadas de suas famílias e evacuadas de grandes cidades. Nos anos seguintes à guerra, foi presidente do departamento médico da Sociedade Britânica de Psicologia por duas gestões. Após um casamento conturbado, divorciou-se de Alice Taylor em 1951 e casou-se com a assistente social Clare Britton no mesmo ano. Foi membro da Unesco e do grupo de especialistas da OMS, além de professor convidado no Instituto de Educação da Universidade de Londres e na London School of Economics. Publicou dez livros e centenas de artigos. Entre 1939 e 1962, participou de diversos programas sobre maternidade na rádio BBC de Londres. Faleceu em 25 de janeiro de 1971.

OBRAS

Clinical Notes on Disorders of Childhood. London: Heinemann, 1931.
Getting to Know Your Baby. London: Heinemann, 1945.
The Child and the Family: First Relationships. London: Tavistock, 1957.
The Child and the Outside World: Studies in Developing Relationships. London: Tavistock, 1957.
Collected Papers: Through Paediatrics to Psychoanalysis. London: Hogarth, 1958.
The Child, the Family, and the Outside World. London: Pelican, 1964.
The Family and Individual Development. London: Tavistock, 1965.
The Maturational Processes and the Facilitating. London: Hogarth, 1965.
Playing and Reality. London: Tavistock, 1971.
Therapeutic Consultations in Child Psychiatry. London: Hogarth, 1971.
The Piggle: An Account of the Psychoanalytic Treatment of a Little Girl. London: Hogarth, 1977.
Deprivation and Delinquency. London: Tavistock, 1984. [póstuma]
Holding and Interpretation: Fragment of an Analysis. London: Hogarth, 1986. [póstuma]
Home Is Where We Start From: Essays by a Psychoanalyst. London: Pelican, 1986. [póstuma]
Babies and their Mothers. Reading: Addison-Wesley, 1987. [póstuma]
The Spontaneous Gesture: Selected Letters. London: Harvard University Press, 1987. [póstuma]
Human Nature. London: Free Association Books, 1988. [póstuma]
Psycho-Analytic Explorations. London: Harvard University Press, 1989. [póstuma]
Talking to Parents. Reading: Addison-Wesley, 1993. [póstuma]
Thinking About Children. London: Karnac, 1996. [póstuma]
Winnicott on the Child. Cambridge: Perseus, 2002. [póstuma]
The Collected Works of D. W. Winnicott. Oxford: Oxford University Press, 2016. [póstuma]

EM PORTUGUÊS

A criança e seu mundo, trad. Álvaro Cabral. São Paulo: LTC, 1982.

A família e o desenvolvimento individual, trad. Marcelo B. Cipolla. São Paulo: Martins Fontes, 2005.

O brincar e a realidade, trad. Breno Longhi. São Paulo: Ubu Editora, 2019.

O ambiente e os processos de maturação: estudos sobre a teoria do desenvolvimento emocional, trad. Irineo Constantino S. Ortiz. Porto Alegre: Artes Médicas, 1983.

Consultas terapêuticas em psiquiatria infantil, trad. Joseti M. X. Cunha. Rio de Janeiro: Imago, 1984.

The Piggle: o relato do tratamento psicanalítico de uma menina, trad. Else P. Vieira e Rosa L. Martins. Rio de Janeiro: Imago, 1979.

Privação e delinquência, trad. Álvaro Cabral. São Paulo: Martins Fontes, 1987.

Holding e interpretação, trad. Sónia Maria T. M. de Barros. São Paulo: Martins Fontes, 1991.

O gesto espontâneo, trad. Luis Carlos Borges. São Paulo: Martins Fontes, 1990.

Natureza humana, trad. Davi Litman Bogomoletz. Rio de Janeiro: Imago, 1990.

Explorações psicanalíticas, trad. José Octavio A. Abreu. C. Winnicott, R. Shepperd e M. Davis (orgs). Porto Alegre: Artes Médicas, 1994.

Conversando com os pais, trad. Álvaro Cabral. São Paulo: Martins Fontes, 1999.

Pensando sobre crianças, trad. Maria Adriana V. Veronese. Porto Alegre: Artes Médicas, 1997.

WINNICOTT NA UBU
CONSELHO TÉCNICO Ana Lila Lejarraga, Christian Dunker,
Gilberto Safra, Leopoldo Fulgencio, Tales Ab'Sáber

O brincar e a realidade
Bebês e suas mães
Tudo começa em casa
Da pediatria à psicanálise

© The Winnicott Trust, 1986
© Ubu Editora, 2021

Tradução atualizada conforme critérios estabelecidos pelo conselho técnico.

COORDENAÇÃO EDITORIAL Florencia Ferrari e Isabela Sanches
ASSISTENTES EDITORIAIS Gabriela Naigeborin, Júlia Knaipp
REVISÃO DE TRADUÇÃO Gabriela Naigeborin
PREPARAÇÃO Claudia Cantarin
REVISÃO Isabel Rodrigues, Ana Maria Barbosa, Cristina Yamazaki
DESIGN Elaine Ramos
ASSISTENTE DE DESIGN Livia Takemura
FOTO DA CAPA E PP. 2–3 Nino Andrés
MODELO DE MÃOS Jorge Wisnik
PRODUÇÃO GRÁFICA Marina Ambrasas

COMERCIAL Luciana Mazolini
ASSISTENTE COMERCIAL Anna Fournier
GESTÃO SITE/CIRCUITO UBU Beatriz Lourenção
CRIAÇÃO DE CONTEÚDO/CIRCUITO UBU Maria Chiaretti
ASSISTENTE CIRCUITO UBU Walmir Lacerda
ATENDIMENTO Jordana Silva e Laís Matias

Nesta edição, respeitou-se o novo Acordo Ortográfico da Língua Portuguesa.

wmf martinsfontes   ubu

Dados Internacionais de Catalogação na Publicação (CIP)
Elaborado por Vagner Rodolfo da Silva – CRB-8/9410

Winnicott, Donald W. [1896–1971]
Tudo começa em casa / Donald W. Winnicott; traduzido por Paulo Cesar Sandler / Conselho técnico: Ana Lila Lejarraga, Christian Dunker, Gilberto Safra, Leopoldo Fulgencio, Tales Ab'Sáber / São Paulo: Ubu Editora, 2021. 336 pp.
ISBN UBU 978 65 86497 48 9
ISBN WMF 978 65 86016 74 1

1. Psicanálise. 2. Psicologia. 3. Infância. 4. Winnicott. 5. Medicina. I. Sandler, Paulo Cesar. II. Título.

	CDD 150.195
2021-1901	CDU 159.964.2

Índice para catálogo sistemático:
1. Psicanálise 150.195
2. Psicanálise 159.964.2

EDITORA WMF MARTINS FONTES LTDA.
Rua Prof. Laerte Ramos de Carvalho, 133
01325 030 São Paulo SP
11 3293 8150
wmfmartinsfontes.com.br
info@wmfmartinsfontes.com.br

UBU EDITORA
Largo do Arouche 161 sobreloja 2
01219 011 São Paulo SP
11 3331 2275
ubueditora.com.br
professor@ubueditora.com.br
/ubueditora

FONTES Domaine e Undergroud
PAPEL Pólen Soft 70g/m²
IMPRESSÃO E ACABAMENTO Margraf